Canta Siempre la Canción de lo Divino

Shankara

Published by Upanishads Sutras, 2024.

CANTA SIEMPRE LA CANCIÓN DE LO DIVINO

First edition. July 8, 2024.

Copyright © 2024 Shankara.

ISBN: 979-8227270290

Written by Shankara.

Tabla de Contenido

Canta siempre la Canción de lo Divino

¡OH IDIOTA! CANTA LA CANCIÓN DE LO DIVINO, CANTA LA CANCIÓN DE LO DIVINO, CANTA LA CANCIÓN DE LO DIVINO, PORQUE A LA HORA DE LA MUERTE LA MEMORIZACIÓN DE LA GRAMÁTICA NO TE SALVARÁ.

¡OH IDIOTA! ABANDONA EL DESEO DE ACUMULAR RIQUEZAS, DESPIERTA LA RECTA COMPRENSIÓN, HAZ QUE LA MENTE NO TENGA DESEOS Y CONTÉNTATE Y SÉ FELIZ CON LO QUE GANES CON TU PROPIO TRABAJO.

NO TE ENCAPRICHES CON LA BELLEZA, LOS PECHOS, EL OMBLIGO Y LA CINTURA DE UNA MUJER. NO SON MÁS QUE CONTORSIONES DE CARNE Y GRASA - CONTEMPLA ESTO UNA Y OTRA VEZ.

LA VIDA ES TAN TRANSITORIA E INESTABLE COMO UNA GOTITA EN LA HOJA DE LOTO. COMPRENDE BIEN QUE EL MUNDO SUFRE LA ENFERMEDAD DEL EGO Y ESTÁ HERIDO POR LAS PENAS.

LA FAMILIA SÓLO SE INTERESA POR TI MIENTRAS SEAS CAPAZ DE GANAR DINERO. CUANDO LLEGA LA VEJEZ Y EL CUERPO SE VUELVE DECRÉPITO, NADIE EN LA CASA SE PREOCUPA POR TI.

SÓLO MIENTRAS HAYA VIDA EN EL CUERPO, LAS PERSONAS DE LA FAMILIA SE PREOCUPAN POR TI. LA VIDA SE APAGA, EL CUERPO SE QUEDA SIN VIDA,

INCLUSO LA PROPIA ESPOSA TIENE MIEDO DE ESE CUERPO.

UN NIÑO SE OBSESIONA EN JUGAR, UN JOVEN SE OBSESIONA EN LAS JÓVENES, LOS VIEJOS SE OBSESIONAN CON LAS PREOCUPACIONES. EL HOMBRE NUNCA SE VUELVE HACIA LO DIVINO.

El primer sutra básico que hay que comprender es que la verdad se alcanza en el vacío y se pierde en las palabras. La verdad se alcanza en el silencio y se pierde en el habla. La verdad no tiene lenguaje; todo lenguaje es falsedad.

El lenguaje como tal ha sido creado por el hombre. La verdad no es creada por el hombre, es su descubrimiento. La verdad es. No hay que crearla ni demostrarla, sólo hay que desvelarla. Y este desvelamiento de la verdad sólo se produce cuando cesa todo el ruido del lenguaje en el interior, porque el lenguaje es el velo. Los pensamientos son el único obstáculo.

Cuando nace un niño no tiene idioma. No viene con ninguna escritura, ninguna religión, ninguna casta ni ninguna nación. Llega como un vacío. La sacralidad del vacío es única. El vacío es la única virginidad, el resto es perversión. El niño llega como una flor fresca, no hay ni un rasguño en su conciencia. No sabe nada. Pero la capacidad de conocer del niño es pura. Es como un espejo en el que todavía no se refleja nada, pero la capacidad de reflejo es total y pura.

Más tarde habrá muchas reflexiones; el conocimiento aumentará pero la capacidad de conocer seguirá disminuyendo. Como ese vacío se llenará de palabras el vacío dejará de existir. Es como si los reflejos en el espejo siguieran pegados a él y no desaparecieran de él. Entonces, la capacidad del espejo para reflejar seguirá disminuyendo.

Un niño nace; no sabe nada, pero su capacidad de saber es pura. Por eso los niños aprenden rápido y los ancianos aprenden con dificultad. Es así porque la capacidad de aprender del anciano se ha reducido: ya ha tenido bastante de todo. Se ha escrito mucho en su pizarra; su papel ya no está en blanco. Para escribir algo nuevo, hay que volver a dejar el papel en blanco.

Sólo puedes alcanzar la verdad si puedes volver a ser como el niño recién nacido. Así que la llegada del niño a este mundo es el primer nacimiento, y el segundo nacimiento es cuando nace en él la santidad. Quien pasa por el segundo nacimiento es dwija, dos veces nacido, y es el verdadero brahmán.

Las escrituras dicen que todos nacen como sudras, intocables. Es muy raro que alguien se convierta en brahmán. La mayoría de las personas nacen como sudras y mueren como sudras.

¿Quién es un brahmán? No el que conoce los Vedas, porque cualquiera puede conocer los Vedas. No el que ha memorizado las escrituras, porque cualquiera puede memorizar las escrituras. Memorizar las escrituras es solo memoria, no verdadero conocimiento. Sólo es brahmán el que conoce a Brahma.

Has venido aquí. Puede que no sepas que tu venida aquí es en realidad la búsqueda de ser un brahmán - la búsqueda de conocer a Brahma.

Shankara escribió el primer verso de esta dulce canción cuando pasaba por un pueblo y vio a un anciano memorizando las reglas de la gramática. Sintió compasión por este anciano que estaba en su lecho de muerte: había malgastado toda su vida y ahora estaba malgastando también el último momento. Durante toda su vida nunca se había acordado de lo divino e incluso ahora estaba ocupado con la gramática. ¿Qué ganaría memorizando las reglas de la gramática?

Swami Ramateertha fue a América y los americanos quedaron profundamente impresionados por él. Era una persona única, un vedantin viviente. Para él, lo divino no era una idea prestada, era una experiencia real - era luminoso con su experiencia. El corazón sencillo de América quedó muy impresionado por él. El corazón de América es muy simple; la razón de ello es que América no tiene pasado, ni historia, ni tradición. El país sólo tiene trescientos años. Su corazón es tan sencillo como el de un niño; no está cubierto de muchas capas de palabras de conocimiento y escrituras. Así que la gente de aquel país amaba a Ramateertha. Escuchaban sus palabras con tanta atención, como si hubiera traído el mensaje del néctar, de lo inmortal. Bailaban y cantaban con él.

Ramateertha regresó a la India. Pensó que si un país como Estados Unidos -que no tiene tradición religiosa, donde la gente es absolutamente materialista- podía quedar tan impresionado por sus charlas y por su personalidad, ¿qué ocurrirá en la India? Vuelvo a mi país natal, cuya tradición es milenaria. Su historia es tan antigua que nadie sabe cuándo empezó, está oculta en la oscuridad. La tierra donde se crearon los Vedas, los Upanishads y el Gita, la tierra donde nacieron personas como Buda, Mahavira y Shankara. Con estos antecedentes, la gente de la India me escuchará con tanta impaciencia, como si estuviera repartiendo diamantes. Si un milagro así puede ocurrir en América, donde la gente es materialista, donde no pueden entender la piedad, donde sus conexiones con lo divino están rotas, ¿qué no ocurrirá en la India?

Pero lo que realmente ocurrió en la India, Ramateertha nunca lo hubiera imaginado. Pensó que sería mejor entrar en la India a través de Benarés, la antigua ciudad de Kashi, porque ésta es la ciudad que ha sido testigo de todo el glorioso pasado de la India. Buda pronunció allí su primer sermón, Shankara declaró allí su victoria universal en el debate de las escrituras, los tirthankaras jaina nacieron allí. No hay otra ciudad más antigua que Kashi en todo el mundo. Incluso Jerusalén es nueva; La Meca y Medina también lo son. Kashi es el lugar de peregrinación más antiguo. Es la primera ciudad del mundo que se ha civilizado.

Ramateertha llegó a Benarés y pronunció allí su primer discurso. Pero justo en mitad de la charla un pundit se levantó y le dijo: "¡Para! ¿Sabes sánscrito?" Ramateertha no podía entender esta interrupción.

Era un hombre despreocupado. No sabía sánscrito. Conocía muy bien el urdu y el persa. Nunca había pensado qué tenía que ver el conocimiento del sánscrito con los Vedas, con Brahma y con el conocimiento. Se puede realizar lo divino sin conocer ninguna lengua. A pesar de ser analfabeto, Kabir sabía, el analfabeto Mahoma sabía; las flores de ese conocimiento florecieron en la vida del hijo del carpintero, Jesús. Para esto no hace falta ser un erudito.

Así que Ramateertha se sorprendió bastante por la pregunta y respondió: "No, no sé sánscrito".

Ese experto se echó a reír.

Los demás se levantaron para marcharse y dijeron: "Si no sabes sánscrito, ¿cómo vas a saber Vedanta? Primero ve y aprende sánscrito, luego ven a enseñar a otros".

Después de esto Ramateertha se fue al Himalaya, y lo triste de la historia es que renunció a la ropa de sannyasin. Cuando murió no llevaba sus ropas ocres, porque pensó que ¿por qué formar parte de la tradición cuya religión se ha quedado atascada en meras palabras y cuyo sannyas se ha convertido sólo en erudición y que piensa que el conocimiento del sánscrito es necesario para conocer el Vedanta? Por eso, cuando murió, no vestía su túnica ocre. Incluso había renunciado a sannyas.

La tradición ha contaminado incluso el sannyas. América pudo entenderlo pero India no. América es ignorante - por eso pudo entenderlo. India es muy conocedora - un poco demasiado conocedora.

Sin saber, la India tiene la ilusión de saber demasiado. Su mente se ha vuelto erudita pero no sabia. Se ha llenado tanto de palabras que no queda espacio para lo que no tiene palabras, y la religión no tiene nada que ver con las palabras. Por lo tanto, debes estar más atento a lo que no digo que a lo que te digo. Cuando hablo, no prestes demasiada atención a mis palabras; estate atento al espacio vacío que hay entre ellas. No importa si te pierdes mis palabras, pero no te pierdas lo que no está dicho.

Hay que leer a Brahma entre líneas. Uno tiene que buscar a Brahma entre las palabras. Sólo ocurre en los huecos. Cuando estoy callado un momento te despiertas, me miras atentamente; es entonces cuando me das la oportunidad de acercarme a ti para que pueda acariciar tu corazón.

La religión no está en las reglas de la gramática, está en cantar la canción de lo divino. Y no está en tu canto de lo divino; cuando incluso el canto se pierde, sólo quedas tú. Cuando desaparecen todas las palabras, sólo te rodea un vacío. Ni siquiera hablas porque no hay necesidad de hablar a la existencia; ella sabe sin que hables. Tu hablar no va a añadir nada más a este conocimiento. Además, ¿qué puedes decir? Lo que digas no será más que tu llanto, y si hay que transmitir infelicidad es mejor hacerlo a través del llanto, sólo porque tus lágrimas podrán expresar lo que tus palabras no pueden.

¿Cómo puedes expresar tu gratitud con palabras? Las palabras son demasiado pequeñas y la gratitud es demasiado vasta. Sólo se puede expresar bailando. Si no hay nada que decir, es mejor quedarse callado para que lo divino hable y tú escuches.

El bhajan, el canto devocional, el kirtan, las canciones divinas y la danza son medios para expresar los sentimientos. Shankara está insinuando que sin decir nada tú mismo deberías convertirte en una canción, una canción divina. Estos versos son muy sencillos, estos sutras son directos, y están escritos por un genio como Shankara. En toda la literatura de Shankara no hay nada más precioso que Bhaj Govindam. Shankara es básicamente un filósofo; todo lo que ha escrito es muy complejo; todo son palabras, escrituras, lógica, análisis y pensamiento. Pero Shankara sabe que la piedad no puede alcanzarse a través de la lógica, el análisis y el pensamiento. La manera de alcanzarla es bailando y cantando - a través del sentimiento y no a través del pensamiento.

El camino de la realización de Shankara es a través del corazón y no a través de la cabeza. Por eso, aunque Shankara ha escrito comentarios sobre el Brahmasutra, los Upanishads y el Gita, encontrarás sus sentimientos más íntimos expresados en estos pequeños versos; aquí ha abierto su corazón.

Aquí Shankara no habla como un erudito o un pensador, aquí se expresa como un devoto.

¡OH IDIOTA! CANTA LA CANCIÓN DE LO DIVINO, CANTA LA CANCIÓN DE LO DIVINO, PORQUE A LA HORA DE LA MUERTE LA MEMORIZACIÓN DE LA GRAMÁTICA NO TE SALVARÁ.

¡OH IDIOTA! CANTA LA CANCIÓN DE LO DIVINO. ¿Cuál es la idiotez? Shankara no te esta insultando al dirigirse a ti como 'idiota'. De hecho es su expresion mas amorosa. ¡OH IDIOTA! CANTA LA CANCIÓN DE LO DIVINO, CANTA LA CANCIÓN DE LO DIVINO, CANTA LA CANCIÓN DE LO DIVINO.

¿Qué significa idiotez? Intenta comprenderlo. Idiotez no significa ignorancia. Idiotez significa creerse conocedor cuando se es ignorante. Los eruditos son idiotas y no los ignorantes. ¿Por qué llamar idiota al ignorante? El ignorante es simplemente ignorante; no sabe, eso es todo. Muchas veces ha ocurrido que el ignorante ha llegado a saber y el entendido no ha llegado a ninguna parte, porque el que no sabe no tiene ego. Es humilde.

Puesto que no sabe, no puede afirmar que sabe. Pero el erudito que no sabe, cree que sabe. Porque ha aprendido palabras y escrituras y puede repetir las reglas de la gramática, se pierde en todas estas cosas.

Hay una historia sufí. Para ganarse la vida, un faquir sufí trabajaba como barquero en un río. Un día, un pundit del pueblo quiso cruzar el río. El faquir se ofreció a llevarlo gratuitamente.

Cobraba uno o dos paisa por el trayecto. El pundit se sentó en la barca y el faquir empezó a remar. Eran las únicas personas en la barca.

El experto le preguntó: "¿Sabes leer y escribir?". ¿Qué más puede preguntar un experto? Quiere enseñar a los demás lo que él mismo sabe. Sólo podemos dar a los demás lo que tenemos. Los expertos están obsesionados con su supuesto conocimiento. No pudo ver el resplandor del faquir, lo tomó por un barquero ordinario. Pero el faquir era un hombre extraordinario. El pundit no sabía que la divinidad sobre la que había estado contemplando, escuchando y discutiendo estaba presente en este hombre extraordinario. Se asomaba a través de él. Si hubiera tenido ojos para ver, habría encontrado en el faquir todo lo que había soñado y leído en las escrituras. Algo estaba presente allí.

Pero lo único que pudo preguntar el experto fue: "¿Sabes leer y escribir?".

Si un experto se encuentra con Dios, seguro que le pregunta: "¿Dónde está tu certificado? ¿Cuál es tu educación?" Un experto tiene su propio mundo, vive en su propio mundo de palabras y escrituras.

El faquir respondió: "No, no sé leer ni escribir. Soy absolutamente analfabeto y rústico". Si hubiera una pizca de conciencia en el pundit, habría visto la absoluta humildad del faquir. Aceptar la propia ignorancia es el primer paso hacia el autoconocimiento. Si uno acepta su ignorancia de todo corazón, entonces también puede convertirse en el último paso. Cuando eres plenamente consciente de que no sabes nada, tu ego desaparecerá, sus cimientos se derrumbarán. El edificio del ego se derrumbara y te deslizaras hacia la ausencia de ego. Esa es la puerta desde donde uno puede estar en contacto con lo divino.

El faquir dijo: "No sé nada. Soy absolutamente analfabeto".

Al oír esto, el experto comentó: "Entonces una cuarta parte de tu vida es un desperdicio".

El barco navegó un poco más lejos. El pundonor volvió a preguntar: "¿Pero debes saber aritmética al menos? Es necesaria para llevar las cuentas".

El faquir dijo: "No poseo nada, así que no necesito llevar ninguna contabilidad. Lo que gano durante el día, lo gasto por la noche. No gano más de lo necesario para mi sustento diario. Por la noche vuelvo a ser un faquir. Por la mañana vuelvo a ganar dinero. La existencia me ha proporcionado lo suficiente hasta ahora, así que ¿por qué debería preocuparme por el mañana? Si alguien me da dinero, no pasa nada. Si alguien no me da nada, tampoco pasa nada. He vivido hasta ahora y podré vivir también en el futuro. Ni el que da da algo que dura para siempre ni el que no da se lleva algo que puede ser una pérdida para siempre: todo es un juego."

Al oír esto, el experto dijo: "Bueno, la mitad de tu vida está desperdiciada". Justo en ese momento empezó una tormenta, la barca empezó a zarandearse sobre las olas y parecía que se iba a hundir en cualquier momento. El faquir se rió porque el pundit se asustó mucho. ¿Quién no se asusta cuando la muerte es inminente? El pundit solía hablar de la inmortalidad, solía decir que el alma es inmortal, pero estas afirmaciones eruditas del alma, de la inmortalidad, no sirven de nada ante la muerte.

El faquir le preguntó: "¿Sabes nadar?".

El experto respondió: "No, en absoluto".

El faquir dijo: "¡Entonces toda tu vida es un desperdicio! Voy a saltar porque este barco se hundirá".

¡OH IDIOTA! CANTA LA CANCIÓN DEL DIVINO, CANTA LA CANCIÓN DEL DIVINO PORQUE EN EL MOMENTO DE LA MUERTE -quizás Shankara conocía la historia que acabo de contarte- LA MEMORIZACIÓN DE LA GRAMÁTICA NO TE SALVARÁ.

Cuando estés a punto de ahogarte, cuando la muerte te rodee, sólo te salvarás si sabes nadar... nadar en la muerte. Si no sabes nadar en la muerte, la muerte te ahogará. También te ha ahogado muchas veces antes, pero aún no has despertado, aún no has aprendido a nadar. En el momento de la muerte tus conocimientos de idiomas -no importa cuántos idiomas sepas-, así como tus conocimientos de gramática, serán absolutamente inútiles.

La muerte es el criterio. Lo que es útil en el momento de la muerte es sabiduría y lo que es inútil en el momento de la muerte es erudición. Prueba todo lo que sepas con este criterio. Lleva siempre contigo esta piedra de toque, igual que un orfebre va probando el oro en la piedra de toque. Todo lo que es útil, útil en el momento de la muerte, es verdadero conocimiento, y todo lo que es inútil y engañoso no es más que erudición.

¿Y puede algo que es inútil en la muerte ser útil en la vida? Lo que no sirve ni siquiera en la muerte, ¿cómo puede ser útil en la vida? -Porque la muerte es la culminación última de la vida. Es el pináculo de la vida. Es el festival de la vida. Todo lo que es útil en la muerte es útil en la vida. Aunque es fácil engañar en la vida, es imposible hacerlo en la muerte. La muerte lo expone todo.

¿A quién llama idiota Shankara? Está llamando idiota a esa persona que no conoce la verdad pero que ha memorizado la gramática, que conoce las palabras y las escrituras y puede repetirlas, explicarlas. Shankara llama idiota al experto. Sus mismas palabras: ¡OH IDIOTA! CANTA LA CANCIÓN DE LA DIVINA, CANTA LA CANCIÓN DE LA DIVINA, PORQUE A LA HORA DE LA MUERTE LA MEMORIZACIÓN DE LA GRAMÁTICA NO TE SALVARÁ, prueban que estaba usando la palabra idiota para el pundit; de lo contrario, de repente no habría necesidad de mencionar la gramática. No es al tonto o al ignorante a quien consideramos como tal; es al experto que memoriza la gramática, él es el idiota.

El pundonor es memorizar la gramática, y esto se ha convertido en una gran carga en la India, tanto que casi todas las personas tienen esta falsa noción de que conocen lo divino sólo porque conocen la palabra Dios. Recuerda que la palabra Dios no es divinidad, igual que la palabra agua no es agua. Cuando uno tiene sed, la palabra agua no sirve de nada y se necesita agua real para saciar la sed. En el momento de la muerte, los principios y las teorías de la inmortalidad no sirven de nada; se necesita el sabor real de la inmortalidad.

Una vez estaba de viaje durante el verano. Ese año no había llovido en esa zona. El tren se detuvo en una estación donde un hombre vendía agua: diez paisa por vaso. Gritaba: "Un vaso de agua por diez paisa". Siguió vendiendo el agua y recogiendo el dinero.

Un hombre sentado cerca de mí le preguntó: "¿No lo venderás por ocho paisa?".

Al oír esto, el vendedor de agua ni siquiera se detuvo y dijo: "¡Entonces es que no tienes sed!".

Sí, tenía razón. Cuando uno está realmente sediento, no se preocupa por ocho paisa o diez paisa.

Sólo quien no tiene sed puede pensar en regatear. El comentario del vendedor de agua me atrajo.

Cuando uno tiene sed no puede pensar en ahorrar dos paisa. De hecho, uno está dispuesto a darlo todo en ese momento. El regateo continúa sólo cuando uno no tiene sed.

Dices que eres hindú, mahometano o cristiano; eso sólo significa que aún no tienes sed. Cuando uno tiene sed no se preocupa por ser hindú, mahometano o cristiano.

Cuando uno está realmente sediento pide lo divino; templos, mezquitas o gurudwaras no significan nada para él y éstos no pueden saciar su sed. Uno no regatea cuando tiene sed.

El significado de la renuncia, el significado de sannyas, es que estás sediento y estás dispuesto a apostarlo todo.

La gente dice: "Sí, queremos conocer a Dios, pero en este momento hay muchas otras cosas que hacer, hay muchos problemas que resolver". Así que siguen posponiendo la religión para el final.

Dios es el último en la lista de tus necesidades y la última de las necesidades nunca se satisface. Él sigue siendo el último. Un día estarás acabado, nunca serás capaz de alcanzarlo. Cuando se satisface una necesidad, surgen otras diez. Cuando se cumple una ambición, surgen miles de otras. La religión siempre queda la última. Lo divino no se acerca ni por asomo. Todo depende de si la religión es la primera o la última en tu lista de la vida. Un idiota es aquel que mantiene la religión como la última de su lista, y ciertamente no es idiota aquella persona que la tiene como la primera de su lista. Ha empezado a despertar. Ha comprendido bien que puede acumular cualquier cantidad de riqueza, pero al final la muerte se la arrebatará. Así que no tiene sentido perder el tiempo acumulando cosas que al final le serán arrebatadas.

¡OH IDIOTA! CANTA LA CANCIÓN DE LO DIVINO.

También hay que entender el significado del bhajan. Verás a mucha gente haciendo bhajan, cantando la canción de lo divino, pero en realidad no están haciendo bhajan. Lo hacen muy superficialmente. Puede ser una especie de recreación para ellos, ya que no han apostado su vida. Puede ser sólo un disfrute para ellos, y este tipo de disfrute lo pueden obtener de cualquier otra canción o de cualquier otra música.

Bhajan significa que hay una profunda agonía en tu ser interior; un sonido surge de tu profundidad interior.

Toda tu vida está en juego, como si se tratara de una cuestión de vida o muerte. Si quieres cantar la canción de lo divino entonces tienes que perderte a ti mismo. Si quieres salvarte y ser devoto de Govinda, Dios, entonces te estás engañando a ti mismo.

El Bhajan en sí mismo es el clímax. Es lo último. Los discípulos de Ramakrishna solían tener mucho cuidado de que cuando él caminara por la calle nadie dijera "Ram Ram" o "Jai Ram", porque aunque un extraño le saludara diciendo "Jairam-ji", él se quedaría allí de pie abrumado por la emoción y el éxtasis y se pondría a bailar en medio de la calle. Los discípulos se avergonzaban. Llegaba la policía y les decía que despejaran el caos de la carretera. Si le invitaban a alguna boda, nadie se preocupaba de la novia ni del novio y todos se reunían a su alrededor.

Una vez, uno de sus admiradores invitó a Ramakrishna a la boda de su hija para que le diera su bendición. La ceremonia estaba a punto de comenzar cuando alguien pronunció el nombre de Govinda. Había una gran multitud y alguien gritaba: "¿Dónde está Govinda?". Ramakrishna oyó el nombre de Govinda y se puso a bailar, ¡y comenzó el bhajan de Govinda! Aquel lugar de bodas se convirtió en una escena divina. La fiesta de bodas ya no era una fiesta de bodas. La ceremonia nupcial ya no era una ceremonia nupcial; era algo totalmente distinto.

Bhajan significa que hay un flujo constante del recuerdo de lo divino en tu interior las veinticuatro horas del día. Ese flujo constante existía en Ramakrishna, de modo que cuando alguien pronunciaba el nombre de Ram, Krishna o Govinda, el flujo interior estallaba. El menor estímulo exterior revelaba la danza interior, la música interior, el sonido interior. Es como un pozo lleno de agua. Si alguien mete un cubo en el pozo, saldrá lleno de agua. Del mismo modo, si alguien pronuncia el nombre de Ram, el bhajan interior, el recuerdo interior se expresará exteriormente.

El Bhajan no es algo que puedas hacer a tu conveniencia. El Bhajan es un recuerdo continuo. Cuando empieza nunca termina, sigue y sigue - un recuerdo continuo dentro de tu ser.

¡OH IDIOTA! CANTA LA CANCIÓN DE LO DIVINO, PORQUE A LA HORA DE LA MUERTE LA MEMORIZACIÓN DE LA GRAMÁTICA NO TE SALVARÁ.

La muerte no te preguntará: "¿Cuánto sabes de las Escrituras?". La muerte te revelará cuánta verdad has conocido. En el momento de la muerte solo lo que tu mismo has conocido permanecerá contigo, y lo que fue conocido por otros y lo que fue prestado por ti de otros se perderá. Si la escritura es prestada entonces es inútil, pero si la escritura te es revelada entonces has alcanzado la misma fuente donde los rishis de los Upanishads habían saciado su sed. En ese caso los Upanishads no son meras escrituras para ti; entonces son la expresión de tu propia realización, de tu propio conocimiento.

La gente me pregunta por qué hablo de Shankara, Buda o Cristo - también puedo hablar directamente. Les digo que hablo directamente, porque en esta canción de Shankara, él ha dicho lo mismo que yo quisiera decir, y lo ha dicho tan bellamente que no se puede mejorar. Él ha dicho la última palabra, así que no hay necesidad de repetirla. No hablo de Shankara porque me parece que él lo sabe; la cuestión de que yo crea en Shankara no se plantea. Es porque yo también he bebido agua de la misma fuente de donde él bebió y esta canción nació en él.

¡OH IDIOTA! ABANDONA EL DESEO DE ACUMULAR RIQUEZAS, DESPIERTA EL RECTO ENTENDIMIENTO, HAZ QUE LA MENTE NO TENGA DESEOS Y CONTÉNTATE Y SÉ FELIZ CON LO QUE GANES CON TU PROPIO TRABAJO. OH IDIOTA, CANTA SIEMPRE LA CANCIÓN DE LO DIVINO.

Abandona el deseo de acumular riqueza. Riqueza' no significa la riqueza que conoces como riqueza.

Aquí riqueza significa todo lo que vas recogiendo o acumulando... todo lo que acumulas según tu deseo es riqueza, incluso el conocimiento. Cuando acumulas conocimiento estás acumulando riqueza.

Una persona sigue contando cuánto dinero ha metido en su casillero, otra está contando cuánto conocimiento ha acumulado, cuánta información ha reunido y cuántas escrituras ha leído, pero ambas están acumulando. La tercera persona puede estar acumulando renuncias, contando cuántos ayunos ha hecho. El cuarto puede estar acumulando fama, puede estar contando cuántas personas tienen fe en él, cuántas le adoran y cuántas le siguen. Todo lo que se acumula y todo lo que se puede acumular es riqueza. Y esta riqueza es muy engañosa porque fuera puedes seguir acumulando, pero sigues siendo pobre por dentro.

Lo que se acumula fuera no se puede llevar dentro, y la muerte te arrebatará lo que no puedas llevar dentro, porque sólo tú puedes atravesar la muerte y nada más. Sólo tu ser pasará; las llamas no podrán quemarlo, las flechas no podrán atravesarlo. Sólo tú podrás atravesar la puerta de la muerte, tú en tu pureza y nada más.

Si sólo has acumulado la riqueza exterior, seguirás siendo pobre cuando atravieses la puerta de la muerte. Si la muerte demuestra que eres pobre, entonces significa que la riqueza acumulada durante la vida no era más que un engaño. La riqueza es sólo aquello que puede acompañarnos; de lo contrario, el resto no son más que problemas. Lo que acumulas te parece riqueza, pero en realidad no lo es, sólo son problemas. Después de acumular también te das cuenta de que los problemas han aumentado.

La verdadera riqueza traería satisfacción, la verdadera riqueza traería paz, traería intrepidez, haría resonar un paraíso en tu vida, traería relajación a tu vida. Traería el alivio de llegar al destino, de llegar a casa; un perfume de relajación surgiría en tu vida.

Pero no hay tal cosa en ti. Con el aumento de la riqueza tu vida apesta más, se vuelve más infeliz y más temerosa. La acumulación de riqueza crea miles de preocupaciones. La riqueza no trae paz; sólo perturba la paz.

¡OH IDIOTA! ABANDONA EL DESEO DE ACUMULAR RIQUEZA.

Sí, abandona el deseo de acumular. ¿Por qué la gente está tan loca por acumular?

Una vez viví en una casa cuyo dueño estaba loco por coleccionar cosas. Incluso coleccionaba cosas que no servían para nada. Su casa parecía un trastero. Me preguntaba cómo podía vivir en ella. Un día estaba yo en el jardín y, mientras me hablaba, salió su hijo pequeño y tiró un palo de escoba viejo, usado y roto. Inmediatamente se puso inquieto. No dejaba de mirar el palo mientras hablaba conmigo. Sabía que mi presencia le molestaba, así que le dije que volvería en unos minutos y entré.

Cuando salí me encontré con que el palo de escoba había desaparecido. Se lo había llevado. Le seguí y le pillé in fraganti. Estaba allí de pie con el palo de escoba. Le pregunté: "¿Por qué lo has traído?".

Me dijo: "Bueno, puede que alguna vez haga falta".

Le dije: "Pero ahora es inútil".

Protestó diciendo: "No, no, puede ser útil alguna vez. ¿Por qué tirarlo? Que se quede".

Es la manía de coleccionar cosas. ¿Cuál es la razón de esto? ¿Por qué el hombre quiere acumular? Realmente hay un gran vacío en el interior que tiene que ser llenado, y tiene que ser llenado con cualquier cosa, de lo contrario uno se siente muy vacío. Si uno no posee nada, se siente muy vacío por dentro. Piensa: si no tienes nada que poseer, serás libre y estarás vacío por dentro.

Algunos amigos vienen a meditar conmigo. Cuando llevan un tiempo meditando, digamos un mes o así, empiezan a ver ese vacío en su interior. Ese vacío siempre ha estado ahí, pero no lo notaban. La meditación te hace más consciente, la conciencia aumenta y entonces uno se vuelve consciente del vacío. Entonces ocurre algo muy peculiar. Quien siente ese vacío interior empieza a comer mucho. Todos los días me llegan uno o dos casos de este tipo. Dicen: "¿Qué vamos a hacer? Antes no comíamos tanto". El efecto de la meditación es tal que queremos comer todo el tiempo".

Les explico que la razón es que la meditación te ha mostrado el vacío interior, y este vacío duele, así que hay que llenarlo. Por lo tanto, llenas este vacío con dinero, posición y fama. Acumulando cosas y sentándose entre ellas, uno siente que tiene algo.

Los que no tienen nada tienen el deseo de acumular. Pero los que tienen algo no acumulan, se bastan a sí mismos. El mero "ser" es tan satisfactorio que no hay necesidad de acumular nada.

Por eso adoramos a Buda, adoramos a Mahavira, adoramos a Shankara, porque nos dimos cuenta de que su riqueza está dentro de ellos; hay algo en ellos por lo que el vacío ha desaparecido. Hay alguna luz en ellos gracias a la cual el vacío interior se ha convertido en plenitud, el vacío interior se ha convertido en verdad. La meditación trae el vacío.

Si tienes prisa tendrás el deseo de llenar el vacío. Pero si no tienes prisa y aceptas el vacío y estás dispuesto a vivir con él, verás que gradualmente el vacío se llena por sí mismo. La naturaleza no tolera el vacío. Tu creas el vacio, la naturaleza lo llena. Dios no tolera el vacío; si creas el vacío, Dios lo llena. Sólo se necesita el vacío, la plenitud viene por sí sola. Al igual que cuando llueve, el agua se precipita desde todos los lados hacia el pozo; del mismo modo, cuando te vacías, lo divino se precipita hacia ti desde todos los lados.

Si haces una fosa, la existencia la llenará. La mitad del trabajo lo haces tú, la otra mitad la existencia. Pero tu hacer no es tan importante, el verdadero trabajo lo hace la existencia. Todo lo que tienes que hacer es estar preparado, estar vacío. Por eso todos los iluminados insisten: "No acumules. No tengas el deseo de coleccionar cosas"... porque si te llenas a ti mismo, entonces no estás dando la oportunidad a lo divino de llenarte.

He oído una historia. Una vez Krishna se sentó a comer. Rukmani estaba sirviendo la comida. Krishna apenas había probado el primer bocado cuando, de repente, se levantó y salió corriendo. Pero en cuanto llegó a la puerta, regresó y se sentó.

Rukmani no podía entender este comportamiento. Le preguntó: "¿Por qué has corrido? ¿Para qué? ¿Y por qué volviste de la puerta? Corriste como si alguna casa estuviera en llamas y tuvieras que apagarlo antes de comer. Pero luego volviste como si no hubiera pasado nada".

Krishna respondió: "Sí, ciertamente algo estaba ardiendo, pero cuando llegué a la puerta ya se había apagado, así que regresé. Uno de mis devotos caminaba por una calle de la capital. La gente le tiraba piedras, le sangraba la frente y gritaba: "¡Govinda, Govinda!". No reaccionaba ni intentaba salvarse. Se había confiado totalmente a mí. Así que para salvarle tuve que correr".

Cuando uno se vuelve indefenso como ese hombre, la existencia tiene que ocuparse de él. Cuando una persona se vuelve tan vacía que a pesar de ser apedreada no hace nada para salvarse, ni siquiera huye y ni siquiera reacciona, entonces toda la existencia viene a salvarla. Cuando hay un pozo, el agua se precipita desde todos los lados para llenarlo. Rukmani preguntó: "Entonces, ¿por qué has vuelto?".

Krishna respondió: "Cuando llegué a la puerta, había cambiado de opinión. Había cogido una piedra en la mano. Él mismo estaba reaccionando, así que ya no me necesitaba".

Se necesita a Dios cuando estás indefenso, y en esa condición de indefensión, cuando pronuncias "¡Govinda, Govinda!", eso es bhajan, devoción. No hay necesidad de decir la palabra Govinda en voz alta; la emoción interior es suficiente. Cuando tus ojos llenos de amor miran hacia el cielo, cuando tu corazón está abierto hacia el cielo y no haces ningún esfuerzo por hacer nada por tu parte, ese es el momento en que lo divino se precipita hacia ti. Si te conviertes en un pozo, él siempre está dispuesto a llenarlo.

Mahoma solía decir que si das un paso hacia Alá, él da mil pasos hacia ti. Pero si no das ni un paso, y ese paso es muy necesario, porque hasta que no le des la invitación, ¿cómo va a venir? Incluso si quiere venir, ¿cómo va a hacerlo? A pesar de que no le invites, de que no le pidas que venga, si viene a ti, tus puertas estarán cerradas. Incluso si llama, pensarás que es la mente. Incluso si te llama en voz alta, no serás capaz de oírle debido a tu confusión interior.

¡OH IDIOTA! ABANDONA EL DESEO DE ACUMULAR RIQUEZAS, DESPIERTA TU RECTO ENTENDIMIENTO.

El intelecto significa tu astucia; la recta comprensión, tu sabiduría. Por eso, a medida que el mundo se vuelve cada vez más inteligente, también se vuelve más astuto. Se esperaba que la educación hiciera a la gente sencilla e inocente, pero lo sorprendente es que con el aumento de la educación el hombre se está volviendo más astuto, más deshonesto y más hipócrita. Se ha vuelto experto en explotar a los demás.

La inteligencia significa eficacia en este mundo y el sentido común significa eficacia en el mundo interior. La gente mundana puede pensar que la persona de buen sentido es estúpida. Están obligados a decirlo porque preguntará: "¿Qué estás haciendo?". Buda renunció a su casa, a su palacio, a su reino, porque prevalecía el sentido común. El auriga que había ido a despedirle a la frontera de su reino era un sirviente ordinario, pero incluso él le dijo: "Disculpa mi impertinencia, pero no puedo evitar decirte que lo que estás haciendo es absolutamente estúpido. ¿Te has vuelto loco? El mundo entero anhela un palacio y un reino así. Tú tienes la suerte de tenerlos, pero estás renunciando a todas esas cosas. ¿Dónde más podrías tener una esposa tan hermosa? ¿Dónde si no vas a conseguir esta riqueza, estas comodidades, estos lujos, este tipo de familia y este respeto? Será mejor que vuelvas".

Ciertamente el viejo auriga es más sabio mundanamente que Buda, por eso da este consejo.

Buda dijo: "Entiendo perfectamente lo que dices. Pero donde tú ves el palacio, yo sólo veo llamas de fuego; donde tú ves la belleza, yo veo la muerte; lo que tú ves como riqueza, para mí es sólo un engaño de riqueza. Yo busco la verdadera riqueza, busco un verdadero hogar que no pueda ser arrebatado un día. Mi búsqueda continuará hasta que la consiga. Por esta búsqueda estoy dispuesto a apostarlo todo, porque ¿por qué no apostar algo que al final me van a arrebatar, es sólo cuestión de tiempo? Si consigo algo que no se puede perder apostando algo que se va a perder, entonces este trato no es malo. Es sólo cuestión de tiempo. Si puedo apostar lo que me van a arrebatar mañana de todos modos por algo que nunca me podrán quitar, no es costoso.

El sentido común ha prevalecido sobre Buda y el auriga es, en efecto, un sabio mundano.

Buda se iluminó y volvió a casa al cabo de doce años. Pero su padre se enfadó. Le dijo: "¡No seas estúpido! Vuelve a casa. Me has engañado, has engañado a tu mujer y a tu hijo recién nacido. A pesar de todo, te perdonaré, porque tengo corazón de padre.

Vuelve, tu mendicidad en el camino no se ve bien. ¿Y por qué mendigas? Puedes dar limosna a miles de mendigos cada día".

Incluso ahora Buda le parecía estúpido a su padre. La inteligencia religiosa siempre le parece una estupidez a la sabiduría mundana, y la gente generalmente piensa que es una completa locura. Pero a la persona que posee esta inteligencia religiosa, esta sabiduría mundana le parece una estupidez.

Y eres tú quien tiene que tomar la decisión. Sin esta decisión no puedes entrar en el mundo de la religión. Hasta que la sabiduría mundana no te parezca una estupidez, no podrás alcanzar la sensatez. Cuando veas que la sabiduría mundana es una estupidez, cuando veas que la astucia mundana es un engaño, cuando veas la futilidad de la fama mundana, de la posición y de la reputación, entonces significa que la semilla de la recta comprensión ha brotado en ti.

DESPIERTA EL RECTO ENTENDIMIENTO, HAZ QUE LA MENTE NO TENGA DESEOS, Y CONTÉNTATE Y SÉ FELIZ CON LO QUE GANES CON TU PROPIO TRABAJO.

Esto es cierto con respecto a todos los tipos de riqueza - también con respecto a la riqueza exterior que uno obtiene con su propio esfuerzo. Quien esté satisfecho con ella, su vida estará llena de moralidad. Y lo mismo es cierto sobre la riqueza interior también:

cuando la riqueza interior se obtiene por el propio esfuerzo de uno será religioso por dentro.

Memorizar las escrituras significa que estás cometiendo un robo. Estas robando el conocimiento escondido en las escrituras; no lo obtuviste por tu propio esfuerzo o trabajo duro. Es todo prestado y rancio, solo te estas aferrando al conocimiento de otra persona. No construyas tu edificio sobre él.

Sus cimientos están sobre arena, por lo que se derrumbará a la menor ráfaga de viento.

Hace unos días contaba una historia zen. Una noche, un monje Zen llamó a la puerta de un monasterio Zen. Es una tradición de los monasterios Zen que si un monje viajero quiere descansar allí tiene que dar la respuesta correcta al menos a una pregunta. Tiene que ganarse el refugio para descansar dando una respuesta correcta a una pregunta; de lo contrario, no puede detenerse en el monasterio, tiene que continuar su viaje.

El jefe del monasterio abrió la puerta y preguntó al invitado un antiguo enigma de los monjes zen.

El enigma es: ¿Cuál es tu rostro original, el rostro básico, el verdadero, el que era tuyo incluso antes del nacimiento de tu padre y de tu madre? Esta pregunta se refiere al alma. Lo que has recibido de tu madre y de tu padre es el cuerpo; tu rostro también lo recibiste de ellos. Pero, ¿cuál es tu rostro básico, el rostro original? ¿Cuál es tu naturaleza?

Y los monjes zen dicen que la respuesta a esta pregunta no puede darse con palabras, su respuesta debe ser una expresión viva. En cuanto se formuló esta pregunta, el monje invitado de viaje se quitó el zapato y golpeó la cara del monje que había hecho la pregunta.

El anfitrión se hizo a un lado, saludó y dijo: "¡Sean bienvenidos! Adelante".

Después de cenar juntos, se sentaron junto al fuego por la noche y empezaron a hablar. El anfitrión le dijo al invitado: "Tu respuesta ha sido maravillosa".

El invitado preguntó: "¿Ha experimentado usted mismo esta respuesta?".

El anfitrión respondió: "No, no lo he experimentado. Pero he leído muchas escrituras y he aprendido de ellas que el que da la respuesta correcta no duda. Tú has respondido sin vacilar y tu respuesta lo dice todo. Basándome en las escrituras he comprendido que has llegado a conocer la respuesta, porque a través de tu respuesta has dicho: "¡Idiota! Estás haciendo la pregunta con palabras y quieres la respuesta sin palabras; estás preguntando por la cara original que tú también tienes. Por lo tanto, al golpear tu cara con el zapato estoy diciendo que esta cara no es tu cara original - merece un zapatazo".

El anfitrión dijo: "Así he entendido tu respuesta. Yo también he leído las escrituras y tales respuestas están escritas en ellas".

El invitado no dijo nada. Siguió sorbiendo su té. El anfitrión empezó a dudar. Miró atentamente la cara del invitado y lo que vio no le gustó nada. Dijo: "¡Amigo! Te lo pregunto una vez más: ¿Has experimentado realmente la respuesta o no?".

El invitado respondió: "Yo también he leído muchas escrituras. He leído que ésta es una respuesta adecuada a la pregunta que has formulado. Pero el hecho es que no he experimentado la respuesta".

Las escrituras pueden ser muy engañosas porque las respuestas también están escritas allí. Pero repetir la respuesta de la escritura es como usar las respuestas escritas al final del libro de aritmética. Uno lee el problema, luego voltea el libro y ve las respuestas al final. De esta manera darás la respuesta correcta pero nunca sabrás el método por el cual se llega a esa respuesta. La respuesta será correcta pero tú seguirás equivocado, porque si hubieras pasado por el método habrías evolucionado, te habrías desarrollado.

La respuesta de otra persona no sirve de nada. La respuesta debe ser la propia. Nadie va a probar tu conocimiento de las escrituras; la existencia te va a probar existencialmente. Nadie te va a preguntar: "¿Qué has oído? ¿Qué has leído?" La existencia te preguntará: "¿Cómo has vivido?". Si la respuesta procede de tu vida, significa que ha llegado con tu propio esfuerzo. Con la riqueza exterior, si la ganas con tu trabajo, con tu duro trabajo, entonces tu vida estará llena de moralidad, y si ganas la riqueza interior con tu trabajo entonces tu vida será religiosa - será auténtica religión. Por eso Ramateertha llamó a esto religión auténtica. Sí, hay religión prestada y hay religión auténtica.

Religión prestada significa que las respuestas son correctas pero impotentes; son como cartuchos vacíos y gastados, no se pueden utilizar en una pistola. La gente se reirá de ti, pero eso es lo que hace la mayoría: repetir las respuestas de los demás. Las repiten mecánicamente. ¿Cómo pueden obtener sus propias respuestas si ni siquiera tienen sus propias preguntas? Ni siquiera saben qué quieren saber exactamente. No conocen la pregunta que buscan.

¡OH IDIOTA! ABANDONA EL DESEO DE ACUMULAR RIQUEZAS, DESPIERTA EL ENTENDIMIENTO CORRECTO Y CONTÉNTATE Y SÉ FELIZ CON LO QUE GANES CON TU PROPIO TRABAJO. ¡OH IDIOTA! CANTA SIEMPRE LA CANCIÓN DE LO DIVINO.

NO TE ENCAPRICHES CON LA BELLEZA, LOS PECHOS, EL OMBLIGO Y LA CINTURA DE UNA MUJER. NO SON MAS QUE CONTORSIONES DE CARNE Y GRASA, CONTEMPLA ESTO UNA Y OTRA VEZ. ¡OH IDIOTA! CANTA SIEMPRE LA CANCION DE LO DIVINO.

El hombre se siente atraído por la mujer y la mujer se siente atraída por el hombre. Lo opuesto siempre atrae, y esta atracción es como el hipnotismo. Entendamos esto.

Cuando nace un niño, su primer contacto con este mundo es el pecho de la madre; el primer contacto con el otro es el pecho de la madre. Su viaje en este mundo comienza después de familiarizarse con el pecho de la madre. Por eso el hombre siempre está obsesionado con los pechos de la mujer; ése es el primer impacto, ningún otro impacto es más profundo que éste. Por eso todas las pinturas, cuadros, estatuas, películas, historias, todo gira en torno a los pechos de las mujeres. Los pechos son la parte del cuerpo de la mujer que más hipnotiza la mente del hombre. Las mujeres siguen intentando esconder los pechos y los hombres siguen intentando descubrirlos. Las mujeres saben lo que atrae a los hombres y los hombres también saben lo que les interesa del cuerpo de una mujer.

A medida que se desarrolla la civilización, este problema también va en aumento. El hecho es que las tribus no civilizadas no sienten atracción por los pechos porque sus cuerpos de mujer y sus pechos no están cubiertos. Cada niño es libre de mamar del pecho de su madre todo el tiempo que quiera. Incluso puede seguir mamando hasta los diez años. En las sociedades civilizadas se intenta destetar al niño del pecho de la madre lo antes posible. Cuanto antes se desteta al niño del pecho, mayor es la atracción por él. La gente sigue escribiendo poesía, pintando cuadros, haciendo estatuas, etc. sobre la belleza de los pechos. Su mente está totalmente obsesionada con los pechos.

Esto significa que el niño no estaba saciado, seguía insatisfecho. Esta insatisfacción crea sueños. Esta insatisfacción crea un hipnotismo interior. Pero ahora no hay medios de satisfacción hasta que despierte el sentido común.

Shankara dice que recordemos esto continuamente - el impacto anterior solo puede ser eliminado recordando esto una y otra vez.

Los científicos han hecho algunos descubrimientos; uno de ellos es muy importante. Un científico estaba experimentando con pollos. Cuando nació un pollo de un huevo de gallina, no dejó que el pollo viera a la gallina, sino que lo mantuvo con un pato. Cuando el pollo abrió los ojos vio al pato, y ésta fue su primera huella. Y ocurrió un hecho interesante: corría detrás del pato y no reconocía a la gallina. La gallina no soportaba que el pollo corriera detrás de ella todo el tiempo, así que le daba patadas, le pegaba, pero a pesar de ello la seguía a todas partes. La gallina intentaba por todos los medios ganárselo, acercarlo a ella, pero le tenía miedo y se quedaba lejos. También por la noche el polluelo quería dormir en el mismo sitio donde estaban los patos, pero éstos lo echaban. La gallina quería llevarlo al gallinero, pero no estaba preparado para ir allí.

La primera huella, el primer condicionamiento, es muy importante. Te persigue toda la vida. El primer acontecimiento de la vida, sea cual sea, siempre persigue a una persona, y la mente sigue soñando con él. ¿Qué hay de atractivo en el cuerpo de un hombre o de una mujer? Sin duda hay algo. Tu cuerpo es el resultado de la unión de los cuerpos de un hombre y una mujer: el hombre le da la mitad a tu cuerpo y la mujer le da la otra mitad. Cada persona es mitad mujer y mitad hombre, es una mezcla de ambos.

Toda tu existencia es mitad hombre, mitad mujer; está incompleta. La mitad femenina que hay en ti sigue anhelando al hombre y la mitad masculina que hay en ti sigue anhelando a la mujer.

Según las últimas investigaciones en psicología, en la mente inconsciente de cada hombre se esconde la mujer y en la mente inconsciente de cada mujer se esconde el hombre. Siguen buscando fuera hasta que su hombre interior y su mujer interior se encuentran.

Hasta que tu hombre interior y tu mujer interior se unan, hasta que tu mente consciente y tu mente inconsciente se conviertan en una al estar unidas, la atracción por lo opuesto siempre estará ahí. Un hombre se sentirá atraído hacia una mujer y una mujer se sentirá atraída hacia un hombre.

Seguro que has visto la estatua de Ardhanarishawara en la que el Señor Shiva se muestra como mitad mujer y mitad hombre. Hasta que la mitad hombre y la mitad mujer dentro de ti se conviertan en la imagen de Ardhanarishawara, hasta que te vuelvas completo dentro de ti mismo, seguirás buscando fuera sintiéndote perdido y pensando que conocer a una mujer te traerá la plenitud. Pero la mujer está ahí en tu mente inconsciente.

Por eso todos los yogas y tantras son básicamente el proceso de unir tus energías internas. Cuando te unes y te vuelves uno dentro de ti, entonces tu deseo exterior deja de existir. Pero al mismo tiempo, cuando el deseo externo deja de existir, sólo entonces puedes llegar a ser uno. Estas dos cosas son interdependientes. Por eso Shankara dice:

NO TE ENCAPRICHES DE LA BELLEZA, LOS PECHOS, EL OMBLIGO Y LA CINTURA DE UNA MUJER.

Shankara se dirige a los hombres, porque en aquellos dias, especialmente en este pais, la religion estaba monopolizada por los hombres. Pero hay que decir lo mismo a las mujeres también, que no hay nada especial en el cuerpo del hombre que deba obsesionarla o hipnotizarla.

Estas palabras de Shankara y otras palabras de este tipo de otros santos han creado un malentendido. Parece que no hay nada en el cuerpo de una mujer, pero hay algo especial en el cuerpo de un hombre. En realidad, no hay nada en ningún cuerpo. Los hombres miran despectivamente el cuerpo de una mujer diciendo: "No es más que hueso, carne y grasa". Pero, ¿y el cuerpo del hombre? ¿Está hecho de oro, plata o diamantes? Mientras no veas los huesos, la carne y la grasa en tu propio cuerpo, no podrás verlos en el cuerpo de una mujer. Debido a la mala interpretación de estas palabras, se ha convertido en una tradición condenar a la mujer.

Los hombres piensan que las mujeres son la causa de su esclavitud. Pero, ¿quién ha esclavizado a las mujeres? Los hombres piensan que las mujeres son el principal obstáculo para alcanzar la liberación. Pero la pregunta es: si la mujer es el obstáculo en el logro de la liberación, entonces ¿quién es el obstáculo para que una mujer alcance la liberación? Entonces significa que las mujeres pueden alcanzarla sin ningún obstáculo. Si no hay ningún obstáculo en su vida, entonces pueden alcanzarla directamente sin ninguna dificultad.

No, no se trata de un hombre o una mujer. La atracción por lo contrario no sirve de nada. Debes contemplar una y otra vez que éstas son las perversiones de la carne. Es necesario contemplar una y otra vez de esta manera para eliminar esta huella que está ahí en la mente. El recuerdo continuo es como la cascada que rompe la piedra, una piedra fuerte. Nadie puede imaginar que un pequeño hilo de agua que cae por primera vez será capaz de romper la piedra. Con el tiempo, la piedra se convierte en gránulos de arena y el agua sigue cayendo de la misma manera. Esta huella es muy fuerte y muy profunda, pero si el pensamiento continúa como el chorrito de agua, gota a gota, un día la piedra se romperá y desaparecerá. Y el día que tus huellas desaparezcan, serás libre.

¡OH IDIOTA! CANTA SIEMPRE LA CANCIÓN DE LO DIVINO. Shankara está diciendo: Sigue siendo devocional a Govinda continuamente. Hagas lo que hagas, siempre debes recordar a Govinda. Nunca olvides a Govinda.

El bhajan de Govinda significa que lo que es visible no es suficiente, no es bastante, no es todo, no es todo. Recuerda que también existe lo que no se puede ver. No dejes que lo invisible se pierda en lo visible, recuerda siempre lo invisible.

Tú me ves, yo te veo. Hasta donde puedas verme, eso es visible. Cuando te cruzas con hombres, animales, árboles mientras caminas por la carretera, todo lo que es visible es el mundo. Estas cosas son visibles. Pero si puedes recordar lo invisible dentro de mí... lo invisible oculto en lo visible es Govinda. El significado del bhajan de Govinda es que lo visible no debe engañarte, no debes perderte en lo visible; debes ser capaz de recordar siempre lo invisible.

Durante la revolución de 1857, un soldado mató por error a un sannyasin. Un sannyasin desnudo y silencioso pasaba por el acantonamiento de un batallón inglés. Los soldados lo agarraron y le preguntaron: "¿Quién eres?". Pero como estaba en silencio no contestó. Como se quedó callado, empezaron a sospechar de él y un soldado inglés le atravesó el pecho con una lanza. El sannyasin había hecho el voto de hablar una sola vez en el momento de la muerte: había permanecido en silencio durante los últimos treinta años.

Cuando la lanza le atravesó el pecho y la sangre brotó, entonces pronunció sólo una frase de los Upanishads: tattvamasi, shvetketu - tú también eres eso, Shvetketu.

La gente se reunió a su alrededor y le preguntó: "¿Qué quieres decir?".

Dijo: "Quiero decir que lo divino puede venir de cualquier guisa, no podrá engañarme. Hoy ha venido con la lanza en la mano. La lanza me ha atravesado el pecho, pero puedo ver que dentro del soldado sólo está él. No puede engañarme". La sangre rezumaba de su pecho, pero el sannyasin bailaba porque podía ver la piedad en su asesino.

¡OH IDIOTA! CANTA LA CANCIÓN DE LO DIVINO, CANTA LA CANCIÓN DE LO DIVINO.

Esto significa que pase lo que pase, en todo tipo de circunstancias, lo divino debe ser visible.

Debe ser visto en el enemigo, debe ser visto también en la muerte cuando ésta llegue. Debe ser visto en un amigo y también en el enemigo.

Pero actualmente no puedes verlo ni siquiera en un amigo. En este momento no puedes verlo ni siquiera en la persona a la que amas; no lo ves ni siquiera en tu amado o amante, qué decir de los demás. No lo ves en ti mismo, ¿cómo puedes verlo en el otro?

¡OH IDIOTA! CANTA LA CANCIÓN DE LO DIVINO, significa que, pase lo que pase, lo divino se ve en todas partes. Incluso en una roca está ahí, tal vez profundamente dormido. Se le puede ver incluso en un árbol, es mudo, pero está. Incluso en el lunático, está loco, pero está. Deberías ser capaz de reconocerlo en cualquier forma.

Hay una anécdota en la vida de Sai Baba. Un sannyasin hindú vivía a unas tres millas de la mezquita donde vivía Sai Baba. Este sannyasin solía venir diariamente para el darshan de Sai Baba, tomando su comida sólo después de ver a Sai Baba. A veces había una gran multitud y no podía entrar en la mezquita, por lo que pasaba todo el día sin su darshan. Pero el sannyasin nunca tomaba comida sin tocar los pies de Sai Baba. A veces tenía que dormir sin ingerir alimentos porque sólo comía durante el día, esa era su regla.

Así que un día Sai Baba le dijo: "No hay necesidad de que vengas aquí diariamente. Yo vendré a ti, pero debes reconocerme. No permitas que venga y no me reconozcas. Vendré justo cuando tu comida esté lista, puedes tener mi darshan allí. Que vengas aquí desde una distancia de tres millas y luego regreses todo ese camino es demasiado. Me duele pensar que a veces tienes que ir sin comida".

El sannyasin estaba muy contento. Dijo: "Es mi buena suerte. Mañana te esperaré".

Al día siguiente preparó la comida temprano y esperaba feliz a Sai Baba. No vino nadie más que un perro. El perro debió oler la comida. Ahuyentó al perro con un palo y lo echó diciendo: "Estoy esperando a Sai Baba, vete de aquí". Golpeó al perro con el palo dos veces y lo hizo huir. Después de eso nadie vino.

Por la tarde corrió a la mezquita. Allí había una gran multitud. Le preguntó a Sai Baba: "¿Por qué no has venido? Estás sentado aquí rodeado de gente pero me habías prometido venir".

Sai Baba dijo: "Vine pero no me reconociste. Fui golpeado por tu bastón".

El sannyasin se quedó perplejo. Dijo: "Pero si sólo ha venido un perro".

Sai Baba dijo: "¿No te dije que definitivamente vendré, pero debes reconocerme?". No puedo decir en qué forma apareceré; todo depende de la forma que esté fácilmente disponible. En aquel momento sólo era apropiado aparecer en forma de perro. En ese día soleado no había ninguna otra forma disponible. Sólo estaba este perro, así que lo utilicé".

Al oír esto, el sannyasin se echó a llorar. Dijo: "Ha sido culpa mía, pero por favor, dame otra oportunidad. Debes venir mañana. Definitivamente te reconoceré".

Si el perro hubiera venido al día siguiente le habría reconocido. Pero el perro no vino. Siguió esperando cualquiera de las dos cosas: que Sai Baba viniera directamente o que apareciera en forma de perro. Pero el perro no apareció. Bueno, los perros no son muy fiables, pueden venir o no venir. El perro no vino, pero vino un mendigo que era leproso. Apestaba terriblemente.

El sannasin pensó que la comida se echaría a perder por ese hedor; a nadie le apetecería comerla.

Era nauseabundo ver al mendigo, así que le dijo: "Por favor, vete de aquí. No entres".

Por un momento dudó, pero luego pensó: "¿Cómo puede ser este leproso Sai Baba?". Comparado con este leproso incluso el perro era mejor de ver, parecía agradable y sano.

Por la noche fue de nuevo a Sai Baba y le dijo: "Te esperé a ti y al perro, pero no viniste".

Sai Baba respondió: "Vine, pero no pudiste soportar el hedor. Me echasteis".

El hombre empezó a llorar y dijo: "Dame otra oportunidad".

Sai Baba dijo: "Aunque venga mil veces no podrás reconocerme". Sólo puedes reconocerme cuando estás despierto; sólo entonces es posible.

Cantar la canción de lo divino significa que todo lo que veas se convertirá en una canción de lo divino.

Cualquier cosa de cualquier lugar se convertirá en un mensaje - cuando sopla la brisa es su recuerdo, el sonido de la cascada es su recuerdo, cuando los pájaros cantan es su recuerdo, si hay silencio es su recuerdo. El ruido es suyo, el silencio es suyo, el mercado es suyo y el vacío del Himalaya es suyo. Su recuerdo, su mensaje, viene de todas partes: la flor, la hoja, la piedra, todo recuerda a lo divino. Su recuerdo te rodeará por todas partes; siempre que mires a alguien a los ojos verás lo divino.

Y esto no es imaginación ni poesía, es un hecho, porque está mirando desde todos los ojos. Si no lo has visto, es culpa tuya. Si no has reconocido, es tu estupidez, pero él está viendo desde todos los ojos. Vuelve atrás y mira a los ojos de tu mujer o mira a los ojos de tu hijo. Pronto te darás cuenta de que el niño desaparece y lo informe está ahí. Dondequiera que veas profundamente encontraras la piedad. Pero te seguirás perdiendo el mundo interior mientras tu vista sea superficial.

LA VIDA ES TAN TRANSITORIA E INESTABLE COMO UNA GOTA EN LA HOJA DE LOTO.

Esto hay que entenderlo bien: que el mundo sufre la enfermedad del ego y está enfermo de infelicidad. Así que, ¡ OH IDIOTA! CANTA SIEMPRE LA CANCIÓN DE LO DIVINO.

Aquí nada es estable. Todo fluye, todo cambia. Así que no hagas un edificio sobre lo inestable. Incluso la arena es más estable que esto. Este mundo es como el flujo del agua: no construyas sobre él, de lo contrario te arrepentirás. Busca lo estable, lo permanente. Busca siempre al que es estable en este flujo.

Una rueda gira con el movimiento del vehículo, pero el eje no se mueve. Así que mira el eje, encontrarás lo divino en el eje. La rueda significa el mundo; por eso la llamamos sansar chakra, la rueda del mundo. La rueda sigue moviéndose, pero el eje, del que depende el movimiento de la rueda, es estable. La existencia de lo inestable depende de lo estable. Incluso una mentira tiene que depender de la verdad para existir. Se necesita un vidente para que exista un sueño; de lo contrario, un sueño no puede ser soñado.

LA VIDA ES TAN TRANSITORIA E INESTABLE COMO UNA GOTA EN LA HOJA DE LOTO.

No te enredes demasiado con la vida, de lo contrario te arrepentirás y serás infeliz. Nada se detiene aquí; aunque quieras detenerlo, no se detendrá. Todo fluye. Eres joven, pero esta juventud pasará. Intentarás aferrarte a ella, pero no podrás hacerlo. Entonces te arrepentirás porque habrás gastado tiempo en el esfuerzo de aferrarte a ella. Hoy es este cuerpo; mañana perecerá. Muchos cuerpos así han existido y han perecido. El mundo es transitorio, inestable y siempre cambiante. No hagas aquí tu hogar, esto es sólo un refugio nocturno. Uno pasa aquí la noche y tiene que marcharse por la mañana. Si te has establecido aquí, serás infeliz, por eso eres infeliz.

La gente me pregunta: "¿Por qué somos infelices?". Sois infelices porque estáis construyendo vuestra casa donde no se puede construir. No ves dónde se puede construir o dónde ya está construida. Eres infeliz porque estás mirando en la dirección equivocada. La infelicidad es el resultado de estar asociado con lo incorrecto, de estar en compañía de lo incorrecto. Estar en compañía de la verdad es la felicidad.

Tu familia te querrá mientras tengas energía para ganar dinero. Cuando envejezcas y tu cuerpo se debilite, nadie se preocupará por ti. Por lo tanto, ¡ OH IDIOTA! CANTA SIEMPRE LA CANCIÓN DE LO DIVINO. Si tienes que tener una familia, hazla con lo divino. Si tienes que casarte, hazlo con lo divino. Los matrimonios de este mundo no son más que divorcios. Todas las relaciones de este mundo son superficiales. No hay profundidad en ellas.

Mulla Nasruddin estaba enamorado de la hija de un multimillonario. Solía decirle: "Puedo vivir o morir, pero no puedo dejarte. Si alguna vez hace falta, moriré por ti".

Un día la muchacha estaba muy triste. Le dijo a Nasruddin: "Escucha, mi padre se ha arruinado".

Nasruddin dijo: "Sabía que tu padre crearía algún problema para impedir nuestro matrimonio".

La razón misma por la que se casaban había desaparecido.

Este es tu tipo de relación. No sientes lo que dices. Engañas la mayor parte del tiempo y a veces también te engañas a ti mismo. No sólo engañas a los demás, sino también a ti mismo.

El hombre es muy astuto; se engaña incluso a sí mismo.

Los miembros de la familia siguen preguntando por tu bienestar mientras haya vida en el cuerpo. Cuando el cuerpo se queda sin vida tu propia esposa se asusta de ese cuerpo. Por lo tanto, ¡Oh IDIOTA! CANTA SIEMPRE LA CANCIÓN DE LO DIVINO.

Es mejor estar en compañía de quien puede estar siempre contigo. La compañía de aquellos con los que te encuentras por poco tiempo mientras viajan juntos o mientras cruzan un río en barco no cuenta mucho. Esa compañía es momentánea: durante algún tiempo los viajeros están juntos, se mueven juntos, pero pronto cada uno sigue su camino. No le des demasiada importancia a esto. En este mundo la gente está junta por poco tiempo. Es como conocer a alguien en un sueño. Cuando el sueño termine, el encuentro terminará.

UN NIÑO SE OBSESIONA CON LOS JUEGOS, UN JOVEN SE OBSESIONA CON LAS JÓVENES, LOS VIEJOS SE OBSESIONAN CON LAS PREOCUPACIONES. EL HOMBRE NUNCA SE VUELVE HACIA LO DIVINO.

ASÍ QUE, ¡OH IDIOTA! CANTA SIEMPRE LA CANCIÓN DE LO DIVINO.

La infancia se pasa en el juego, en los juegos; la juventud se pasa en el juego llamado amor; la vejez se pasa en las preocupaciones de los viejos tiempos, en pensar en el pasado, y toda la vida se desperdicia así. Nunca se recuerda lo divino. Seguimos posponiendo hasta mañana, y mañana trae la muerte. Casi nunca recordamos el mundo interior hasta que morimos.

¡OH IDIOTA! CANTA SIEMPRE LA CANCIÓN DEL DIVINO... antes de que llegue la muerte. Cada vez que estés un poco consciente, despiértate. Piensa, ¿qué estás haciendo? ¿En qué estás involucrado? ¿Cuál es el resultado de tus acciones? Tus acciones, tu dinero, tu reputación no servirán de nada al final. Así que no dediques demasiado tiempo a lo que va a ser inútil. Cuanto antes despiertes, mejor.

No puedes estar enamorado de lo divino hasta que se acabe tu encaprichamiento con la vida. Si estás demasiado encaprichado con la vida no puedes reconocer lo divino. ¿Cómo puedes reconocer lo informe si estás obsesionado con la forma? No puedes comprender lo informe con una actitud materialista. Si miras a la tierra todo el tiempo, ¿cómo puedes ver el cielo? No puedes deshacerte de tu infatuación hasta que despiertes y te des cuenta de que esta infatuación es la causa de tu miseria. La esencia de la vida es la miseria.

Todas las tentaciones de felicidad acaban en miseria. Todas las esperanzas de felicidad acaban en miseria. Todos los planes para conseguir la felicidad son tan inútiles como el plan de obtener aceite de la arena. Te quedas con las manos vacías. Si estás dispuesto a irte con las manos vacías de este mundo, entonces no hay necesidad de recordar el mundo interior. Pero entonces te irás llorando. Si quieres irte de aquí realizado, entonces cuanto antes recuerdes lo divino, mejor. Debes pasar tanto tiempo y esfuerzo como sea posible en su recuerdo; eso es virtuoso, eso es lo único que puede realizarte. Pero no te molestas en recordar y sigues preocupándote por cosas que nunca podrán colmarte.

La esposa de Mulla Nasruddin estaba a punto de morir. Estaba tumbada en la cama. Abrió los ojos y le preguntó: "¿De verdad quieres decir que te volverás loco si muero?".

Nasruddin dijo: "Ciertamente me volveré loco si mueres".

La esposa se rió y dijo: "Mientes, sé que volverás a casarte después de mi muerte".

Nasruddin dijo: "Es cierto que me volveré loco, pero no hasta el punto de volver a casarme".

Si observas esta vida con atención no querrás volver a nacer, no querrás volver a casarte, porque de ellos no has ganado nada excepto miseria. La búsqueda de Oriente es cómo librarse de este ciclo de nacimiento y muerte. Aquellos que han visto la vida en la perspectiva correcta, su único deseo es cómo deshacerse de esta vida.

He oído que cuando un sannyasin singular llamado Bodhidharma fue a China con el mensaje de Buda, el emperador Wu le dijo: "No dispongo de mucho tiempo. Mi reino es inmenso; no puedo disponer de tiempo para estar contigo durante más tiempo. Por favor, dígame en pocas palabras ¿qué es lo más valioso en la vida? ¿Cuál es la mayor fortuna?"

Bodhidharma dijo: "No podrás comprender..... La mayor suerte es no haber nacido".

Wu se escandalizó: ¡qué cosas dices! ¿Es una suerte no haber nacido? Pero Bodhidharma está hablando de buena fortuna. Los budas ciertamente desean no volver a nacer.

Bodhidharma dijo: "Pero ahora esto no es posible, pues ya has nacido. Pero la próxima buena suerte para ti es morir lo antes posible". Se dice que Wu nunca fue a verlo de nuevo.

También quiero decirte lo mismo, que la mayor suerte hubiera sido no nacer, pero como ya has nacido, lo siguiente mejor es que puedas morir mientras vives. Que se acabe la atracción por la vida.

El significado de morir estando vivo es vivir como si no lo estuvieras. Siéntate en el mercado, pero como si no estuvieras. Cuida de tu mujer y de tus hijos como si no estuvieras. Auséntate y pronto descubrirás que tu ausencia no es vacía; la piedad va apareciendo poco a poco.

¡OH IDIOTA! CANTA LA CANCIÓN DE LO DIVINO.
Suficiente por hoy.

La atracción de lo pasajero

La primera pregunta:
Pregunta 1:

AMADO MAESTRO, SHANKARACHARYA ENSEÑA METAFÍSICA Y AL MISMO TIEMPO CANTA LAS CANCIONES DE GOVINDA. ¿EXISTE ALGUNA INTERRELACIÓN ENTRE EL CONOCIMIENTO Y EL BHAKTI, LA DEVOCIÓN?

El conocimiento es negativo, la devoción es positiva. El conocimiento es como preparar la tierra quitando la hierba y las malas hierbas y luego echando el abono, y la devoción es como sembrar la semilla.

El conocimiento en sí mismo no es suficiente. Limpia la tierra pero no siembra las semillas (no se puede sembrar). Es necesario pero no suficiente, porque el conocimiento es de la mente y la devoción es del corazón. Todos los obstáculos en el camino de lo divino pueden ser eliminados por el conocimiento. Pero los peldaños de la escalera sólo se pueden subir con devoción. Por eso el conocimiento es negativo. Es muy eficaz para eliminar lo sin sentido, pero no es capaz de crear lo significativo.

Shankaracharya habla de conocimiento para que las capas de ignorancia acumuladas en tu interior puedan ser limpiadas. Y una vez que el suelo de la mente esté limpio de toda la hierba silvestre y las plantas innecesarias, podrán sembrarse las semillas de la devoción. Entonces es posible cantar la canción de lo divino.

No hay contradicción entre ambas. La devoción es la culminación del conocimiento y el conocimiento es el principio de la devoción, porque el hombre tiene tanto corazón como mente, y ambos tienen que ser abordados, ambos tienen que ser transformados. Si te quedas atascado sólo en el conocimiento entonces serás como un desierto - muy limpio pero nada crecerá allí; limpio pero sin semillas; vasto pero sin ninguna altura o profundidad.

El conocimiento es seco y solitario. Y si sigues siendo un devoto, un bhakta solamente, entonces habrá árboles, flores y verdor en tu vida, pero no sabrás cómo proteger ese verdor. No serás capaz de proteger esas plantas. Si alguien pone las semillas de la duda en tu suelo fértil, también brotarán.

Si un devoto no ha pasado por el proceso del conocimiento, entonces su construcción será inestable.

Cualquiera puede ponerle en duda. Sabe creer a los creyentes, a los que le guían por el camino, y cree incluso a los que le engañan. No tiene el sentido de la discriminación y la discreción. Se aferra a lo erróneo de la misma manera que se aferra a lo correcto. El devoto es como un ciego y el entendido es como un cojo. Si ambos se juntan, entonces las cosas funcionan maravillosamente.

Seguro que has oído esta historia. Un ciego y un cojo quedaron atrapados en un incendio en la selva. El ciego no podía huir porque no veía. Tenía piernas y pies fuertes y podía salvarse huyendo, pero no tenía sentido de la orientación. El cojo podía ver el camino, podía ver qué parte de la selva aún no se había incendiado, pero no podía huir porque era cojo. Según la historia, ambos se juntaron. El ciego cargó sobre sus hombros al cojo. Al convertirse en uno, superaron sus defectos. Con el esfuerzo conjunto de los pies del ciego y los ojos del cojo pudieron salir sanos y salvos de la selva. El fuego no pudo destruirlos.

No puedes salvarte de las llamas de la vida hasta que el intelecto y el corazón se unan. El intelecto tiene ojos, pero no tiene pies; el intelecto es cojo. El corazón tiene pies, pero no ojos; el corazón es ciego. Por eso se dice que el amor es ciego. Cuando se encuentran, hay perfume. Cuando se unen, hay logro, hay iluminación, hay nirvana. Si se oponen, ambos se destruirán. Entonces será imposible salir de la jungla en llamas. Solos, ambos están lisiados. Unidos, ambos se vuelven completos. Y si tienes ambos, tienes que usarlos. Por lo tanto, haz del conocimiento un apoyo de la devoción; haz de la devoción un apoyo del conocimiento.

Puedes volar en este cielo si haces de ellas tus dos alas. Ningún pájaro puede volar con un ala, ningún hombre puede caminar con un pie, ni se puede remar una barca con un solo remo; se necesitan los dos remos. No hay contradicción, y se equivocan quienes te han dicho que la hay. Cometieron este error porque no conocían esta gran armonía. O bien eran personas dominadas por la mente que sólo poseían pensamientos secos y lógica y nunca experimentaron la danza del corazón, o bien eran personas dominadas por el corazón que podían danzar pero no tenían ninguna comprensión.

Será un momento afortunado cuando puedas bailar con comprensión. Ese momento será afortunado cuando puedas amar con comprensión. Y nunca rechaces nada de lo que la existencia te ha dado, porque si lo haces quedarás incapacitado en ese grado. Estás completo, pero todo tiene que ser ajustado y hecho coincidir adecuadamente. Es como si hubiera un instrumento musical, una veena:

las cuerdas están ahí, y hay que fijarlas a la veena, apretarlas y ajustarlas.

Todo está dentro de ti pero la coincidencia no está ahí. El nombre de esa coincidencia que puede ajustar tu veena interior y sus cuerdas es sadhana.

Cuentan los sufíes que un hombre se moría de hambre. En su casa había harina, agua, combustible, un horno, pero no sabía cómo amasar la harina, cómo encender el fuego y cómo cocer el pan. Todo estaba allí, pero él tenía hambre. La comida cruda estaba allí. Pero estas cosas no coincidían, así que murió de hambre.

Esta historia se aplica a todo el mundo. Tienes todos los medios pero tienes hambre. Lo tienes todo; la existencia envía a todo el mundo con todos los medios. Pero estos medios deben ajustarse en las proporciones adecuadas, la armonía y la música apropiadas; sólo entonces la luz de lo divino brillará dentro de ti.

No debes dejarte dominar ni por el intelecto ni por el corazón; tu conciencia debe fluir como un río entre estas dos orillas. Si te conviertes en el Ganges, el mar no está muy lejos. Pero no insistas en fluir con el apoyo de una sola orilla, porque se necesita el apoyo de ambas. Al final ambas orillas serán abandonadas. Pero este fin es posible sólo a través de ese apoyo. En la condición última, en la realización última, no hay ni devoción ni conocimiento.

Cuando un río desemboca en el mar, ambas orillas desaparecen y el río se convierte en mar.

Por lo tanto, hay tres tipos de personas en este mundo. Las primeras son las personas dominadas por la mente: filósofos, metafísicos. Siguen pensando y discutiendo pero no llegan a ninguna parte. Su vida está llena de la arena seca de la lógica.

El segundo tipo son las personas dominadas por el corazón. Cantan y bailan mucho, pero lo hacen sin comprensión ni discreción. No lo hacen por libertad; es una especie de locura o intoxicación. El corazón es como una intoxicación para aquellos que no tienen conciencia ni discreción.

El tercer tipo son aquellos que han hecho pleno uso de la mente y el corazón y han ido más allá de ambos.

Tu objetivo debe ser el tercero. Debes desear, debes aspirar a esta gran trascendencia.

Al final, el Ganges tiene que abandonar las dos orillas y desembocar en el mar. Pero no tengas prisa, tienes que llegar al mar con el apoyo de las dos orillas, y puedes abandonar las orillas en cuanto llegues allí.

La segunda pregunta:

Pregunta 2:

AMADO MAESTRO, LAS RELIGIONES INTENTAN DESINTERESARNOS DE LA FELICIDAD MUNDANA DICIENDO QUE ES TEMPORAL Y PASAJERA. ¿PERO NO ES ESTA MISMA TRANSITORIEDAD LA CAUSA DE SU ATRACCIÓN?

Ciertamente es así. La transitoriedad es la causa de la atracción. Y las religiones no crean el desapego diciendo que la vida es transitoria. Las religiones dicen que todo lo que es transitorio será seguido por la miseria.

La transitoriedad no es la causa del desapego: la miseria sigue a la transitoriedad como una sombra; la causa del desapego es la miseria. Es la transitoriedad la que atrae e invita.

A medida que pasa la vida, la mente dice: "Disfrútala todo lo posible, puede acabarse en cualquier momento. Nadie sabe cuándo morirás. Así que aprovecha al máximo cada minuto disfrutándolo. Vive lo más intensamente posible: ni un momento debe quedar vacío. Chúpate esa, disfruta de las posibilidades de cada momento".

Sí, la transitoriedad es la atracción. La muerte se acerca, así que nos aferramos a la vida. Si la muerte no se acercara, nadie se aferraría a la vida. Nadie se habría preocupado si la felicidad llegara y nunca desapareciera.

La causa de la atracción es la fugacidad. Todo lo que desaparece rápidamente parece precioso. La piedra no es tan preciosa como la flor porque la flor florece por la mañana y se marchita al atardecer. Así que es mejor que contemples bien su belleza y satisfagas tus ojos, porque todo lo que ha florecido ya ha empezado a marchitarse. No tardará mucho en hacerlo. El sol ya está en medio del cielo. La flor ha empezado a marchitarse, la mitad de su vida ha pasado.

Por eso hay tanta atracción por la belleza. Si la belleza pudiera permanecer para siempre, nadie se preocuparía por ella.

Otro punto interesante es que la fealdad es más permanente que la belleza. Una persona fea permanece fea toda su vida, pero una persona bella no permanece bella toda su vida. Es bella durante un tiempo, en la juventud, y después se marchita. ¿Te has dado cuenta de que si una persona es muy bella, se marchita rápidamente? Cuanto más delicada es la flor, más rápidamente se marchita.

La mente sigue diciendo: "Date prisa, no pierdas el tiempo sentado y cantando en los templos. Esto se puede hacer más tarde. Disfruta ahora todo lo que puedas". No sólo lo otro está cambiando, tu capacidad de disfrutar también se está debilitando día a día."

Ciertamente, la transitoriedad es la causa de la atracción. Si las cosas fueran permanentes, nadie se preocuparía por ellas. Tal vez por eso no te preocupa el mundo interior. Es eterno, así que no hay prisa. No se va a perder, así que podemos seguir posponiéndolo hasta mañana. Si no es en este nacimiento, será en el siguiente, y si no es en el siguiente, aún más adelante. Dondequiera que vayas, lo divino estará en casa. La mente dice: "Pero estas flores pasajeras de la vida, la belleza de los ojos, el color rosado de las mejillas, esta juventud y tu capacidad de disfrutar, todas ellas se están marchitando y debilitando. Así que no te demores, disfrútalas".

Ciertamente, la transitoriedad es la causa de la atracción. No hay atracción por nada que sea eterno.

¿Cómo puede haber atracción en lo que es y siempre será? Los sueños siempre parecen hermosos: se acaban en cuanto se abren los ojos.

La religión no intenta crear en ti un sentimiento de indiferencia o desapego diciendo que la vida es pasajera. Al decir que es pasajera, trata de plantearte la pregunta: ¿Qué harás después de ese momento?

Después de bailar un momento llorarás. La vida es pasajera; la disfrutarás por un momento, pero después te arrepentirás. Estarás acabado en esta inútil persecución.

Al igual que los niños persiguen mariposas, tú corres tras pequeños placeres que te cansarán por completo, y un día te caerás y morirás. En realidad no has ganado nada corriendo tras lo pasajero, sólo has perdido el tiempo, porque todas las cosas pasajeras se marchitan incluso antes de que las consigas, las flores están muertas en cuanto las tienes en las manos. Y para cuando las traes a casa, la felicidad se convierte en angustia.

El despertar del desapego se debe a la miseria y a la angustia. La religión dice que debes tratar de ver que al placer momentáneo le sigue una miseria ilimitada. Y tú también sabes muy bien que siempre que has encontrado la felicidad, le ha seguido la miseria. Siempre que eras feliz, más tarde tus ojos se llenaban de lágrimas. Te caías cada vez que eras vanidoso. La mala suerte comenzó tan pronto como pensaste que la buena suerte te sonreía.

La religión dice que si quieres una felicidad que no se pierda y no se convierta en miseria, busca lo eterno, lo inmortal, y despierta de este mundo pasajero. El tiempo pasado en sueños es tiempo perdido. Busca la verdad.

¿Cuál es la definición de verdad? La definición de verdad es lo que siempre fue, lo que siempre es y lo que siempre será. La definición de falsedad es lo que no fue ayer, pero que es ahora y que no será mañana. La falsedad significa la existencia de lo que es momentáneo entre dos no - la ilusión de ser, entre dos no.

Piénsalo: si no está en ambos lados, ¿cómo puede estar en medio? Por eso Shankara dice que el mundo es maya, una ilusión. El significado de maya es que no era ayer, es hoy y mañana de nuevo no será. Así que lo que no está en ambos extremos tampoco puede estar en el centro, aunque lo parezca. ¿Cómo puede "es" nacer de "no es"? Y lo que es, ¿cómo puede no ser?

Hubo un tiempo en que no lo eras. ¿Dónde estabas antes de nacer? ¿Dónde estarás después de la muerte? Es sólo un sueño de corta duración. Ves el sueño mientras duermes, pero se pierde en cuanto te despiertas. Sahajo ha dicho que este mundo es como la estrella de la mañana. Sí, la estrella de la mañana está ahí por poco tiempo y desaparece pronto. Desaparecerá mientras tú la observas.

Sí, toda la vida es como el lucero del alba.

Mahavira ha dicho que la vida es como las gotas de rocío en la hoja de hierba. ¿Te has fijado en la gota de rocío sobre la hierba? Está a punto de caer en cualquier momento; caerá mientras aún la observas, basta un soplo de brisa. Se evaporará con la salida del sol. Un pequeño empujón de la brisa y desaparecerá. Pero durante su existencia es tan bello que ni siquiera las perlas pueden igualarlo; incluso la perla envidia su brillo. Pero su existencia es momentánea, es como la inexistencia.

Si la vida es pasajera, no puede ser verdad. Cualquier cosa que hayas conocido, si luego se pierde, entonces no puede ser verdad. Debe haber sido la imaginación de la mente o la proyección de la mente. No es la verdad, pero tú creías que lo era. Esa es tu creencia.

La creencia es una ilusión. Sigues viendo la proyección de tu deseo interior en la pantalla de la vida.

¿Te has dado cuenta alguna vez de que una mujer o un hombre que te parecen muy guapos en un momento dado dejan de serlo al cabo de unos días? Es la misma mujer o el mismo hombre... ¿qué ha pasado? En realidad, unos días antes habías proyectado tu propio deseo. Ahora ese deseo ha desaparecido, así que no hay nada en la pantalla, no hay imagen en la pantalla. Con la mente llena de deseos no puedes ver lo que es; sólo ves lo que quieres ver.

Sólo el ojo puro puede ver lo que es. El ojo impuro ve lo que quiere ver. Si buscas la belleza, verás la belleza. Cada uno tiene su propia definición de la vida. Debido a esta definición, la vida es una ilusión.

Mulla Nasruddin fabrica y vende medicamentos. En un paquete ha escrito que devolverá el precio de la medicina si no es beneficiosa. Estaba sentado en su tienda cuando llegó un hombre muy enfadado. Me dijo: "Llevo tomando este medicamento desde el mes pasado, pero no me ha hecho ningún bien, ningún beneficio. Así que devuélvame el dinero que he pagado por él".

Mulla dijo: "Está escrito en el paquete que el dinero será devuelto si no es beneficioso. Bueno, puede que a ti no te haya beneficiado pero a mí sí, así que ¿por qué debería devolver el dinero?".

Todo depende de la definición de cada uno. Uno ve la vida como quiere verla. En consecuencia, cambian los significados de las palabras y los significados de las verdades. Uno construye su propio mundo de creencias y sigue viviendo en él. Para mantener esas creencias, uno va encontrando sus propias razones para fortalecerlas y que no se rompan.

Mulla Nasruddin discutió con alguien en el mercado. Ese hombre se enfadó mucho y le dijo a Mulla: "Te daré tal bofetada que se te caerán los treinta y dos dientes de la boca".

Mulla también se enfureció. Dijo: "¿Qué te crees? Si te abofeteo, se te caerán los sesenta y cuatro dientes".

Una tercera persona que estaba viendo esta pelea dijo: "Mi querido amigo, deberías saber que un hombre no tiene sesenta y cuatro dientes".

Mulla dijo: "Sabía que te entrometerías. Por eso dije sesenta y cuatro dientes. Con una bofetada se os caerán los sesenta y cuatro dientes".

El hombre es así. No puede aceptar sus propios errores. Encuentra razones y lógica para justificar sus errores. En realidad se necesita mucho valor para admitir los propios errores. Si usted admite los errores entonces gradualmente los errores desaparecen.

Estás enamorado de una mujer - sueñas con el cielo, escribes poesía y crees que has alcanzado el cielo, pero a los pocos días el cielo desaparece. No te das cuenta de que has sido tú quien se ha equivocado, crees que ha sido la mujer quien te ha engañado. No ves que tu imaginación, tu concepción se ha roto. No te das cuenta de que tu idea, que era como el rocío de la mañana, ha desaparecido. Piensas que esta mujer te ha engañado, que esta mujer estaba equivocada. Así que ahora buscarás a otra mujer. Empiezas a buscar una nueva mujer otra vez. Seguirás proyectando tus ideas, y de nuevo cometerás el mismo error, ¡tendrás la misma resaca!

De nuevo el mismo sueño que volverá a romperse en unos días.

Hay una historia muy antigua y dulce en el Mahabharata. Los cuatro hermanos Pandava vivían en lo profundo de un bosque. Un día se perdieron; era por la tarde y no encontraban agua por ninguna parte.

Uno de los hermanos fue en busca de agua y se encontró con un lago. Pero cuando se agachaba para coger el agua del lago, una voz le dijo: "¡Alto! No puedes coger el agua hasta que respondas a mi pregunta".

Era un yaksha, un espíritu, que poseía el lago.

"¿Cuál es tu pregunta?" preguntó el Pandava.

El yaksha dijo: "Si no respondes a la pregunta o si das una respuesta equivocada, morirás inmediatamente. Pero si la respuesta es correcta, recibirás agua e innumerables regalos de mi parte". La pregunta era: ¿Cuál es la verdad más grande de la vida del hombre? Pero la respuesta -cualquiera que fuese- no era correcta, así que el primer hermano se cayó y murió.

Uno a uno, los cuatro hermanos fueron en busca de agua y murieron. Al final Yudhishthira los siguió, preguntándose qué les había pasado a todos. Encontró a los cuatro muertos. Entonces el yaksha gritó: "¡Ten cuidado! Primero responde a mi pregunta, de lo contrario también morirás como ellos. Puedes tomar agua sólo con una condición: que tu respuesta sea correcta, porque mi salvación depende de esa respuesta. Seré libre en el momento en que obtenga la respuesta correcta; la esclavitud de ser un yaksha se romperá.

La pregunta es: ¿Cuál es la mayor verdad de la vida del hombre?".

Yudhishthira dijo: "La mayor verdad es que el hombre no aprende de sus experiencias".

El yaksha se liberó de la maldición. Los cuatro hermanos volvieron a la vida: el yaksha estaba tan contento de haberse liberado que los revivió a los cuatro.

Sí, el hombre nunca aprende de sus experiencias. Apenas se libra de una mujer cuando empieza a correr detrás de otra. Un problema ha terminado y él está listo para otro. Siempre está corriendo detrás de algo u otro. Después de satisfacer un deseo, deseará diez más. No puede ver la ilusión del deseo. Nunca se da cuenta de su error y justifica cada uno de sus errores con la razón y la lógica. Hace a otro responsable de sus propias faltas y entonces felizmente vuelve a caer en el mismo error.

Responsabilizar al otro de tu error es prepararte para repetirlo una y otra vez.

Siempre que responsabilizas al otro de tu error estás rechazando tu propia responsabilidad.

Esa responsabilidad podría haberte despertado, porque en ese momento de responsabilidad podrías haberte dado cuenta de que estabas cometiendo un error.

No hay falta en ninguna mujer ni en ningún hombre; la falta está en el deseo o la imaginación que proyectaste sobre ese hombre o esa mujer. Ese deseo es pasajero, ese deseo se romperá. Piensa, ¿cuánto tiempo puedes mantener un pensamiento en tu mente? Incluso la estrella de la mañana permanece por algún tiempo, incluso la gota de rocío permanece por algún tiempo. ¿Pero cuánto tiempo puedes retener un pensamiento? Está ahí un segundo y desaparece. Aunque intentes retenerlo, desaparece. No puedes atraparlo en tu puño. Aunque corras tras él, no puedes encontrarlo. Va y viene como el soplo de una brisa. La vida que vives en este mundo sobre la base de una mente así es pasajera. No pienses que el mundo es pasajero, es sólo una forma de hablar. El mundo no es pasajero. El mundo era cuando tú no eras y seguirá siendo cuando tú no seas. El mundo es eterno. Pero el mundo que creas a partir de tu mente es pasajero.

De hecho, ese mundo no existe, sólo existe la piedad.

Estas imágenes de tus propios deseos que haces en la pantalla de la existencia, estas imágenes son el mundo, y ese mundo está lleno de miseria. Todos los días sufres, pero sigues esperando la felicidad que te traerá el mañana. Muchas veces te caes, pero te vuelves a levantar. Muchas veces la vida te dice que nunca conseguirás lo que buscas, pero siempre encuentras una excusa u otra diciendo que ahora no volverás a repetir el mismo error; ya no cometerás el mismo error.

He oído que un preso fue liberado de la prisión. Estaba allí por decimotercera vez.

El carcelero sintió compasión por él -la mitad de su vida la había pasado en la cárcel-, así que, al ponerlo en libertad, le dijo: "Sé sensato ahora y no vuelvas más a la cárcel."

El preso respondió: "Cada vez intento no venir aquí, pero vengo una y otra vez. Pero esta vez no volveré".

El carcelero dijo: "Me alegra oír esto".

El prisionero dijo: "Por tu felicidad parece que no lo has entendido. Digo que ahora no cometeré los errores que permitieron que me atraparan. No digo que no robaré, sino que no repetiré los viejos errores que fueron la causa de que me atraparan. No repetiré los errores que cometí trece veces. Robaré, pero ahora no cometeré ningún error".

En realidad, robar no es el error; ¡el error está en que te pillen! Las personas que son enviadas a las prisiones regresan como criminales endurecidos porque allí se encuentran con criminales aún mayores. Aprenden de ellos todos los trucos, se benefician de su experiencia, se entrenan con ellos y vuelven a delinquir.

Parece que robar no es lo malo, lo malo está en que te pillen. Sí, piénsalo: si estás seguro de que no te pillarán, ¿robarás o no? Tu mente dirá: "¿Por qué no?

Robar no es malo, pero que te pillen sí". Te hundirás en la miseria si sigues pensando así.

Porque en realidad la miseria no está en ser atrapado sino en ser ladrón; la miseria está en robar y no en ser atrapado.

Si pudieras ver que la miseria está en mi estar equivocado, entonces te darías cuenta de que la miseria se debe a que estoy equivocado. Este es el significado de la teoría del karma. Significa que si estás en la miseria es debido a tus propias acciones, y si eres feliz es debido a tus propias acciones.

Si quieres la dicha, tienes que ir más allá de las acciones: donde no hay felicidad ni miseria, estás más allá de ambas. Allí hay paz absoluta y tu equilibrio interior es absolutamente correcto, igual que cuando ambos lados de la balanza están equilibrados, se encuentran en la misma línea. Del mismo modo, cuando tienes la capacidad de ir más allá de la felicidad y la miseria, obtienes la dicha suprema.

La religión no trata de desapegarte del mundo llamándolo transitorio. Por llamarlo transitorio se entiende: No te pierdas en la felicidad; la angustia la sigue rápidamente. Tan pronto como llega la felicidad, la miseria entra por la otra puerta y tarde o temprano te encontrarás con la miseria.

La atracción es hacia lo pasajero, no hacia la miseria. Si eres capaz de ver la miseria detrás de cada felicidad, entonces se producirá una revolución. Intentarás liberarte no sólo de la miseria sino también de la felicidad. Si cada placer es definitivamente seguido por la miseria, entonces uno tiene que estar libre del placer así como de la miseria.

Esta es la diferencia entre un sannyasin y un cabeza de familia. El cabeza de familia quiere liberarse de la miseria y aferrarse al placer. El sannyasin ha comprendido que a todo placer le sigue la miseria. Quiere liberarse tanto de la miseria como del placer. Y quien quiera liberarse de ambos puede ciertamente liberarse de ellos, pero quien quiera liberarse sólo de uno de ellos no puede liberarse de él. Es como si tuvieras una moneda en la mano y quisieras deshacerte de una cara y quedarte con la otra. Eso no es posible. O se conserva toda la moneda con sus dos caras o se pierde toda la moneda. O la felicidad y la miseria desaparecen o ambas permanecen. Si este tipo de claridad llega a tu vida, sólo entonces habrá no-apego, sólo entonces habrá sannyas.

La tercera pregunta:

Pregunta 3:

AMADO MAESTRO, HAS DICHO QUE CUANDO EL YO SE RINDE, TODA LA EXISTENCIA ENTONCES PROTEGE. ENTONCES, ¿POR QUÉ EL FAQUIR QUE PODÍA VER LO INFORME EN TODAS PARTES, O QUE PODÍA SENTIR LA PRESENCIA DE LA DIVINIDAD EN TODAS PARTES, FUE ASESINADO POR LOS SOLDADOS INGLESES?

A ti te parece un asesinato, pero a él no. Lo ves como un asesinato porque estás bajo la ilusión.

Sólo vio lo divino en aquella lanza; vio que la muerte era un encuentro con lo divino. La existencia le protegía en el sentido de que incluso la muerte no le parecía muerte. La muerte se convirtió en la puerta de la dicha última. A ti te parece que murió, que estaba acabado.

Cuando el Ganges desemboca en el mar, a ti te parece que ha terminado. Pero pregúntale al Ganges: dirá: "He desaparecido y así me he convertido en el mar". El Ganges dirá: "Antes existía el miedo a la aniquilación, pero ahora ha desaparecido. Antes era muy estrecho, limitado por las dos orillas. Podía haberme acabado. Era limitado, así que podría haber muerto. Pero ahora me he vuelto ilimitado, ahora no hay muerte". El Ganges se ha convertido en el mar.

Pregunta a ese sannyasin: vio la divinidad incluso en ese soldado, incluso en ese asesino. Incluso en esa lanza vio la flecha de lo divino atravesando su corazón. A ti te parece la muerte, pero no a ese sannyasin.

Alcanzó la vida última.

Usted ha preguntado: "Usted ha dicho que cuando el ego se rinde entonces toda la existencia protege".

Realmente, no te protegerá, y si intentas rendirte para conseguir esta protección entonces esta rendición no será verdadera, no será real. Rendirse significa que no queda nadie en mí que pueda ser protegido.

Si piensas: "La existencia me protegerá, así que me rendiré", entonces no te estás rindiendo en absoluto, sólo estás designando a lo divino a tu servicio. Rendirte significa que ahora yo no soy, sólo tú eres; ahora no hay cuestión de mi protección. Ahora sólo eres un cielo liso, una casa vacía. No queda nada por terminar. Yo me acabé mucho antes que tú. El significado de la rendición es que estoy acabado; ahora no hay necesidad de que me acabes. No te daré ese trabajo, lo haré yo mismo.

El significado real de rendición es suicidio. El suicidio que tú consideras suicidio es sólo la muerte del cuerpo. El alma no muere, sólo el cuerpo muere y se adquiere un nuevo cuerpo. Pero en realidad, la entrega es suicidio. Destruyes tu ego. Le dices: "Ahora yo no soy, sólo tú eres". Ahora no hay duda de tu protección. ¿Quién eres ahora? ¿De quién quieres protección? Y cuando no existes, sólo entonces toda la existencia te protege. Ahora no es divertido aniquilarte, ¿qué sentido tiene? Cuando te aniquilas, la muerte deja de tener sentido.

Cuando la lanza atravesó el pecho del sannyasin, el soldado debió pensar que lo había matado. A los espectadores también les debió parecer que había muerto, pero pregúntale a ese sannyasin: anunció: "Tattvamasi - tú también eres eso". Dijo: "Puedes venir en cualquier forma pero no puedes engañarme, te reconoceré. Hoy has venido con una lanza y has representado el drama de la muerte, pero te reconozco, te estoy mirando. Puedes venir disfrazado de enemigo o de amigo, te reconoceré en cualquier situación."

El sannyasin no murió. Su Ganges se había convertido en el mar.

Pero comprendo tu dificultad. Incluso cuando haces lo correcto, lo haces por razones equivocadas; tus razones no son correctas. Incluso si vas al templo es por la razón equivocada. Alguien va allí pidiendo un trabajo, alguien va allí pidiendo dinero, alguien va pidiendo una esposa y alguien va pidiendo un hijo. No te das cuenta de que nunca sales del mercado. ¿Es así como se va al templo? Te llevas todo el mercado contigo al templo. Si eres así, el templo no podrá purificarte, contaminarás el templo.

El templo no es un lugar, es un estado mental. No puede haber templo mientras haya demanda.

Sigues pidiendo cosas insignificantes que están disponibles en el mercado, como si fuera un supermercado.

No podías conseguir estas cosas en las tiendas, así que quieres conseguirlas en el templo. No pudiste conseguirlas en este mundo, ¡así que las conseguirás en el cielo! Pero, ¿por qué preguntas?

Sólo puede llegar al templo aquella persona que ha comprendido que pedir cualquier cosa es en vano, que ha comprendido que pidiendo no se obtiene nada excepto miseria; que ha comprendido que a pesar de todos los esfuerzos el cuenco del mendigo permanece vacío, nunca está lleno.

Sólo llega al templo aquella persona que va allí no para pedir, sino para agradecer. El día que estás lleno de gratitud -las flores florecen y estás agradecido, llueve desde las nubes y estás agradecido, un niño grita de alegría y estás agradecido, incluso tu respiración, tu ser es tan pacífico que te sientes agradecido- este estado de gratitud, este sentimiento de agradecimiento que está dentro de ti día y noche es en realidad la canción de lo divino. No hay necesidad de cantar: uno no se vuelve devoto cantando. La devoción es el estado interior continuo de la mente. El día que te des cuenta de que la existencia te ha dado más de lo que merecías, ¿irás a darle las gracias o a pedirle más? Ni siquiera te has ganado lo que tienes. Ha derramado su gracia sobre ti, está en abundancia así que la ha distribuido, pero no te la ha dado porque te la merecieras.

La gente me pregunta: "¿Por qué creó Dios el mundo?". Piensan que esta creación debe ser por algún deseo, porque no hacemos nada sin deseo. Incluso un hombre corriente tiene una razón para hacer una casa pequeña. Entonces, ¿por qué ha hecho Dios este mundo entero?

Y no es que sólo la gente corriente piense así. Alguien le preguntó al gran músico alemán Wagner: "¿Por qué ha creado una música tan maravillosa?".

Me respondió: "Era infeliz. Así que para mantenerme ocupado, involucrado, creé esta música". Y Wagner dijo: "Yo te digo que Dios también debió de ser infeliz para crear este mundo". Lo que Wagner dice es cierto sobre el hombre. El hombre escribe poesía para tapar sus heridas; para ocultar sus lágrimas canta, sonríe para no llorar; camina alegremente por la carretera porque le duele su pobreza interior.

Los demás no deben conocer tu pobreza interior, así que para engañarles sonríes. Cuando alguien te pregunta: "¿Cómo estás?", respondes: "Estoy bien, soy feliz". ¿Has pensado alguna vez en lo que estás diciendo?

¿Tú, y feliz? Pero, por supuesto, usted tiene que decir esto, de lo contrario no se ve bien. Decir esto es sólo una formalidad. No hay que decir la verdad. Sólo se dicen las palabras que son apropiadas y no la verdad.

Cada uno tiene diferentes máscaras en su rostro y oculta tras ellas la profunda angustia y el infierno.

Hay que hacer mil y una cosas para olvidar ese infierno. Alguien pinta... mira los cuadros de Picasso. Parece como si la angustia y la miseria estuvieran repartidas por todas partes. Hay un cuadro muy famoso de Picasso que se llama "Guernica". No es más que locura esparcida. Te volverás loco si lo miras durante media hora.

Wagner tiene razón al decir esto sobre el hombre: que el hombre está en la miseria, por eso crea. Pero esto es absolutamente erróneo con respecto a la existencia. El mundo no fue creado por ninguna razón. Por eso en este país llamamos a la creación leela. Leela significa sin ninguna razón; leela significa juego; ¡leela significa que la energía es tanta! - ¿qué más hacer? La dicha es tanta que se desborda, así que hay que distribuirla. Hay tanta agua en el lago que se desborda, no por ninguna razón, sólo porque es demasiada, así que hay que distribuirla. Cuando la flor está llena de fragancia, se abre y la fragancia fluye. De la misma manera fluye la piedad en este mundo: tiene tanta en abundancia, le sobra tanto que no hay más remedio que distribuirlo.

La creación es dicha y no angustia, pero sois mezquinos hasta para dar gracias. Te ha dado ojos para que puedas ver la belleza; te ha dado oídos para que puedas oír música; te ha dado manos para que puedas sentir el tacto de la vida; te ha dado mente para que puedas comprender; te ha dado corazón para que puedas alegrarte; te ha dado vida para que tu vida se convierta en un gran festival. Pero eres tacaño hasta para dar las gracias. Cuando vas al templo ni siquiera dices: "Me has dado tanto sin ninguna razón. Si no me lo hubieras dado, no nos habríamos quejado aunque no nos hubieras creado. ¿En qué tribunal podríamos habernos quejado de que no nos hubieras creado? Lo que nos has dado es demasiado. No lo merecíamos".

El significado de la oración, el significado del Bhaj Govindam, cantar la canción de lo divino, es que estás cantando desde tu felicidad. Estás diciendo: "Nos has dado demasiado y será una descortesía por nuestra parte si ni siquiera podemos agradecértelo".

Pero siempre que vas al templo vas a quejarte: "Mi hijo está enfermo, ¿por qué no se ha recuperado todavía?

Mi hijo no tiene trabajo, ¿son todas nuestras oraciones y devoción en vano? ¿Por qué no oyes nada? ¿Estás sordo?".

Siempre que vas al templo vas a quejarte. Ir con una queja significa que nunca has entrado en el templo, te has quedado fuera del templo. Si estás pidiendo algo, entonces no puedes entrar en el templo. Solo entran los que van a dar las gracias. Incluso tu entrega es con el motivo de pedir protección. ¿Quién eres tú, que necesitas protección? Quieres que incluso el divino sea tu guardaespaldas. Quieres que se pare cerca de ti con un arma para protegerte.

Rendición significa, no tengo nada que valga la pena salvar en mí; rindo mi vacío a tus pies. Y al rendirte no sientes que estás haciendo algo grande. Simplemente devuelves a la existencia lo que él te había dado: "Tu regalo te es devuelto".

¿Pero qué más haces? Debes devolverla después de haberla ensuciado un poco más. Hay muy pocos bienaventurados como Kabir que puedan decir que han devuelto la sábana tan limpia como estaba. Ciertamente es muy difícil mantener la sábana limpia, porque siempre se mancha un poco. Por eso, cuando te ofreces a los pies de lo divino, no lo haces con la esperanza de que él se alegrará con este acto y te estará agradecido. De hecho, te sentirás apenado por haber ensuciado la sábana; te sentirás mal por no haberle devuelto sólo lo que te dio. Dirás: "Ni siquiera te devuelvo sólo lo que me diste, no pude añadirle nada, no pude llenar esa sábana de perlas y diamantes". En ese momento toda la existencia te protege.

No te rindas para buscar protección. El resultado esencial de la rendición es la protección.

La cuarta pregunta:

Pregunta 4:

AMADO MAESTRO, HAY UN VACIO TAN INTENSO DENTRO DE MI QUE ME SIENTO AUN MAS FRIVOLO QUE EL POLVO ANTE MIS PROPIOS OJOS. Y CUANDO NO QUEDA CAPACIDAD NO PUEDO CREER QUE DIOS

SE SENTARA ALGUNA VEZ EN ESTE TRONO VACIO. A CAUSA DE ESTE SENTIMIENTO LA VIDA PARECE INSEGURA. PARECE QUE NO HE LLEGADO A NINGUNA PARTE. NO ESTOY NI AQUI NI ALLA.

"Hay un vacío tan intenso dentro de mí que parezco peor que el polvo a mis propios ojos".

Si el vacío se vuelve tan intenso, entonces no serás consciente de tu ser. Entonces no podrás decir que la vacuidad se ha vuelto intensa dentro de mí; sólo dirás "se ha producido la vacuidad". No podrás decir "dentro de mí", porque mientras tú seas, el vacío no puede ser.

Estás lleno de ti mismo.

Y dices que te sientes más frívolo que el polvo a tus propios ojos. ¿Quién te ha dicho que el polvo es insignificante? ¿Quién te enseñó esta condena? Estáis hechos de este polvo y al final iréis a parar a este polvo, y decís que el polvo es insignificante.

El ego del hombre es maravilloso. Sólo porque el polvo permanece bajo sus pies él piensa que es insignificante. Pero este mismo polvo es tu corazón y tu mente. Cada partícula de tu cuerpo está hecha de este polvo. La Tierra es la madre. Saliste de ella y volverás a ella.

"Más frívolo que el polvo" - este lenguaje de 'grande' y 'frívolo' es el lenguaje del ego. El día que te vacíes verás lo divino en cada partícula de polvo y ya no te parecerá insignificante. Entonces nada será insignificante porque él es grande, está presente en todas partes y en todo y de todas las maneras. Entonces besarás incluso el polvo y verás allí sus pies.

¿El polvo es insignificante? Este es tu ego hablando. Todavía no hay vacío dentro de ti. Sólo has pensado en ello. El hombre es muy inteligente pensando. Si uno se vuelve vacío entonces no queda nada por hacer.

Y usted pregunta "cuando no queda capacidad....". ¿Qué tipo de capacidad puede haber? Para alcanzar lo divino no se plantea la cuestión de la capacidad. Si la capacidad es necesaria para alcanzar la divinidad, entonces es como conseguir un trabajo en el gobierno. Entonces Kabir nunca podría haberlo conseguido; era analfabeto y no poseía ningún certificado. Ni siquiera Mahoma podría haberlo conseguido; no sabía leer ni escribir.

Cuando Mahoma oyó el eco de Dios por primera vez se puso nervioso. Empezó a temblar y le dio fiebre, porque pensó: "¿Cómo puede Dios ducharse sobre mí? Imposible. Hay tanta gente capaz en este mundo, ¿cómo puede elegirme a mí? ¡Imposible! Debo de estar bajo alguna ilusión".

En ese momento resonó una voz: "Lee". Mohammed dijo: "Esto es una locura. No sé leer ni escribir".

Llegó a casa, se tapó con una manta y se fue a dormir.

Su mujer le preguntó: "¿Qué ha pasado? Cuando te fuiste de aquí por la mañana estabas bien".

Dijo: "Tengo la ilusión de que la voz de Dios me ha hablado. Pero no puede ser: no tengo capacidad".

Pero esto era la capacidad. Mientras creas que eres capaz, eres incapaz. Hasta entonces el obstáculo está ahí, hasta entonces el ego está ahí. Capacidad significa ego. Estás delante del templo y no delante de la bolsa de trabajo. Aquí los certificados no servirán de nada. De hecho cuantos más certificados, más difícil será entrar en el templo. Sólo los incapaces pueden entrar allí.

Debes entender bien lo que digo, porque estás tan ilusionado que puedes hacer que incluso la incapacidad sea capacidad. Dirás: "Soy incapaz, ¿por qué Dios no me ha conocido todavía?". Puedes hacer que la incapacidad parezca capacidad. No, el significado de negar la capacidad es que no puedes reclamar lo divino; no puedes preguntarle por qué no has sido capaz de alcanzarlo todavía.

Cualquier pretensión es ego. Si no lo alcanzas, sabes que no hay razón para que lo alcances. Pero si lo alcanzas, bailarás por gratitud, porque lo alcanzaste sin ninguna razón, sólo por su gracia.

Capacidad significa que tienes confianza en ti mismo y no en lo divino. Capacidad significa que también estás dispuesto a comprarlo. Capacidad significa que estás diciendo que he adquirido todas las virtudes, así que ¿por qué hay este retraso? He rezado, he adorado, he encendido tantas lámparas de barro, quemado tantas varitas de incienso, ofrecido tantas flores a tus pies. He ayunado, meditado y me he sometido a mucha austeridad. He hecho todo esto, pero aún no has venido. A través de estas palabras tu ego está anunciando: "Yo me lo he ganado y él está siendo injusto conmigo". Has venido a otras personas que no han hecho nada. Has venido a los que no te reclamaban nada y no has venido a mí". Esta misma pretensión es el obstáculo.

Sólo han alcanzado la piedad aquellas personas que han renunciado a toda pretensión. Dicen: "Somos muy insignificantes, muy pequeños, así que cualquier cosa que hagamos será insignificante, muy ordinaria; somos ordinarios.

No podemos alcanzarlo haciendo nada ni por nuestros propios esfuerzos; nuestro hacer es como intentar agarrar el cielo con la mano. Un cielo tan vasto y un puño tan pequeño".

Es tan ridículo: sólo puedes alcanzar la piedad cuando aceptas tu inutilidad e impotencia en su totalidad. Entonces te conviertes en un recipiente vacío que no reclama nada. Sólo puede alcanzar la divinidad quien no acosa a lo divino para que venga a él y se limita a esperar. Incluso decir que tienes que venir a mí es egoísta.

Escribes: "Y cuando no quede capacidad no podré creer....".

Si no hay capacidad, la creencia surgirá en ese mismo momento. Incluso ahora hay cierta capacidad.

En realidad estás pensando que tu así llamada intensa vacuidad es tu capacidad. Dices que te has vuelto más insignificante que el polvo; crees que esa es tu capacidad. Ahora lo estás esperando y si no viene a ti, piensas que está siendo injusto contigo. "He hecho tanto y aún no has venido. Es demasiado".

Recuerda, lo divino amanece en tu vacío. Esa es la condición. Cuando estés totalmente vacío entonces no habrá demora. Tan pronto como te vacíes, lo divino aparecerá. Estas dos cosas suceden simultáneamente.

Así que lo que crees que es el vacío es sólo un pensamiento de tu mente. Cuidado con los trucos de la mente. La mente es muy astuta, muy eficiente, muy calculadora. Hace todo con cálculos completos y lleva la cuenta de todo, incluso de la religión. Ten cuidado con esta mente.

Es esta mente la que dice: "No estoy ni aquí ni allí". Bueno, ¿qué necesidad hay de estar aquí o allí? ¿Qué hay de malo en estar en el medio? Pero tú piensas que no has ganado ni lo divino ni este mundo. He comprendido lo que quieres decir. La ambición de alcanzar este mundo todavía está reprimida en ti, por lo tanto no estás ni aquí ni allí. Por lo demás, la libertad existe en el medio. ¿Qué diferencia hay para el burro del lavandero si está atado en casa o a la orilla del río? De hecho, existe cierta libertad en el medio: puede huir de allí porque el lavandero está en casa en ambos lugares.

La mente dice que si el tiempo dedicado a la meditación se hubiera empleado en hacer negocios, se habría ganado algo de dinero, o "me habría convertido en un líder presentándome a unas elecciones".

El mundo entero está ocupado haciendo una cosa u otra y yo estoy meditando. No estoy alcanzando lo divino y también estoy perdiendo el mundo".

Este pensamiento surge sólo porque todavía tienes apego a este mundo. Por lo tanto, será mejor que vuelvas al mercado porque tu sannyas no será real y tu meditación tampoco podrá ser real. Tu atracción por el dinero sigue ahí. Sólo tienes curiosidad por la meditación. No tienes sed, aún no eres un buscador.

Por eso te digo que es mejor que vuelvas al mercado en lugar de sentarte a pensar que la existencia está siendo injusta contigo. Tal vez aún no sea el momento; aún no estás maduro. Estás crudo. Para llegar a ser maduro, tendrás que pasar por mucha miseria y angustia. Aún no has sufrido mucho.

Cuando una persona ha sufrido toda su vida, cuando sólo ha experimentado infelicidad en la vida, entonces llega a la conclusión de que no hay nada que valga la pena ganar en este mundo. Entonces dice: "Ahora no importa si encuentro lo divino o no, pero una cosa está clara, que no obtendré nada de este mundo. En cuanto al logro de la piedad, no importa ahora y la cuestión de volver al mundo no se plantea - esa puerta está cerrada, ese puente está roto, esa escalera ha sido derribada por lo que la cuestión de bajar no se plantea.

La quinta pregunta:

Pregunta 5:

AMADO MAESTRO, SHANKARACHARYA ENFATIZA EL SENTIDO DE INDIFERENCIA, EL NO APEGO HACIA LOS CUERPOS DEL HOMBRE Y LA MUJER. PERO EN ESTE ASHRAM USTED APRUEBA LA LIBRE MEZCLA DE HOMBRES Y MUJERES. POR FAVOR, DI ALGO AL RESPECTO.

Para que madures, para que madures... No quiero separarte del mundo. Quiero hacerte libre de este mundo.

Desprenderse y liberarse son dos cosas distintas. Desprenderse es como arrancar la fruta cruda y liberarse es como la caída de la fruta madura. Exteriormente se parecen porque en ambos casos la fruta se separa del árbol, pero hay una diferencia básica entre ellos. Cuando se arranca una fruta cruda, el dolor de haber sido arrancada permanece en la fruta y también queda una herida en el árbol. No hay necesidad de arrancar la fruta madura; la fruta madura cae por sí misma sin ningún dolor, sin ningún anhelo de estar con el árbol un poco más de tiempo. Cuando la fruta madura, el trabajo del árbol se ha completado, así que no queda dolor en el árbol. Una fruta madura olvida absolutamente al árbol, no mira atrás. Y después de la caída de la fruta el árbol también se vuelve más ligero, no está herido.

No quiero separarte de este mundo porque quien es deliberadamente arrancado de este mundo permanece apegado al mundo. Tú debes ser libre de este mundo y no debes ser arrancado de él. ¿Y adónde puedes ir después de una ruptura forzada? Tienes mujer, hijos, familia, una tienda. Aunque los dejes, ¿adónde irás? Puedes ir a cualquier parte, pero si el tendero permanece en tu mente, ¡abrirás una nueva tienda! No habrá ninguna diferencia.

Si la atracción por las mujeres permanece en la mente, entonces huir de tu mujer no te va a ayudar; alguna otra mujer te atraerá. Si estás interesado en el dinero, renunciar a él no hará ninguna diferencia. Empezarás a coleccionar monedas en algún otro sentido - quizás esta vez las monedas sean de renuncia y austeridad, pero monedas son monedas. Empezarás a amasar otro tipo de riqueza. Primero solías anunciar la cantidad de dinero que poseías. Ahora anunciarás a cuánto has renunciado. Tu vanidad seguirá siendo la misma. Quiero liberarte del mundo; no quiero separarte de él. En esta comuna intento que seáis libres para vivir.

Si puedes ser libre mientras vives en esta vida, entonces esa es la verdadera libertad. Caminas en el agua, pero tus pies no deben mojarse. Debes ser como la hoja de loto: puedes tocar el agua, pero el agua no te tocará a ti. Vives en el agua, pero eres libre de ella.

La concepción última de sannyas es: sannyas no es el no-apego, vairagya, como lo opuesto al apego, raga. Sannyas está más allá del apego y del desapego. Es veetragata, más allá del apego y del desapego.

El sannyas del que habla Shankaracharya es el no-apego. Pero el sannyas del que yo te hablo es veetragata, más allá del apego y del desapego. El sannyas de Shankara no te llevará muy lejos. Después del sannyas de Shankara, todavía tendrás que buscar el sannyas del que te estoy hablando. El sannyas de Shankara puede ser el principio del viaje, no el final. Lo que te estoy diciendo es el final.

No te digo que huyas de una mujer; te digo: "Despierta del apego a las mujeres". No digo: "Renuncia al dinero"; digo: "Comprende el dinero". En esa comprensión está la libertad.

El dinero no te retiene, eres tú quien lo retiene. Es tu condición interior, es tu atracción. Sólo podrás liberarte de esta atracción cuando la experiencia de la vida te diga que es inútil. Si no aprendes de la experiencia de la vida, entonces puedes seguir pensando en tu mente: "Es inútil, ¿qué hay en el mundo?". Pero en el fondo, en algún lugar de la mente pensarás: "Quién sabe, puede que haya algo que merezca la pena en este mundo y yo lo haya dejado. Puede que me haya equivocado".

Muchos sannyasins han venido a verme, algunos de setenta u ochenta años. Dicen: "A veces nos preguntamos si hemos malgastado nuestras vidas porque no hemos alcanzado lo divino y hemos renunciado también al mundo". Así que ahora esta duda vacila en la mente.

Esta duda surge porque huiste del mundo cuando aún te sentías atraído por él. No dejaste el mundo por tu propia experiencia, lo dejaste porque fuiste influenciado por alguien.

Cuando personas como Shankaracharya y Buda están en este mundo, su influencia es ilimitada y omnipresente. Como imanes atraen a miles de personas. Su vida está más allá del apego y el desapego.

Tienen mucha razón cuando dicen: "Este mundo no tiene sentido; no hay sentido en el hombre, en la mujer ni en los niños".

Son como los frutos maduros del árbol. Pero al escuchar sus palabras, las frutas crudas empiezan a pensar que, puesto que no tienen sentido, renunciemos a este mundo. Se separan del árbol, entonces surge la duda porque no tienen ni siquiera la fragancia de la fruta madura. La fruta madura tiene una fragancia, su propio olor;

ni siquiera eso tienen y ya se han desprendido del árbol. No se han relacionado ni con la tierra ni con el cielo. Están colgando en medio.

Este era exactamente el significado de la pregunta anterior: "No estoy ni aquí ni allí, estoy colgado en medio". Este estar colgado en medio es una condición muy miserable. Por eso te digo que no hay necesidad de huir de nada. Despierta dondequiera que estés. Olvídate de abandonar el mundo; llama a lo divino, pídele que venga y deja que aparezca en tu espacio más íntimo. En cuanto sus rayos empiecen a penetrar en ti, empezarás a madurar. El sol madura los frutos, la existencia te madura a ti.

Y no huyas de la vida, porque si la existencia te ha dado vida debe haber alguna razón para ello. No es una casualidad. Hay una planificación total detrás de esto, porque nadie puede ser libre sin pasar por la experiencia de la vida.

Hay una gran afirmación en los Upanishads que dice: Ten tyakten bhunjeetha. No he encontrado una frase más revolucionaria que ésta en ninguna escritura del mundo. Es una afirmación única. Tiene dos significados. El primer significado es: sólo aquellos que renuncian experimentan. El segundo significado es: sólo renuncian los que experimentan. Ambos significados son muy valiosos; ambos significados son en realidad como las dos caras de una moneda. Sólo renunciaron los que experimentaron: ¿cómo puedes renunciar a menos que lo experimentes? La comprensión de la renuncia sólo puede llegar pasando por la experiencia. El loto de la renuncia sólo puede florecer de la mente de la experiencia, no hay otra manera. Así que no denuncies la experiencia del placer, porque el loto crecerá a partir de ella. No condenes la experiencia, no huyas del barro, de lo contrario te quedarás sin el loto.

¡Y qué diferente es el loto del barro!

La divinidad surgirá en ti, el loto florecerá. ¡Qué diferente es lo divino de ti! Incluso donde estás viviendo con tu mujer, tus hijos, la tienda, el mercado, un día de repente el néctar divino empezará a fluir en ti. Todo lo que tienes que hacer para obtener su néctar es vaciarte. Cuando recibas diamantes y piedras preciosas, automáticamente te desharás de los guijarros y las piedras. No insistas en renunciar, insiste en recibir. Pero, por supuesto, no es seguro que consigas diamantes y piedras preciosas simplemente tirando la suciedad y los guijarros. Pero una cosa es segura, que después de conseguir diamantes y piedras preciosas nadie acumula suciedad; se renuncia a ella automáticamente. Y ese darse por vencido tiene una belleza propia, tiene una música diferente. ¿Por qué? Porque cuando renuncias sin saber que estás renunciando, entonces no queda ninguna huella de la renuncia, entonces no hay ninguna pretensión de renuncia.

Cada mañana barres la casa y tiras la basura fuera. ¿Informas a los periódicos de que hoy has renunciado a tanta basura? Si lo haces, la gente se reirá de ti. Pensarán que te has vuelto loco. Si es basura, entonces tirarla no significa renuncia. Y si no era basura, entonces ¿por qué has renunciado a ella?

Cuando anuncias tu renuncia, en realidad estás diciendo que tenía dinero pero renuncié a él bajo la influencia de alguien. Aún no estabas preparado, aún no estabas maduro; aún estabas crudo y diste el paso con prisa. Nadie se transforma por la prisa. No quiero que tengas ninguna prisa. Si sientes atracción por las mujeres, vive esa experiencia. Disfrútala a fondo. Diez tyakten bhunjeetha - la renuncia nacerá de esa indulgencia. Cuando sigues complaciéndote y descubres que no has ganado nada con ello, entonces te das cuenta de que con esta complacencia sólo consigues miseria, nada florece en la vida. Entonces la indulgencia te ha dado la llave de la renuncia.

La indulgencia no es tu enemiga, es tu amiga. Mi única condición es que vivas la indulgencia con conciencia. No debes seguir experimentando sin aprender nada; la experiencia debe enseñarte una lección. La experiencia siempre merece la pena.

Incluso pasar por el infierno es útil, si lo haces completamente despierto, porque en esa vigilia encuentras el camino al cielo.

Por eso no quiero apartarte de la vida a ningún nivel. Quédate donde estás y siembra las nuevas semillas de la conciencia en tu corazón. Por eso no hago hincapié en la renuncia, sino en la meditación.

No digo nada contra el mundo, pero digo mucho a favor de la piedad. El énfasis de Shankaracharya es contra el mundo.

La antigua concepción de sannyas era que la gente debía renunciar al mundo para poder alcanzar lo divino. Mi idea es que la gente debe acercarse a lo divino para poder renunciar al mundo.

La última pregunta:

Pregunta 6:

AMADO MAESTRO, MI MENTE ES EXTREMADAMENTE ESCÉPTICA. POR ESO, A PESAR DE TODOS LOS ESFUERZOS, NO SE ASIENTA EN NINGUNA PARTE. DESDE MI NACIMIENTO SOLO HE CONOCIDO LO MATERIAL - Y TU DICES QUE TODO ES PIEDAD. ¿DEBO CREERLO?

¿SERÁ HONESTIDAD?

Solo entiende estas palabras, "Mi mente es extremadamente escéptica...."

Puede ser escéptico pero no extremadamente escéptico, porque una persona extremadamente escéptica empieza a dudar de la duda. Ese tipo de duda aún no ha surgido en ti. Tu duda es coja, bastante impotente.

Has dudado, pero aún no has llegado al clímax de la duda. El clímax de la duda es la fe...

porque cuando sigues dudando de todo, al final empiezas a dudar de la duda. Empiezas a pensar: "¿Conseguiré algo con esta duda? ¿Alguien ha conseguido algo con esta duda?".

Cuando empiezas a dudar de la duda, entonces es el extremo del escepticismo. Pero en ese momento la duda corta la duda y nace una fe virgen.

Eres escéptico pero cojo; no has recorrido todo el camino. Si no fueras cojo no habrías venido a mí. No había necesidad de venir a mí para dudar, el mundo entero está ahí para dudar. En realidad, estás cansado sin haber completado tu duda, y ahora quieres tener fe, por eso has venido a mí. Pero has venido demasiado pronto, deberías haber esperado un poco más. Sigue dudando un poco más y recuerda, igual que una espina se quita con una espina, de la misma manera la duda se quita con la duda.

"Mi mente es extremadamente escéptica. Por eso, a pesar de todos los esfuerzos, no se asienta en ninguna parte".

No, no se asentará. ¿Alguna persona escéptica ha logrado alguna vez la renuncia, la meditación o la realización de lo divino? No, porque una persona escéptica no puede hacer nada. Lo que hace con una mano, lo quita con la otra.

Lo he oído:

Un gran pensador se alistó en el ejército durante la Primera Guerra Mundial. Era un reclutamiento obligatorio en el que todo el mundo tenía que ir a la guerra, así que él también fue. Pero se convirtió en un problema porque era un gran pensador, un filósofo, y siempre estaba dudando. Cuando su comandante ordenaba "Giro a la izquierda", todo el regimiento giraba a la izquierda, pero él se quedaba parado como estaba, pensando si debía o no girar.

Su comandante le preguntó: "¿Por qué tardas tanto? ¿Estás sordo? Todas las líneas se han movido pero tú sigues aquí".

Me contestó: "Perdone, pero no hago nada sin pensarlo antes, y pensar lleva su tiempo".

En primer lugar la pregunta es: ¿Por qué girar a la izquierda? ¿Cuál es la necesidad de girar? ¿Qué tiene de malo girar a la derecha? Sólo porque se ha dicho: "Gire a la izquierda", ¿por qué hay que girar a la izquierda? No entiendo el propósito de todo esto de girar a la izquierda y a la derecha. ¿Para qué sirve este desfile? Al final volvemos a donde estábamos antes. Pero yo ya estoy allí. Toda esta gente también volverá aquí después de todos sus giros a la izquierda y a la derecha".

Era un pensador famoso. Así que el comandante comprendió que ese tipo de dudas eran su vieja costumbre y que no sería de ninguna utilidad en el ejército, por lo que fue enviado a la cocina militar. El primer día le dieron guisantes y le pidieron que separara los grandes de los pequeños. Cuando, al cabo de un rato, llegó el comandante, estaba ensimismado junto a los guisantes, tal como se los habían dado. El comandante le dijo: "¿Ni siquiera has podido hacer esto?".

Es muy difícil. Hay guisantes grandes y pequeños, pero también los hay medianos.

¿Dónde deben colocarse? No empiezo ningún trabajo hasta que todo está muy claro. Estaba esperando a que me dijeras qué hacer con estos medianos".

Este tipo de personalidad no puede hacer nada. No puede hacer ningún trabajo. Cada acción está llena de dudas, que lo destruyen como veneno.

La meditación es el acto último. La meditación es lo último. En este momento estás vacilando. Cuando dudes incluso de girar a la izquierda, entonces girar va a ser muy difícil.

"Desde que nací sólo he conocido lo material".

Lo que dices también es erróneo. Si realmente fueras una persona escéptica entonces no podrías haber dicho que sólo has conocido la materia. Los verdaderos escépticos dicen: "Nadie sabe si la materia existe o no". Y no es seguro.

Estoy sentado aquí y tú me estás escuchando. Puede que estés soñando: ¿es cierto que yo estoy aquí y tú estás sentado allí? En tus sueños también has visto gente muchas veces, así que esto también puede ser un sueño. ¿Y alguna vez has visto materia? Tú estás escondido detrás del cerebro y la materia está fuera del cerebro. ¿Has visto alguna vez la materia dentro del cerebro? Nunca has visto la materia; sólo las imágenes de la materia entran en la mente. ¿Ves allí el árbol? No, en realidad nunca lo has visto.

Los rayos que salen del árbol caen sobre los ojos; estos rayos llevan una imagen en su interior. Del mismo modo que se crea una imagen en una cámara, una imagen entra en tu cerebro. Sólo has visto esa imagen. No es seguro que exista un árbol como el de la foto. No hay pruebas; no hay pruebas de que el árbol exista fuera.

Una persona que duda ni siquiera puede creer en la materia, por no hablar de lo divino. Pero yo te digo que es difícil conocer la materia pero fácil conocer lo divino, porque la materia está fuera y lo divino dentro. Lo divino está cerca y la materia está lejos. Tú mismo eres la divinidad y la materia es el mundo.

Lo divino no es algo que se pueda conocer. No es un objeto a conocer, es el conocedor. Tú eres eso; él es tu conciencia. El que está dudando es esa divinidad. Intenta comprender esto:

si el que duda es lo divino, ¿como puedes dudar de el? - porque el que duda esta dentro. Incluso si dudas, el esta ahi... porque incluso para dudar es necesario. Si no está, ¿entonces quién dudará? Trata de entender.

Una noche Mulla Nasruddin volvió a casa con sus amigos. Cuando estaban sentados en un hotel, uno de ellos comentó: "Eres un gran avaro".

Mulla dijo: "¿Quién dice eso? Yo soy una persona caritativa".

Al oír esto, los amigos dijeron: "Bueno, si es así, será mejor que nos invites hoy a tu casa".

Al oír esto Mulla respondió: "Sí, vamos, vayamos todos". Y una multitud de treinta o treinta y cinco amigos le acompañaron. Pero cuando llegó a su casa ya se había dado cuenta de su error. Con la emoción se había olvidado de que su mujer estaba sentada en casa;

a su mujer no le gustaba que fuera ni un solo invitado a su casa, ¡y aquí había treinta y cinco personas! Así que les dijo a sus amigos: "Todos vosotros sois hombres con familia, conocéis la realidad de un hombre; debéis entender mi problema. Mi mujer está dentro. Será mejor que esperéis fuera, yo entraré primero, se lo explicaré a ella y luego os llamaré a todos para que entréis". Entró y cerró la puerta, dejándolos fuera.

Su mujer perdió los nervios cuando se enteró de que había traído a tanta gente. Le dijo: "No hay comida, ni verduras, ni nada que comer. ¿Dónde has estado todo el día? No has traído la comida del mercado".

Mulla dijo: "Será mejor que me digas qué hacer. Ya es de noche, incluso el mercado está cerrado. ¿Cómo voy a tratar con esta gente?"

Me dijo: "Tú has traído este problema, así que ahora será mejor que te ocupes de él".

Dijo: "Ve y diles que Mulla no está en casa".

Salió y les dijo que Mulla no estaba en casa. "¿Cómo puede ser?", argumentaron, "Vino con nosotros. Entró y nunca le vimos salir".

Mulla estaba escuchando las discusiones y en su entusiasmo se olvidó de que estaba dentro. Se asomó a la ventana y dijo: "Bueno, también podría haber salido por la puerta de atrás".

No puedes negarte a ti mismo. Por la puerta de atrás o por la de delante, no puedes decir que no estás. Si alguien llama a tu puerta no puedes decir: "No estoy en casa". Si lo dices, significará que estás, porque incluso para negarte, te necesitan.

Lo divino no es una cosa, no es una mercancía. No está fuera de ti, es tu ser interior, tu naturaleza interior. Es tu interioridad. Es tu swaroopn, tu ser. Pero no creas esto sólo porque yo lo digo; eso sería deshonesto. Tú mismo debes ir en su búsqueda. Y sabes, ayer estaba leyendo las palabras de un poema que me gustó:

"Pasaron los años; ni siquiera me acordaba de ti, Pero no es que te haya olvidado".

"Pasaron los siglos; ni siquiera me acordaba de ti, pero no es que te haya olvidado". Lo divino es así.

Puede que hayan pasado los años, puede que no lo recuerdes... ¡pero no lo has olvidado!

Sólo es cuestión de sentarse con paz en tu interior y eso es la meditación.

El significado de la meditación es: tener paz interior y conocer al que lo sabe todo. Sé consciente de tu conciencia.

Lo divino no está sentado en el cielo. Está rodeando tu cielo interior. "Tú eres lo divino" - este es el anuncio. Tienes que buscar la esencia de este sutra dentro de ti. No sólo tienes que creer en mí. Cuando la encuentres, sólo entonces tendrás fe en mí. Tu experiencia te dará la fe. Tu fe en mí no puede darte la experiencia.

Cuando tengas un poco de fragancia dentro de ti, entonces tendrás fe en mí, porque entonces podrás entender lo que digo.

"Pasaron los años, ni siquiera me acordaba de ti, Pero no es que te haya olvidado".

Suficiente por hoy.

La soledad a través del Satsang

¿QUIÉN ES SU MUJER? ¿QUIÉN ES TU HIJO? ESTE MUNDO ES MUY EXTRAÑO. ¿QUIÉN ERES TÚ? ¿QUIÉN ERES? ¿DE DÓNDE VIENES? REFLEXIONA SOBRE ESTAS PREGUNTAS ESENCIALES.

DEL SATSANG VIENE LA SOLEDAD, DE LA SOLEDAD VIENE EL DESAPEGO; DEBIDO AL DESAPEGO LA MENTE SE VUELVE ESTABLE Y DEBIDO A LA MENTE ESTABLE E INQUEBRANTABLE SE ALCANZA LA LIBERACIÓN.

¿QUÉ ES EL DESEO SEXUAL CUANDO LLEGA LA VEJEZ? ¿QUÉ ES UN ESTANQUE UNA VEZ QUE SU AGUA SE HA SECADO? ¿QUIÉN ES LA FAMILIA UNA VEZ QUE SE ACABA SU RIQUEZA? ¿DÓNDE ESTÁ EL MUNDO DESPUÉS DE LA AUTORREALIZACIÓN?

NO TE ENORGULLEZCAS DE LA RIQUEZA, LA GENTE Y LA JUVENTUD, PORQUE LA MUERTE SE LAS LLEVA TODAS EN UN MOMENTO. ABANDONA TODOS ESTOS ASUNTOS ILUSORIOS, CONOCE LO DIVINO Y ENTRA EN ÉL.

EL DÍA Y LA NOCHE, LA TARDE Y LA MAÑANA, EL INVIERNO Y LA PRIMAVERA VAN Y VIENEN UNA Y OTRA VEZ. ASÍ TRANSCURRE EL JUEGO DEL TIEMPO Y LA VIDA DE UNO SE ACABA. Y, SIN EMBARGO, LA BRISA DE LA ESPERANZA NO LO DEJA A UNO SOLO.

¡OH, LOCO! ¿POR QUÉ ESTÁS ATRAPADO EN LAS PREOCUPACIONES SOBRE TU ESPOSA Y TU RIQUEZA? ¿NO SABES QUE INCLUSO UN MOMENTO DE COMPAÑÍA CON BUENA GENTE ES EL ÚNICO BARCO QUE HAY PARA LLEVARTE A TRAVÉS DEL OCÉANO DE ESTE MUNDO MUNDANO?

Antes de comenzar el sutra es necesario comprender una complejidad esencial de la mente humana.

A causa de este complejo muchas personas, a pesar de comprender, no entienden nada. Debido a este complejo se salvan del abismo pero caen en un pozo. La mente se impide a sí misma ir a un extremo, pero en ese proceso va al otro extremo.

Alguien come mucho: es un glotón, su único interés es la comida. Pero un día u otro, sin que nadie se lo diga, comprenderá que está torturando su cuerpo. El cuerpo enfermará y sentirá dolor. No le será difícil darse cuenta de que comer demasiado no es sano, pero entonces el peligro es que empiece a ayunar - de tanto comer puede llegar al extremo de renunciar a la comida por completo.

Si el apego al mundo y al dinero es demasiado fuerte, es fácil huir del mundo. En lugar de interés puede haber desinterés. El apego puede crear desapego. Los seres cercanos y queridos pueden parecer enemigos en lugar de la propia gente. Apenas hay diferencia entre las dos condiciones. Esto es lo que significa caer en un pozo mientras uno se salva del abismo.

Estos sutras de Shankara no pretenden ayudarte a comprender el desapego, te explican la inutilidad del apego. Si el apego pierde su sentido, es suficiente; si el apego desaparece, es suficiente. La desaparición del apego es desapego, no se necesita nada más excepto esto. Pero siempre ocurre lo contrario. Después de leer estos sutras muchas personas, innumerables personas, se han apoderado del desapego sin renunciar al apego. El apego continuaba pero bajo la apariencia del desapego. Primero estabas parado sobre tus pies, ahora estás parado sobre tu cabeza, pero nada cambia por estar parado sobre tu cabeza; las cosas permanecen tal como eran. Pero cuando el apego se para sobre su cabeza se convierte en desapego - el desapego de la gente común, el llamado desapego del sannyasin. Pero cuando el apego desaparece, entonces nace el desapego de Mahavira, Buda y Shankara.

Mulla Nasruddin padecía una enfermedad mental. Cada vez que sonaba el teléfono, se asustaba de que su casero hubiera llamado para cobrar el alquiler o de que su jefe le hubiera despedido del trabajo: miles de angustias. Por culpa de esos miedos imaginarios no podía ni descolgar el teléfono.

Así que le dije que consultara a un psiquiatra. Tomó el tratamiento durante dos o tres meses.

Un día, cuando fui a su casa, le vi hablando por teléfono y no temblaba. No tenía ningún miedo. Así que le pregunté: "Parece que el tratamiento te ha sentado bien. ¿Ya no tienes miedo?".

Mulla respondió: "El tratamiento me ha ayudado más de lo necesario".

Le pregunté: "¿Qué quiere decir con 'más de lo necesario'?".

Me dijo: "Sabes, ahora soy muy valiente. Cojo el teléfono y empiezo a hablar aunque no suene. Antes me asustaba que sonara el teléfono. Pero como no sonaba, cogí el teléfono y empecé a regañar al casero. Se asustó tanto que se quedó absolutamente callado al otro lado del teléfono; ni siquiera podía oír su respiración".

Esta es la ironía de la vida humana. Es fácil pasar de un extremo al otro.

Hay un proverbio hindi que dice que una persona que se ha quemado la boca bebiendo leche caliente tiene miedo incluso de beber leche fría. Del mismo modo, una persona que tiene miedo del mundo también tiene miedo de lo divino. Quien se quema con el mundo teme beber lo divino.

Hay que desapegarse del mundo, pero no por miedo. Si dejas algo por miedo, no lo dejarás realmente, te perseguirá, te seguirá. Si tienes miedo de algo, te asustará más. Si huyes de algo, te seguirá porque el miedo está dentro de ti.

¿Hacia dónde huirás? ¿De quién huirás? Si el mundo estuviera fuera, podrías huir. Pero encontrarás el mundo allá donde vayas. Incluso en una cueva del Himalaya serás el mismo "tú" que vive allí, el mismo "tú" que vive aquí. Así que la verdadera cuestión no es cambiar el lugar o la forma de vivir; la verdadera cuestión es cambiar el estado interior de la mente. En la actualidad, el estado de tu mente está demasiado inclinado hacia un lado. Así que no la inclines demasiado hacia el otro lado.

El extremo es la enfermedad. Quien se equilibra en el medio es libre, por eso Buda ha llamado a su camino majjhim nikaya, el camino del medio. Quien permanece en el centro ha encontrado el camino.

Una persona que está en el medio, que no se inclina hacia un lado o hacia otro, está ahí. Mientras te inclines hacia un lado la vida será inestable, no habrá estabilidad, no estarás sano y seguirás vacilando. Así como la luz de la lámpara de barro sigue ardiendo establemente en el medio sin ser perturbada por la brisa, de la misma manera cuando la luz de la conciencia se vuelve estable en el medio, cuando ni el deseo ni el desapego son capaces de sacudirla, de hecho cuando nada la sacude - cuando no está ni de este lado ni de aquel lado, cuando está estable justo en el medio - entonces Krishna lo llama stithapragya, uno que se ha estabilizado en su sabiduría. Te sientas, te paras, pero dentro de ti nadie se sienta o se para. Comes o ayunas, pero dentro de ti nadie come ni ayuna. Puedes vivir en el mundo o en sannyas, pero no hay ni sannyas ni mundo dentro de ti. Esta última condición intermedia es el desapego.

Si el desapego es lo contrario del apego, entonces está mal. Pero si el desapego es liberarse del apego, entonces es correcto. Esta es una diferencia muy delicada. Si el desapego es lo opuesto al apego entonces hay algo mal en alguna parte, porque aquello que es lo opuesto al apego está definitivamente conectado con el apego. Todos los opuestos están interconectados. Si amas a alguien, sigues recordándolo. Si odias a alguien, también sigues recordándolo. El amor y el odio son opuestos pero están conectados. Tal vez puedas olvidar a un amigo, pero no puedes olvidar a tu enemigo. Te sigue pinchando como una espina. Estás relacionado con el amigo, del mismo modo que también lo estás con el enemigo.

Nunca pienses que un enemigo es aquel con el que se han roto todo tipo de relaciones. No, si todas las relaciones estuvieran rotas por completo, entonces no sería el enemigo. No tienes una relación amistosa con el enemigo, pero tienes una relación de enemistad con él - la relación no está rota. Si la relación está realmente rota entonces el amigo no es un amigo y el enemigo no es un enemigo. Si la relación cambia, el amigo se convierte en enemigo y el enemigo en amigo.

¿Cuánto tarda un amigo en convertirse en enemigo? Puede ocurrir en un momento. ¿Cuánto se tarda en convertir a un enemigo en amigo? ¿Por qué no lleva mucho tiempo? - Porque ambas son relaciones. Sólo es cuestión de cambiar un poco la dirección. Ibas hacia el Este - giraste hacia el Oeste. Ibas hacia el Oeste y te has vuelto hacia el Este. Ambos son movimientos, sólo que la dirección ha cambiado un poco.

He oído que en Inglaterra había un gran pensador llamado Edmund Burke. Una vez le invitaron a dar una conferencia en una iglesia de un pueblecito cercano a Londres. Pero era una persona despistada, por lo que muy a menudo solía olvidar la hora y la fecha de su conferencia, y a veces solía llegar al lugar al día siguiente. Pero esta vez el anfitrión le había insistido una y otra vez para que llegara a la iglesia a tiempo en la fecha correcta, así que también él trató de ser muy cuidadoso con esta invitación.

Era algún aniversario de la iglesia y tenía que estar allí a las siete de la tarde.

Salió a las dos de su casa. Era apenas una hora de viaje. Montó en su caballo y llegó a la iglesia a las tres, pero no había nadie en la iglesia en ese momento porque la función iba a comenzar a las siete de la tarde. ¿Qué podía hacer? Sacó un cigarrillo, se lo puso en la boca e intentó encender una cerilla, pero a causa de la brisa no pudo. Giró el caballo para poder encender el cigarrillo. El cigarrillo se encendió y el caballo empezó a trotar.

A las cuatro en punto estaba delante de su casa. La miró detenidamente. ¿Qué había sido de la iglesia? ¿Dónde había ido a parar? Entonces recordó que para encender el cigarrillo había cambiado la dirección del caballo. Había empezado a fumar y el caballo se había dirigido hacia su casa.

Esta es sólo la diferencia en el cambio de dirección. Cualquier pequeño incidente, como encender un cigarrillo, puede ser la razón para cambiar de dirección. Entonces un amigo puede convertirse en enemigo y un enemigo en amigo. Puedes girar de Oriente a Occidente o de Oriente a Occidente. Cualquier pequeño incidente -uno se queda en bancarrota o muere la esposa o muere un hijo- puede hacer que una persona renuncie al mundo y se convierta en sannyasin. Estos incidentes tienen tan poco valor como encender un cigarrillo, pero pueden cambiar la dirección. Pero este tipo de renuncia será falsa. Esta renuncia estará llena de odio y no de comprensión. Tendrá un sentido de fracaso, agonía, y estará desprovista de comprensión y libertad.

Hay otro tipo de renuncia en la que no se cambia de dirección. No se da la espalda al mundo, se mira al mundo con cuidado, con atención, y al mirarlo con atención, el mundo desaparece. En esa comprensión, en ese estado de meditación, nos damos cuenta de que todas las relaciones del mundo carecen de sentido. Entonces no creamos ninguna relación nueva con el mundo. Hasta ahora nuestra relación con el mundo era de atracción, pero si sólo cambiamos de dirección ahora será de detracción; hasta ahora estábamos corriendo hacia el mundo y ahora empezamos a huir del mundo en la dirección opuesta. Este tipo de desapego es erróneo. Esto se convierte en la nueva enfermedad y tienes que deshacerte de ella también. Esto no es salud. Es como una persona enferma que se ha recuperado de su enfermedad pero se ha vuelto dependiente de las medicinas. Lleva sus medicinas consigo a todas partes. No está dispuesto a renunciar a ellos.

Buda solía explicar esta situación narrando la historia de los cinco hombres estúpidos que cruzaron el río en una barca y luego llevaron la barca sobre sus cabezas. La gente les preguntaba por qué lo hacían.

Dijeron: "Estamos muy agradecidos a este barco. Gracias a ella cruzamos el río, así que ¿cómo vamos a renunciar a ella? No somos desagradecidos".

Llevaban la barca al mercado sobre sus cabezas. La gente les decía: "Esta barca os ha llevado al otro lado del río, pero ahora se ha convertido para vosotros en una carga que llevaréis sobre la cabeza toda la vida y no podréis hacer otra cosa."

Los llamados sannyasins, mahatmas y santos que conoces, si los observas detenidamente, ¡verás que llevan un barco en la cabeza! Abandonaron el apego pero se apoderaron del desapego porque despertaron lo contrario del apego.

Lo que Shankaracharya está diciendo es algo completamente diferente. Está diciendo: "Vigila el apego cuidadosamente, con discreción". En ese estado de conocimiento de la verdadera realidad, las nubes del apego se dispersarán -no es que el desapego vaya a ocupar su lugar.

La ausencia de apego es desapego; no es lo contrario del apego. No es que el apego desaparezca de tu corazón y el desapego ocupe su lugar - el apego desaparecerá y nada ocupará su lugar. Este es el desapego definitivo.

Así que no cometas un error en la comprensión de estos sutras, porque este error es muy fácil de cometer.

¿QUIÉN ES SU MUJER? ¿QUIÉN ES TU HIJO? ESTE MUNDO ES MUY EXTRAÑO. ¿QUIÉN ERES TÚ? ¿QUIÉN ERES? ¿DE DÓNDE VIENES? REFLEXIONA SOBRE ESTAS PREGUNTAS BÁSICAS.

Shankara te pide que reflexiones, que contemples, que despiertes y que observes, con conciencia. No tengas prisa por tomar prestado el desapego. Tomar prestado el desapego no servirá de nada.

Si el pensamiento correcto crea la luz de la comprensión en tu corazón, entonces el apego desaparecerá. Así que no trates de echar fuera la oscuridad - sólo enciende la lámpara.

Así que Shankara dice: "¿Quién es tu esposa?" Sí, ¿quién es tu esposa? "¿Quién es tu hijo?" Son como extraños que se encuentran en el camino. ¿Conocías a tu hijo antes de que naciera? ¿Llamaste a este hijo para que naciera de ti? Ni siquiera lo conocías, ¿cómo ibas a llamarlo? No sabías su dirección. Ni siquiera reconocías su rostro.

Es sólo un encuentro casual entre extraños. Pero la mente humana crea ilusiones: "Este es mi hijo, esta es mi mujer, esta es mi hermana, este es mi hermano". ¿Cómo se crean estas relaciones? ¿Cómo?

Es un hecho muy extraño. Es como si dos personas desconocidas caminaran por el mismo sendero.

Caminarán juntos durante un breve espacio de tiempo y luego, tras despedirse, cada uno irá por su lado, pero en ese breve espacio de tiempo se entablarán todo tipo de relaciones. Debe haber alguna otra razón profunda para esto. Estas relaciones no son verdaderas, porque todos somos extraños. A pesar de vivir juntos durante años, no nos conocemos.

¿Conoce a su mujer? Has vivido con ella treinta o cuarenta años, pero ¿crees que la conoces bien? ¿Puedes profetizar lo que hará mañana? Incluso después de vivir con tu mujer cuarenta años no puedes hacer una profecía sobre lo que hará en el momento siguiente. Hace un momento sonreía, estaba contenta, y ahora está enfadada. Es difícil para ti decir cuál será su estado de ánimo en el momento siguiente.

¿Te conoce tu mujer? Este "conocimiento" es sólo superficial. Nadie puede asomarse al interior de la otra persona. Es tan difícil incluso entrar en uno mismo, ¿cómo puede ser fácil entrar en el otro? Pero debe haber alguna razón profunda para que establezcamos tantas relaciones: porque el hombre está solo, porque tiene miedo de estar solo, porque se asusta y se preocupa cuando está solo. Es muy doloroso estar solo.

Estamos solos. Puede que toda la Tierra esté abarrotada, pero cada individuo está solo. Incluso cuando estás en una multitud estás solo. Esta soledad es insoportable y quieres deshacerte de ella, así que creas estas relaciones para olvidarte de ti mismo y de tu soledad. Durante algún tiempo sientes que no estás solo.

¿Te has dado cuenta alguna vez? Si caminas de noche por una calle oscura, la soledad te asusta y te pones a cantar una canción. Normalmente no cantas cuando la gente te lo pide porque te da vergüenza, pero por la noche, en una calle solitaria donde la oscuridad es absoluta, empiezas a tararear una canción o a silbar. ¿Cuál es la razón de este tarareo o silbido? Mientras tarareas escuchas tu propia voz y sientes que no estás solo, que alguien está contigo. Tu propia canción crea la ilusión de que no hay nada que temer. La canción te da valor.

En la soledad, una persona empieza a hablar consigo misma. Los psicólogos dicen que si una persona se queda absolutamente sola durante tres semanas, empezará a hablar consigo misma. Tú también hablas solo, pero no en voz alta. Si observas a alguien con atención, puedes ver incluso los ligeros movimientos de los labios, porque cuando hablas por dentro tus labios se mueven un poco. Pero si te quedas en un lugar solitario, la soledad es tan aterradora -estar solo en este vasto mundo, estar solo en este gran vacío- que uno empieza a temblar.

Así que empiezas a hablar contigo mismo.

¿Has visto a locos hablando solos? Son una copia ampliada de ti mismo. La diferencia entre tú y ellos es sólo de cantidad y no de calidad. Tú hablas en voz baja; ellos son un poco más valientes, por eso hablan en voz alta. El loco también habla consigo mismo porque tiene miedo, está nervioso. Se olvida hablando solo. Son métodos de olvido de sí mismo, de olvido de sí mismo.

Estaba leyendo las memorias de un escritor alemán sobre su estancia en la prisión de Hitler. Escribió que estaba solo en su habitación, pero que también había un lagarto. Los lagartos le daban miedo. Se asustaba mucho al verlas, pero ahora, en la prisión, se alegraba de ver una. Al mirarla pensó: "No estoy solo, hay alguien conmigo", y poco a poco empezó a hablar con la lagartija. A veces se reía de su propia locura. Pero se acostumbró tanto que sintió como si el lagarto también le respondiera. Entonces hablaba por sí mismo y también en nombre del lagarto.

El hombre está solo, muy solo. Con esta soledad sólo puedes hacer dos cosas: o te haces un mundo propio o entras en sannyas. Hacer un mundo significa hacer relaciones para que la soledad pueda ser olvidada. Y el significado de entrar en sannyas es aceptar esta soledad porque es tu naturaleza. No huyas de ella, no la evites; acéptala, abrázala. Esta es tu naturaleza.

No llegarás a ninguna parte huyendo de ello. Lo has hecho en innumerables vidas y has fracasado. No has ganado nada excepto el fracaso.

Sannyas significa: aquel que ha aceptado su soledad - ahora no silba, no canta, ni hace ninguna relación - está absolutamente satisfecho consigo mismo.

Es muy interesante observar que cuanto más huyas de ti mismo, más tendrás que huir, más miedo te dará la soledad. Cuanto más aceptes estar contigo mismo, más podrás descubrir que la soledad no es soledad, sino soledad. Hay una diferencia entre soledad y soledad. La soledad significa que echas de menos la presencia del otro. Estar solo significa que basta con estar solo. La soledad es dolorosa pero hay dicha en estar solo. Cuando Shankara está solo, está solo, pero cuando dices que estás solo, estás solo.

Estar solo significa que sientes la ausencia del otro. La soledad significa que eres feliz estando contigo mismo. La soledad significa que te has enamorado de ti mismo. Meditar significa estar enamorado de ti mismo. Meditar significa establecer una relación tal contigo mismo que no haya necesidad de establecer una relación con nadie más.

Meditar significa realizarse en uno mismo. Tu mundo, todo tu mundo está en ti. No te falta nada. Estás completo, eres todo, eres lo divino, no hay necesidad de que vayas a ninguna parte. Este estado interior significa sannyas.

Hacemos el mundo porque nos duele la soledad. Intentamos llenar esta soledad con dinero, con amigos, con familia, con religión, casta, nación. Hacemos tantos esfuerzos para llenar este vacío interior porque esta herida es dolorosa. Pero es un error pensar que es una herida; no es una herida.

Anoche una sannyasin vino a verme y me dijo que desde que ha empezado a meditar su corazón parece haber muerto. No tiene ningún deseo de relacionarse con nadie, no parece interesarle el amor; incluso la amistad parece carecer de sentido. Estaba muy triste... porque venía de Occidente y en Occidente si el amor empieza a desaparecer la gente piensa que toda la vida está acabada, si los sentimientos desaparecen y las relaciones se rompen, entonces la gente piensa que ahora la vida no tiene sentido.

Esta es su definición. Así que estaba triste.

Nosotros, en Oriente, hemos hecho una investigación más profunda. Hemos descubierto que cuando una persona permanece totalmente dentro de sí misma, todas las relaciones se disuelven. Es algo muy afortunado que suceda; no es algo por lo que sentirse infeliz. Cuando una persona se estabiliza en sí misma, el sexo se disuelve y también desaparece el afán por entablar relaciones con los demás. El sentimiento de gratitud es tan grande que uno no quiere relacionarse con nadie. Ya no rogará a los demás que tengan alguna relación con él, ya no dirá que "no puedo vivir sin ti". Ahora puede vivir solo. Y la persona que puede vivir sola, ¡vive de verdad! El otro tipo de vida es sólo un engaño, una ilusión. Si no puedes vivir solo, ¿cómo puedes vivir con los demás?

Así que le dije a esa joven, a esa sannyasin: "No tengas miedo, no seas infeliz. Esta definición tuya es errónea. Esta definición de Occidente es errónea. Sé feliz, sé dichosa; qué afortunada eres porque ya no deseas ninguna relación".

La relación sólo te da dolor y angustia. Esto también es muy natural, porque cuando dos personas infelices se encuentran, ¿cómo pueden darse felicidad mutuamente? Las matemáticas son bastante claras: cuando dos personas infelices se encuentran, la infelicidad no sólo se duplica, sino que se multiplica muchas veces más. Buscas a la otra persona porque no eres feliz. No eres feliz solo, por eso buscas al otro. El otro tampoco es feliz estando solo y también te mira con la misma expectativa. Así, dos personas infelices se encuentran con la esperanza de ser felices. Pero no consiguen la felicidad. No es posible porque dos mendigos se están mendigando el uno al otro y ninguno de ellos es un dador, ambos son mendigos. Ambos siguen esperando el uno del otro. Siempre que amas a alguien esperas que te corresponda.

La gente me dice: "Damos mucho amor a los demás, pero los demás no nos aman". ¿Cómo puedes amar? El amor sólo fluye desde las alturas de la dicha. El río del amor sólo sale de la cima de la dicha. No eres feliz, no eres dichoso, estás mendigando, y la otra persona también está mendigando. Ninguno de los dos tiene nada que dar al otro, ¡pero sigues esperando recibir algo de amor en caridad! Mientras esperas, empieza la decepción.

Hasta que una persona no sea feliz en su interior, nadie más podrá hacerla feliz.

Hay una historia muy antigua. Dios hizo al hombre. El hombre estaba solo y se hartó de su soledad.

Pidió a Dios que le diera algún compañero, ya que estaba solo. Pero Dios había utilizado todo el material, todo estaba acabado. Había hecho bosques, montañas, pájaros y animales, y al final había hecho al hombre - ahora no quedaba material. Pero el hombre lloraba y lloraba, así que le pidió que esperara y trató de hacer una mujer. Sin embargo, no había material disponible en ese momento, así que Dios pidió un poco a los animales, pájaros, flores y plantas. Le dijo a la luna que diera un poco de su luz, al pavo real que diera su arrogancia, a las palomas que dieran su dulce murmullo, a los loros que dieran su voz, a los ríos que dieran su inquietud y movimiento, a las flores que dieran su delicadeza... ¡así hizo a la mujer!

Al cabo de siete días, el hombre volvió y dijo: "Esta mujer es un fastidio. Pensé que tendría una compañera, pero no para de pelearse. La voz que le dan los loros es muy dulce - sin duda lo es cuando es cariñosa, pero es arrogante como los pavos reales. Es muy amable y muy cruel al mismo tiempo. Es muy contradictoria. Estoy harto. Era mejor estar solo. Debes llevártela de vuelta".

Dios se llevó a la mujer, pero al cabo de siete días el hombre volvió y dijo: "Sí, me ha hecho la vida imposible, pero la echo de menos, no puedo vivir sin ella. Durante estos siete días no he podido comer ni dormir. Sigo recordándola. Por favor, devuélvemela".

Al cabo de siete días estaba de nuevo a las puertas de Dios. Dijo: "Ni puedo vivir con ella ni puedo vivir sin ella".

Dios le dio la espalda y le dijo: "¿Hasta cuándo voy a escuchar tus tonterías? No puedes vivir con ella y no puedes vivir sin ella, así que será mejor que lo resuelvas tú mismo".

Desde entonces, el hombre ha intentado solucionarlo, pero hasta ahora no ha podido. No es posible, porque cuando estás solo tienes miedo a la soledad. Cuando estás con otra persona, su presencia te molesta. Cuando tienes compañia quieres estar solo, cuando estas solo quieres compañia. Cuando estás con alguien empiezas a observar los puntos malos en él o ella. Cuando estás solo, la soledad te asusta como la muerte.

Tanto la compañía como la soledad le resultan molestas. Por eso el hombre establece muchos tipos de relaciones. Trae una esposa a casa para no quedarse solo. Entonces, en su esfuerzo por estar lejos de su mujer, se sienta en el hotel o en el club. Convertirse en miembro de un club significa que está intentando escapar de su mujer. Comete un error y luego intenta rectificarlo cometiendo otro.

Así comienza la cadena de errores. ¡Y llamas a esto vida!

¿QUIÉN ES SU MUJER? ¿QUIÉN ES TU HIJO? ESTE MUNDO ES MUY EXTRAÑO.

Todos ustedes son extraños aquí. No os conocéis. Si no os conocéis a vosotros mismos, ¿cómo vais a conocer al otro? El que se conoce a sí mismo conocerá también al otro. Pero si uno no se conoce a sí mismo, no puede conocer a nadie más. Has establecido relaciones sin conocer. Todas las relaciones son casuales. Toda tu vida, todo tu mundo, se basa en la casualidad. Cuando te enamoras de una chica dices que Dios os ha hecho a los dos el uno para el otro - pero fue por la coincidencia de vivir en la misma casa o ir al mismo colegio. Fue sólo una coincidencia que os conocierais, no que estuvierais hechos el uno para el otro. De hecho, nadie está hecho el uno para el otro.

Pero el hombre intenta justificar una mera coincidencia con la teoría del destino.

Mulla Nasruddin fue a África para hacer un safari. Cuando regresó, todos sus amigos se reunieron a su alrededor para escuchar sus aventuras. Él narraba con gran entusiasmo y exageración, diciendo: "Hay cierto animal por allí. Cuando el animal macho tiene que llamar a la hembra chilla y la hembra, esté donde esté en la selva, viene corriendo hacia él".

Un amigo le pidió que copiara el sonido del chillido de ese animal. Él lo copió, chillando con fuerza. En ese momento se abrió la puerta de la habitación contigua y su mujer le preguntó: "¿Y bien? ¿Qué pasa?"

Les dijo a sus amigos: "Ves, ahora entiendes la teoría".

Es sólo una coincidencia. No hay teoría en ello. Pero si una persona piensa que su amor es mera coincidencia, entonces no hay lugar para la poesía. Si le dices a Majnu que su encuentro con Laila fue una coincidencia, entonces la poesía muere, el romance muere. Majnu dirá: "No, esto no es posible. Laila fue hecha para mí y yo fui hecho para Laila. Y aunque el mundo entero ponga obstáculos en nuestro camino definitivamente nos encontraremos". Si Majnu hubiera vivido en algún otro pueblo entonces alguna otra chica habría sido su Laila. Majnu definitivamente habría encontrado alguna Laila que habría sido diferente de ésta.

Lo que crees que es la estructura de la vida no es una estructura en absoluto, es sólo una coincidencia, unos cuantos incidentes, unas cuantas coincidencias. Tienes un hijo. No te hagas ilusiones de que has dado a luz a tu hijo. Mientras mantenías relaciones sexuales, un alma esperaba ansiosa renacer. Tú estabas cerca, estabas disponible, así que esa alma entró en tu vientre. Habías cavado una fosa, estaba lloviendo, así que el agua que estaba cerca entró en esa fosa. El agua que estaba más lejos entró en otras fosas.

Es una coincidencia.

Es una coincidencia ser hijo, es una coincidencia ser madre, es una coincidencia ser padre; la amistad es una coincidencia y la enemistad es una coincidencia. Si puedes ver esto correctamente, entonces de repente tus relaciones profundas se debilitarán, su profundidad desaparecerá.

¿QUIÉN ES SU MUJER? ¿QUIÉN ES TU HIJO? ESTE MUNDO ES MUY EXTRAÑO. ¿QUIÉN ERES TÚ? ¿QUIÉN ERES? ¿DE DÓNDE VIENES? REFLEXIONA SOBRE ESTAS PREGUNTAS ESENCIALES. ¡OH IDIOTA! CANTA SIEMPRE LA CANCIÓN DE LO DIVINO.

... Porque nada sucederá sólo pensando: el pensamiento por sí solo es cojo. Debes pensar, pero no podrás llegar sólo pensando. Todos los obstáculos serán eliminados por el pensamiento, pero no serás capaz de viajar. El viaje sólo es posible mediante el bhajan, la devoción. El viaje es posible por la emoción y no por el pensamiento. CANTA SIEMPRE LA CANCIÓN DE LO DIVINO.

DEL SATSANG VIENE LA SOLEDAD, DE LA SOLEDAD VIENE EL DESAPEGO; DEBIDO AL DESAPEGO LA MENTE SE VUELVE ESTABLE Y DEBIDO A LA MENTE ESTABLE E INQUEBRANTABLE SE ALCANZA LA LIBERACIÓN.

Trata de entender esto. Es un sutra muy valioso: DEL SATSANG VIENE LA SOLEDAD. Esta es la definición de satsang. Satsang es aquello que crea soledad. El satsang que crea relación y apego no puede ser satsang. El significado de satsang es que empiezas a ver la verdad. El significado de satsang es que tus ojos deben estar abiertos y tu sueño ha terminado.

La búsqueda del maestro pretende despertarte de tu sueño. El maestro te despertará y te dirá que todas las relaciones que has establecido son ilusiones; no malgastes tu vida en estos sueños y no dejes que tu alma se pierda en ellos. Estas relaciones no son más que formalidades que hay que observar en este mundo, así que no les des demasiada importancia, no les des importancia hasta el punto de destruirte a ti mismo. Pueden ser necesarias en este mundo, pero para el mundo interior no lo son en absoluto.

No puedes llevar contigo allí a tu padre, a tu hijo, a tu hermano, a tu mujer, a tu amigo - allí vas solo. Por lo tanto, a pesar de vivir en todas las relaciones, debes saber que tu verdadero yo está en estar solo. No lo olvides. No dejes que el sol de la soledad se cubra con las nubes de las relaciones.

DEL SATSANG VIENE LA SOLEDAD, DE LA SOLEDAD VIENE EL DESAPEGO.

Y cuando descubres que estás solo, entonces no hay apego.

DEBIDO AL DESAPEGO LA MENTE SE VUELVE ESTABLE.

Y cuando no hay apego la mente no vacila.

He oído que una casa se incendió y el dueño de la casa estaba mirando y llorando. Pero entonces alguien de la multitud le dijo: "¡No llores! No es necesario. Quizá no sepas que tu hijo había vendido esta casa ayer".

Aquel hombre dejó de llorar al instante. La casa seguía ardiendo, las llamas se propagaban por todas partes, pero el hombre ya no lloraba porque la casa no le pertenecía. Pero en ese momento llegó corriendo su hijo y le dijo que se había iniciado la discusión preliminar para vender la casa, pero que aún no se había hecho la venta definitiva.

Al oír esto, el hombre volvió a llorar a mares. La casa sigue igual. No llora porque la casa esté ardiendo, llora por su relación con la casa. Si no es suya, le da igual que la casa esté ardiendo o no.

Si el hijo de alguien muere pero no es tu hijo, no hay ninguna diferencia para ti. Sólo te afecta si es "tuyo". Lloras porque es "tuyo", no por otra cosa. Si llegas a saber que nadie es "tuyo" entonces no habrá angustia. Cuando desaparece el apego, desaparece también la miseria.

Si te queda claro que nadie es "tuyo", que estás solo, la mente se vuelve estable, entonces la mente no está inquieta; entonces te vuelves estable, inquebrantable. Esa estabilidad, esa condición inquebrantable es la experiencia última. En esa condición inquebrantable llegas a saber quién eres. Entonces se resuelve la pregunta fundamental de la vida: "¿Quién soy yo? Tan pronto como la llama se vuelve inquebrantable se obtiene la respuesta, se obtiene la solución. Esta estabilidad, esta condición inquebrantable, se llama samadhi.

Samadhi significa la solución a todo.

GRACIAS A UNA MENTE ESTABLE E INQUEBRANTABLE SE ALCANZA LA LIBERACIÓN. ¡OH IDIOTA! CANTA SIEMPRE LA CANCIÓN DE LO DIVINO.

¿Dónde está el deseo sexual cuando se acaba el tiempo del sexo? ¿Dónde está el estanque cuando el agua se seca? Y nadie está cerca de ti cuando has perdido tu dinero.

Del mismo modo, después de la realización de la verdad ¿dónde está este mundo? Trata de entender esto.

Cuando Shankara, Buda o Mahavira hablan del mundo, cometes el error de pensar que se refieren a esta extensión que se extiende por todas partes. No, no se refieren a eso.

Siempre que hablan del mundo se refieren al mundo hecho por tu apego, creado por tu apego, el mundo hecho por tu inconsciencia, las ilusiones que has creado. Incluso cuando despiertes, estos árboles seguirán ahí; no desaparecerán.

La gente suele preguntar: "Cuando una persona se ilumina y este mundo desaparece para ella, ¿qué ocurre entonces con estos árboles, montañas, la luna, las estrellas, el sol?". No desaparecen. De hecho, por primera vez aparecen en su pureza. Esa pureza es lo divino. Entonces no ves la luna, entonces ves la luz de lo divino en la luna; entonces no ves los árboles, ves el verdor de lo divino en los árboles;

entonces no ves las flores, ves lo divino floreciendo. Entonces todo esto se convierte en piedad ilimitada.

Ahora mismo no ves lo divino. Ves el mundo y el mundo no es uno. Hay tantos mundos como mentes diferentes, porque cada individuo tiene su propio mundo. Si muere tu mujer llorarás tú, nadie más. Otros intentarán explicarte que el alma es eterna, no muere, así que no llores. Aprovecharán la ocasión para hacer alarde de sus conocimientos. Te verán en un estado lamentable y empezarán a sermonearte. Te dirán: "¿Por qué lloras? ¿Quién nos pertenece realmente?" Mañana, cuando sus esposas mueran, entonces tendrás tu oportunidad, entonces irás y les predicarás que este mundo es una ilusión, todas estas relaciones son una ilusión.

El mundo de cada individuo es el suyo propio. Tu apego, tu inconsciencia, tu ignorancia, tu enamoramiento, tu amor, ese es tu mundo. Lo que has visto a través de esta infatuación, amor, apego, inconsciencia no es verdad, todo es falso. Es como si tus ojos estuvieran cubiertos de nubes de humo.

Shankara dice: Después de conocer la esencia, la realidad, no hay mundo. ¿DÓNDE ESTÁ EL MUNDO DESPUÉS DE LA AUTORREALIZACIÓN?

La verdad permanece, pero lo que tú hayas añadido a la verdad se ha perdido.

CANTAR SIEMPRE LA CANCIÓN DE LO DIVINO.

NO TE ENORGULLEZCAS DE LA RIQUEZA, LA GENTE Y LA JUVENTUD, PORQUE LA MUERTE SE LAS LLEVA TODAS EN UN MOMENTO. ABANDONA TODOS ESTOS ASUNTOS ILUSORIOS, CONOCE LO DIVINO Y ENTRA EN ÉL.

Estaba leyendo una canción esta mañana y unas líneas de esa canción me atrajeron: JOR HE KYA THA JAFA-E-BAGVAN DEKNA KIYE ASHIAN UJRA KIYA HUM NATWAN DEKHA KIYE. El significado es: El jardín estaba siendo destruido y yo lo observaba impotente. Sí, toda tu vida es la misma historia. Tu jardín será destruido diariamente. La primavera pronto se acabará. La juventud también pasará.

Esta velocidad y esta energía irán disminuyendo gradualmente. La casa se destruirá y la muerte se acercará cada vez más. La vida es sólo un sueño momentáneo; la muerte se acerca a cada minuto. Estás muriendo desde el día en que naciste. Un cumpleaños es en realidad también el día de la muerte. No puedes posponer la muerte, no puedes huir de ella. Cada vez está más cerca.

NO TE ENORGULLEZCAS DE LA RIQUEZA, LA GENTE Y LA JUVENTUD.

Este ego es superficial. De hecho, todos los egos son superficiales; la superficialidad es la naturaleza del ego. Piensa como propio lo que no lo es. Lo transitorio le parece permanente, y lo que fluye le parece estático. No sólo engañas a los demás, sino también a ti mismo.

Un día Mulla Nasruddin llegó a casa. Llamó a la puerta pero no hubo respuesta. Volvió a llamar, pero nadie respondió. Entonces gritó: "Yo soy Nasruddin, y no el casero que pide el alquiler, ni el lechero, ni el vendedor de verduras".

Incluso entonces no hubo respuesta. Así que gritó de nuevo: "Yo digo que soy el verdadero Nasruddin".

Debió de decir a su familia que no abrieran la puerta cuando alguien llamaba porque debía dinero a mucha gente. Así que cuando él mismo llama a la puerta de su propia casa nadie le abre. Entonces tiene que explicar que él es el verdadero Nasruddin. Pero a pesar de ello nadie le cree.

Seguimos engañando a los demás y creamos un mundo de engaño a nuestro alrededor. Luego nos engañamos a nosotros mismos, y así nos volvemos poco auténticos. Todo lo que hacemos en la vida es falso.

La persona que quiere despertar debe dejar de sembrar mentiras y despedirse de todas sus falsas creencias. Debe saber que este cuerpo no es permanente, no es estático, se está muriendo a cada momento, y la muerte no va a ocurrir mañana, está ocurriendo ahora. Estamos muriendo. La muerte no va a ocurrir después de setenta años más - estamos muriendo gradualmente y no quedará nada después de setenta años.

La vida se va acabando gota a gota. No lo llames vida, es mentira. Puedes llamarla muerte gradual. No celebres los cumpleaños, todos son días de muerte. El día que veas la muerte en tu cumpleaños y oigas los pasos de la muerte en la vida, conocerás la verdad. Esa verdad te dará la libertad.

Tan pronto como conozcas esa verdad comenzarás una nueva búsqueda: el dinero parecerá carecer de sentido, el cuerpo parecerá carecer de sentido; las relaciones del cuerpo y el dinero carecerán de sentido e incluso el mundo basado en el dinero y el cuerpo parecerá carecer de sentido. Y antes de conocer la verdad es necesario conocer la falsedad como falsedad, lo falso como falso.

EL DÍA Y LA NOCHE, LA TARDE Y LA MAÑANA, EL INVIERNO Y LA PRIMAVERA VAN Y VIENEN UNA Y OTRA VEZ. ASÍ TRANSCURRE EL JUEGO DEL TIEMPO Y LA VIDA DE UNO SE ACABA. Y, SIN EMBARGO, LA BRISA DE LA ESPERANZA NO LO DEJA A UNO SOLO.

La esperanza es veneno, y debido a este veneno has confundido la muerte con la vida. Hoy eres infeliz, pero la mente dice que mañana todo irá bien. Hoy no hay felicidad, pero la mente dice: "Espera, mañana todo irá bien". Así es como la mente te ha guiado hasta ahora: te ha estado dando esperanzas. El día que renuncies a la esperanza te despertarás. La esperanza es un sueño.

¿Has pensado alguna vez cómo te afecta la esperanza en la vida? La esperanza dice: "No te preocupes por hoy. Pase lo que pase no importa. Pero mañana alcanzarás definitivamente el cielo". Esta misma esperanza te ha hecho comprender que no hay nada de qué preocuparse aunque se pierda esta vida porque obtendrás el cielo después de la muerte. Esta es la expansión de la esperanza. La esperanza dice "mañana". La esperanza dice "futuro". La esperanza dice "más vida". Pero si la revolución de la vida va a ocurrir, ocurrirá justo ahora y aquí.

No dependas del mañana; el mañana nunca llega. El mañana es una mentira. Y la esperanza que te está dando la seguridad sobre el mañana es la causa de crear estos sueños en ti. Todo lo que hay que hacer, hay que hacerlo hoy. Lo que tenga que ser, será hoy. No esperes más que hoy.

Al principio será bastante chocante. Con la desaparición de la esperanza te sentirás absolutamente abatido.

Sentirás que te has vuelto totalmente desesperanzado. Pero si estás dispuesto a vivir sin esperanza, descubrirás que si no hay esperanza en la vida, tampoco hay desesperanza.

La desesperanza es el reverso de la esperanza y desaparecerá con la esperanza. La vida sin esperanza es la vida sin desesperanza. Entonces no hay ni esperanza ni desesperanza. Esa es la estabilidad. La llama permanece en el centro. Entonces no hay vacilación. Esa es la condición de la conciencia inquebrantable.

EL DÍA Y LA NOCHE, LA TARDE Y LA MAÑANA, EL INVIERNO Y LA PRIMAVERA VAN Y VIENEN UNA Y OTRA VEZ. ASÍ TRANSCURRE EL JUEGO DEL TIEMPO Y LA VIDA DE UNO SE ACABA. Y SIN EMBARGO LA BRISA DE LA ESPERANZA NO LO DEJA A UNO SOLO. ENTONCES, ¡OH IDIOTA! CANTA SIEMPRE LA CANCION DE LO DIVINO ¡OH, LOCO! ¿POR QUÉ ESTÁS ATRAPADO EN LAS PREOCUPACIONES SOBRE TU ESPOSA Y TU RIQUEZA? ¿NO SABES QUE INCLUSO UN MOMENTO DE COMPAÑÍA CON BUENA GENTE ES EL ÚNICO BARCO QUE EXISTE PARA LLEVARTE A TRAVÉS DEL OCÉANO DE ESTE MUNDO MUNDANO?

¿Quién es una persona santa? Aquella en cuya compañía te despiertas. Una persona no santa es aquella en cuya compañía entras en un sueño profundo y que te ayuda a aumentar tus ilusiones y apegos.

Pero en este mundo ocurre justo lo contrario. La persona que intenta despertarte no te parece amistosa. El que te duerme te parece un amigo. El que te da de beber alcohol te parece un amigo y el que intenta devolverte la consciencia te parece un enemigo. Por eso las vinotecas y los bares están abarrotados y los templos vacíos. Hay largas colas en los bares, y Dios sigue esperando en el templo pero no aparece nadie. Sí, el sacerdote viene, pero ya es un siervo; recibe su paga y viene a adorar. Su culto no es de corazón, es profesional. No es un amante. ¿Cuál es la razón?

Dondequiera que haya intoxicación, habrá multitudes. Hay una multitud delante de un cine: la gente se embriaga durante tres horas, se pierde en la película durante tres horas. Olvidan sus miserias, sus penas, sus preocupaciones y ansiedades. Durante tres horas se olvidan de sí mismos. Este tipo de intoxicación no es la solución a tus problemas. Al cabo de tres horas se acaba la película, se encienden las luces y vuelves a estar donde estabas: lleno de preocupaciones y miserias. El alcohol te hace olvidarte de ti mismo durante dos o tres horas, pero cuando se acaba su efecto vuelves a ser infeliz y a sufrir.

Ir al templo también es ir con la expectativa de conseguir algún tipo de intoxicante. Esta es la diferencia. Puedes cantar la canción de lo divino de dos maneras. Una es como el alcohol: perderse en él.

Por el momento olvidas la preocupación, la miseria; olvidas que tienes que volver a casa, que tienes mujer e hijos, que la mujer está enferma, que los niños tienen que ser admitidos en una escuela y que no tienes dinero. Olvidas tus preocupaciones mientras estés perdido cantando la canción de lo divino.

Si te pierdes cantando la canción de lo divino, entonces esto también es como el alcohol.

Si te despierta, sólo entonces es el canto de lo divino. Incluso los templos son como bares y con el pretexto de la religión la gente sigue buscando la inconsciencia y no la consciencia. Es muy difícil despertar. Dormir es muy relajante, sigues soñando hermosos sueños. Te molestará que te despierten y te traigan a la consciencia.

Conocer la verdad de la vida es un gran reto. Tendrás que luchar por ello. Tendrás que trabajar duro para ello. Tendrás que pasar por la sadhana y la austeridad. Este viaje sólo puede emprenderse con los ojos abiertos, ya que el camino es muy difícil y está lleno de espinas. También puede engañarte.

Los que nunca caminan nunca temen perderse en el camino. Los que siempre están tumbados en su cama nunca tendrán ningún accidente. Pero los que recorren el camino pueden perderse en él o tener un accidente y enfrentarse a muchas dificultades. Este viaje es laborioso porque hay que escalar la montaña. Ir hacia lo divino significa ir hacia la cumbre. Se hace cada vez más difícil. Sólo alcanzarán la dicha de la cumbre quienes estén dispuestos a atravesar todas estas dificultades.

La felicidad no es gratuita. Hay que ganársela, hay que trabajar por ella. Por supuesto, no se alcanza sólo con el trabajo, se alcanza por la gracia, pero hay que trabajar. La divinidad sólo puede llegar a la persona que ha trabajado y se ha preparado.

Y, SIN EMBARGO, LA BRISA DE LA ESPERANZA NO LO DEJA A UNO SOLO.

Empiezas a esperar también lo divino. Cuando la gente acude a mí, les digo que abandonen la esperanza y mediten. Me dicen: "Si renunciamos a la esperanza, ¿para qué vamos a meditar? Por la esperanza hemos venido a meditar -esperando que por la meditación la mente esté en paz, que consigamos el samadhi y realicemos lo divino".

Ahora esto es muy complicado. La esperanza creará el obstáculo. Porque cuando esperas no meditas, sólo esperas, no puedes hacer las dos cosas a la vez. Aunque medites durante un rato, seguirás preguntándote por qué aún no has encontrado la paz: han pasado tres días y no ha ocurrido nada, aún no has experimentado la dicha.

Intenta entenderlo de esta manera. Si te digo que vengas al río a nadar porque nadar es muy agradable, vendrás. Pero si desde el principio de la natación sigues esperando el placer, entonces no lo conseguirás. Debido a tu impaciencia, a tu ansiedad por alcanzarlo, no lo conseguirás, porque la propia naturaleza de la dicha es que te busca cuando tú no la estás buscando. No la conseguirás mientras la estés buscando, porque cuando la buscas no estás en el presente; tu mente está en el futuro esperando conseguirla. Y es ahora.

Lo obtienes cuando estás puramente en este momento sin ninguna esperanza, sin ninguna expectativa, sin ningún deseo o anhelo. Cuando estás presente en este momento descubres que ha llovido por todas partes.

Estaba lloviendo, pero tú no estabas presente, estabas ausente, estabas perdido en el futuro a causa de tu esperanza, y aquí se estaba distribuyendo la dicha. Estabas vagando por otra parte, así que no podías recibirla. La recibes el día que estás en el presente, y estar en el presente significa estar sin esperanza y sin deseo.

Así que les digo: "Mediten. No tengáis esperanza. La meditación no es el medio, sino el fin. La meditación en sí misma es alegría, dicha, y no pidas más dicha, no esperes el resultado. Si puedes hacer cualquier acción sin esperar ningún resultado, entonces esa misma acción se convertirá en meditación".

En el Gita Krishna solo le ha dicho esto a Arjuna. Lo ha dicho repetidamente de diferentes maneras: no esperes ningún resultado. Este deseo por el resultado, la expectativa por el retorno, es el mundo. El abandono del deseo por el resultado es la salvación. No hay necesidad de huir del mundo, sólo hay que acabar con la expectativa del resultado. Entonces vivirás aquí, pero el mundo desaparecerá para ti.

¡OH, LOCO! ¿POR QUÉ ESTÁS ATRAPADO EN LAS PREOCUPACIONES SOBRE TU ESPOSA Y TU RIQUEZA? ¿NO SABES QUE INCLUSO UN MOMENTO DE COMPAÑÍA CON BUENA GENTE ES EL ÚNICO BARCO QUE HAY PARA LLEVARTE A TRAVÉS DEL OCÉANO DE ESTE MUNDO MUNDANO?

Pero la gente sigue preocupándose por nada hasta el último momento de su vida. Todas las preocupaciones carecen de sentido. Hay que contemplar lo significativo y no preocuparse por ello.

He oído que un comerciante Marwari se estaba muriendo, estaba en su lecho de muerte. Preguntó a su mujer: "¿Dónde está el hijo mayor?". La esposa le dijo que estaba de pie junto a la cama. "¿Dónde está el mediano?", preguntó él. Ella le dijo que también estaba cerca. "¿Y dónde está el menor?"

Ella dijo: "¡No te preocupes! Él está a tus pies. Relájate y duerme con paz en tu mente".

El comerciante marwari se levantó y dijo: "¿Cómo voy a dormir tranquilo? ¿Quién cuida de la tienda?

Están todos aquí".

Su padre se estaba muriendo. Pensando esto, todos los hijos se habían reunido allí. Habían cerrado la tienda.

Pero la muerte no es la preocupación del padre moribundo: ¿quién atiende la tienda? No pregunta por sus hijos por amor: ¿dónde está el mayor, dónde está el mediano, el pequeño? Pregunta quién atiende la tienda. Todos ellos están allí, ¿significa eso que no hay nadie en la tienda?

Sí, ¡incluso en el último momento tu mente está llena de tiendas! Será así, porque todo lo que hayas hecho en toda tu vida, lo pensarás también mientras mueres. No puedes cambiar de repente en el momento de la muerte. No creas esa falsa historia.

Un hombre estaba muriendo, el nombre de su hijo era Narayan que es otro nombre para Dios. Así que llamó a su hijo Narayan, y

Dios pensó que le estaba llamando a Él. Tales historias son creadas por los expertos para consolar a los pecadores. Sobre la base de tales historias los expertos son capaces de tomar algún dinero de los pecadores - nada más va a suceder.

Si Dios se engaña, entonces seguramente no es Dios. ¿Este hombre fue al cielo sólo porque llamó "Narayan" mientras moría? No vale la pena obtener un Dios tan barato. Este tipo de cielo o salvación es absolutamente falso. Esta historia no puede ser verdad.

La muerte es el resumen de toda tu vida; en el momento de morir tu mente estará llena de lo que has hecho durante tu vida. Si has estado contando dinero toda tu vida, también lo contarás al morir, porque la muerte es la esencia de tu vida. Si has estado inquieto toda tu vida, también lo estarás al morir. Si has sido pacífico entonces tu muerte será muy pacífica. Cada individuo tiene una muerte diferente porque cada uno vive una vida diferente. Ni tu vida ni tu muerte pueden ser iguales a las de otra persona.

Cuando un buda muere, la grandeza de su muerte es diferente: la grandeza de su muerte es mucho mayor que la de tu supuesta vida. Tu vida no es nada comparada con su muerte. La grandeza de su muerte es un millón de veces mayor que la de tu vida, porque en ese momento de su muerte toda la vida se encoge y se acerca, la música de toda su vida se condensa, como si la esencia de todas las flores de su vida hubiera sido tomada y convertida en una fragancia. En el momento de la muerte, la fragancia que emana de un buda es la esencia de las flores de toda su vida. El hedor que saldrá de ti será la esencia de toda la suciedad y la basura de toda tu vida.

No se puede cambiar de repente con la muerte. Así que no creas a los expertos que te dicen que te vuelvas religioso al final de tu vida. Si quieres ser religioso tienes que hacerlo aquí y ahora; no lo dejes para el final. Si eres cuidadoso ahora podrás serlo en el futuro. Si te despiertas hoy, poco a poco te volverás despierto. Si cantas la canción de lo divino desde hoy, quizás en el momento de la muerte lo divino te escuche.

No pienses en el momento de la muerte que un pundit prestado salvará tu alma recitando mantras en tus oídos, vertiendo el agua del Ganges en tu boca, leyendo el Gita cerca de ti. Ese pundit seguirá repitiendo el Gita pero tú no podrás oírlo dentro de ti en ese momento. Sólo podrá oír el Gita en el momento de la muerte aquella persona que haya aprendido el arte de escuchar correctamente durante toda su vida. Si uno ha cantado la canción de lo divino toda su vida, entonces en el momento de la muerte no tendrá que escucharla cantada por un sirviente prestado o un pundit; cada respiración, cada latido de su corazón estará cantando la canción de lo divino.

En ese momento de la muerte irás danzando hacia lo divino lleno de gratitud. Tu muerte se convertirá en la puerta a una vida mayor; cambiarás la muerte. La muerte te mata ahora, entonces tú matarás a la muerte.

Y la religión es el arte de matar a la muerte, es la ciencia de convertirse en néctar.

Por lo tanto, ¡ OH IDIOTA! CANTA SIEMPRE LA CANCIÓN DE LO DIVINO.

Suficiente por hoy.

Cada paso es el destino

La primera pregunta:
Pregunta 1:

AMADO MAESTRO, SE DICE QUE SHANKARA ERA UN VEDANTIN HINDU, Y TU HAS DICHO QUE SHANKARA ES UN BUDISTA OCULTO. POR FAVOR ACLARA ESTO.

Shankara es un budista oculto, un jaina oculto, un mahometano oculto, del mismo modo que Buda es un hindú oculto, un jaina oculto, un cristiano oculto... y del mismo modo que Cristo es un hindú oculto, un mahometano oculto, un budista oculto.

Aquellos que han conocido, sólo han conocido el uno; dos no están ahí para ser conocidos. Hindú, mahometano, cristiano... son sólo los nombres de la superficie, la identidad exterior; la verdad interior es una. El lenguaje puede ser diferente, pero lo que se dice no es diferente. El estilo de decir será diferente, el proceso de explicar será diferente, pero no hay posibilidad de que el sabor sea diferente, es el mismo.

Esto hay que entenderlo bien. Este malentendido, esta estupidez crea muchos disgustos. Los hindúes luchan con los mahometanos, los jainas luchan con los budistas... y debes comprender que la verdad se pierde siempre y dondequiera que haya cualquier tipo de conflicto. La verdad es asesinada en tu lucha, la falsedad es creada en tu conflicto, porque conflicto significa violencia. Entonces no importa si la violencia se expresa en conflicto físico o en conflicto mental. La violencia es violencia, da igual que el esfuerzo por destruir al otro sea físico o mental. El deseo y la mentalidad de encontrar defectos en el otro es la expansión de la violencia. Debes saber que hasta que no puedas verte a ti mismo en el contrario no habrás ido más allá de la mente, ni habrás entrado en el templo de la conciencia. Ese templo tiene muchas puertas y la entrada es posible desde todas las puertas. Y quien entra en el templo se olvida de la puerta. Nadie se acuerda de la puerta después de entrar Antes de entrar la puerta parece muy importante porque hay que entrar por ella, pero después se vuelve inútil. Antes de entrar uno estaba de cara a la puerta y después de entrar la puerta está a tus espaldas.

Todos los credos son puertas. Debes saber que no has entrado en el templo si los credos -hindú, mahometano, jaina- te siguen pareciendo muy importantes... Eso significa que sigues mirando a la puerta. Cuando hayas entrado en el templo y le des la espalda a la puerta, entonces las palabras hindú y mahometano carecerán de sentido.

El gran significado que aparecerá en el interior del templo no sólo destruirá tu credo, tu escritura, sino que también te destruirá a ti, y en esa inundación todo se ahogará.

Lo que quede después de ese diluvio es tu propia naturaleza. En ese diluvio lo que fuera el otro elemento será barrido, en ese diluvio lo que fueran las cubiertas exteriores se perderán; en ese diluvio tus relaciones se romperán con lo que fuera ajeno a tu naturaleza y sólo tú permanecerás en tu pura virginidad, en tu inocencia.

Y no puedes comprender ese ser interior sin experimentarlo; tienes que saborearlo, tienes que beberlo y embriagarte. Hasta que te embriagues, hasta que te pierdas en él después de perderlo todo, sólo entonces comenzará la piedad. El mundo permanecerá mientras tú permanezcas.

Lo divino no es hasta que tú no eres. Y lo divino comienza sólo cuando tu ego, tu identidad separada se disuelve. Shankara es un budista oculto porque dice lo mismo que dijo Buda.

Buda también era un vedantin oculto porque decía lo mismo que los Upanishads. Las vestiduras son diferentes, y a veces incluso parecen contradictorias.

Trata de entender esto. Buda se opuso a los Upanishads y a los Vedas y aún así propuso los Upanishads y los Vedas. Uno tiene que oponerse. Cuando nacieron los Upanishads, cuando nació el Ganges de los Upanishads, entonces el Ganges era muy limpio, puro; era el Gangotri, la fuente.

Después, el Ganges siguió fluyendo, miles de personas se bañaron en él, pasó por miles de pueblos, se ensució, la basura se metió en él, ríos y riachuelos se unieron a él. En Benarés, el Ganges no tiene la piedad que tiene en Gangotri. No puede ser así. Con el paso del tiempo, la fuente original pierde su pureza.

Dos mil quinientos años antes de Buda, cuando nacieron los Upanishads, su grandeza era única. Todas y cada una de las palabras que contenían eran luminosas, ¡cada línea estaba llena de lo divino!

Pero esa grandeza se perdió en la época de Buda: el espejo estaba allí, pero se le había acumulado mucho polvo. Ahora el espejo se había vuelto ciego y nada podía reflejarse en él. Un gran sistema de creencias se había levantado cerca del espejo. Aunque Buda intentara limpiar el espejo, ese credo no se lo permitiría, porque lo que Buda llama polvo, las masas lo llaman religión. La mente comunal no conoce el espejo, sólo conoce el polvo acumulado en él y piensa que ese polvo es la decoración, es la joya. La mente comunal no puede aceptar que se limpie el polvo; piensa que así se destruirá su religión.

Debido a este polvo Buda tuvo que negar este espejo. La gente no podía aceptar otro espejo hasta que éste fuera negado. Pero el otro espejo es exactamente igual que el primero; la única diferencia es que el primero había envejecido, se había deteriorado y se le había acumulado polvo.

Cuando la verdad se organiza, muere. Ahora la otra verdad vuelve a ser nueva, recién nacida, fresca como el rocío de la mañana. La nueva verdad también se hará vieja en unos días.

La verdad de Buda había envejecido cuando nació Shankara. El tiempo no perdona a nadie y lo cubre todo de polvo. Lo que hoy es nuevo mañana será viejo, el recién nacido de hoy será viejo mañana; hoy se le da la bienvenida a este mundo, mañana se le dirá adiós cuando muera.

Del mismo modo que los hombres nacen y mueren, las religiones nacen y mueren. Con el tiempo todo se vuelve viejo, débil, ruinoso e inútil. Cuando alguien muere en la casa - muere tu madre, cuánto la querías... pero cuando muere tienes que llevarla al crematorio. Si algún insensato guarda el cadáver de su madre en la casa, será difícil para los vivos vivir allí. Puede ser muy doloroso incinerar a tu madre a la que querías, pero no hay salida: un cadáver no se puede guardar en casa, hay que incinerarlo.

Pero no tratamos los sistemas de creencias con esa comprensión. Religión significa religión viva; cuando se convierte en un credo se convierte en un cadáver. Pero guardamos el cadáver con mucho cuidado; debido al hedor del credo se hace difícil respirar. La religión une, pero los credos luchan y hacen que otros luchen. Los credos se rompen y hacen que otros se rompan. Hay mucha enemistad entre un templo y una mezquita, pero no puede haber enemistad en la divinidad del templo y de la mezquita. Hay mucha enemistad entre los adoradores del templo y de la mezquita, pero el que es adorado en el templo y en la mezquita - alguien le llama 'Rama' y alguien le llama 'Allah'... estas direcciones pueden ser diferentes pero el que es llamado es uno.

Cuando la corriente de Buda llegó a Shankara se había ensuciado, había perdido su pureza: el Ganges había llegado a Benarés. Shankara tuvo que oponerse porque ahora había muchos budistas, seguidores de Buda, y era un credo numeroso. No permitieron que se limpiara el polvo, así que de nuevo hubo que hacer un espejo nuevo. Hoy la condición es la misma: se ha acumulado polvo sobre el espejo de Shankara. Siempre será así.

No adores el polvo. Busca siempre el espejo. Entonces encontrarás el mismo espejo en todos.

Cuando puedes ver el mismo espejo en todos, sólo entonces nace en ti la sabiduría.

Ésta es la única diferencia entre inteligencia y sabiduría. La inteligencia critica, se opone, debate, pero la sabiduría comunica. La inteligencia dice dónde está la diferencia y la sabiduría muestra dónde está la unidad.

La inteligencia analiza: la sabiduría sintetiza. La inteligencia traza los límites; la sabiduría destruye todos los límites. Cuando todos los límites desaparecen, se obtiene lo ilimitado.

No creas que puedes conocer lo ilimitado permaneciendo limitado. ¿Quién lo conocerá? Si estás atado y limitado, ¿quién conocerá lo ilimitado? Todo lo que conozcas será limitado. Para conocer lo ilimitado tendrás que romper todas tus limitaciones. Si ves el cielo desde la ventana, sólo verás lo que es visible a través de la estructura de la ventana, no más que eso; la ventana también limita el cielo. Si quieres ver todo el cielo, tienes que salir.

Permanece bajo el cielo abierto donde no serás ni hindú ni mahometano, porque estos son los nombres de las ventanas. Sólo tú permanecerás bajo el cielo abierto y sólo tu permanencia significa existencia pura.

Hay una manera de conocer lo ilimitado. Para conocer lo ilimitado uno tiene que convertirse en ilimitado - ésta es la única condición, porque sólo lo semejante puede conocer lo semejante. ¿Cómo puedes tú, el limitado, conocer lo ilimitado? Si intentas ver lo ilimitado, sólo verás lo que tus limitaciones pueden mostrarte.

No sólo Shankara es un Buda oculto, Buda también es un Vedantin oculto. Todo lo que está contaminado tiene que ser destruido; lo que se ha pervertido tiene que ser destruido. Todo lo que se ha convertido en ruinoso tiene que ser puesto en el fuego para que pueda haber espacio para lo nuevo. La mente dice: "Salva lo viejo"; la mente dice: "Cuida lo viejo". Pero si sigues cuidando demasiado lo viejo entonces no habrá espacio para lo nuevo. El viejo tiene que irse para que puedan entrar los niños. El árbol viejo y podrido caerá para que pueda brotar una semilla nueva.

He oído que había una iglesia muy vieja y destartalada. Estaba en tan mal estado que podía caerse en cualquier momento. La gente que solía rezar en ella también tenía miedo de entrar. Por fin, los administradores convocaron una reunión para decidir qué hacer con ella, porque ahora hasta el cura tenía miedo de entrar. La gente tenía miedo de entrar e incluso los transeúntes temían que se derrumbara en cualquier momento: cualquiera podía morir. Así que nadie pasaba por ese camino, se había convertido en un lugar solitario. Así que aprobaron tres resoluciones:

La primera fue que la antigua iglesia debía ser demolida. Se aprobó por unanimidad con gran pesar.

En segundo lugar, había que construir una nueva iglesia. Esto se aceptó con mucho dolor porque el apego a lo viejo siempre está ahí. Lo nuevo aún no ha nacido, lo nuevo aún no se conoce, así que no puede haber ningún apego con lo nuevo - el apego siempre está con lo viejo. Es por eso que si un niño pequeño muere, la angustia no es mucha. Pero la angustia va en aumento con la edad, porque la relación, el apego aumenta proporcionalmente. Lo viejo tiene que ser demolido, con gran dolor. El nuevo tiene que ser construido, solo por pura impotencia.

Y aprobaron una tercera resolución según la cual la nueva iglesia se construirá en el mismo lugar donde está la antigua, y hasta que se construya la nueva seguiremos utilizando la antigua. Para la nueva iglesia utilizaremos las piedras de la antigua. Y mientras la nueva no esté construida seguiremos utilizando la antigua. Esto también se aprobó por unanimidad. Esa iglesia sigue ahí. No puede ser demolida, porque hay un profundo apego a ella.

Sólo llamo religiosa a aquella persona que, después de renunciar a lo viejo, se dirige siempre hacia lo siempre nuevo, y así es capaz de conservar su inocencia y su pureza; alguien que sale del pasado a cada instante, igual que la serpiente que sale de su piel, y no mira atrás. Si te sintonizas con lo que siempre es nuevo, si vives en lo que siempre es nuevo, si te niegas a cargar con la vieja basura, entonces encontrarás en lo nuevo lo que es eterno. En lo eterno se esconde la piedad.

La segunda pregunta:

Pregunta 2:

AMADO MAESTRO, ANTES DE DECIRNOS QUE CANTEMOS LA CANCION DE LO DIVINO ¿POR QUE TU Y SHANKARA SE DIRIGEN A NOSOTROS COMO 'IDIOTA' CADA VEZ?

¡Porque lo eres! ¡Llamarte de otra manera sería una mentira! Cuando Shankara dice: ¡OH IDIOTA! CANTA LA CANCIÓN DE LO DIVINO, lo dice con gran amor, lo dice por compasión.

No te está maldiciendo, no te está insultando, porque Shankara no puede maldecir ni insultar; es imposible para él. Te está sacudiendo, te está despertando. Te está diciendo: "¡Levántate! Es por la mañana y sigues durmiendo". Te está llamando "idiota" porque hasta que no utilice palabras fuertes tu sueño no se verá perturbado y no te despertarás. Te llama "idiota" porque es verdad, es un hecho.

Idiotez significa inconsciencia. Idiotez significa vivir dormido. Idiotez significa carecer de discreción.

Idiotez significa no estar despierto, no ser consciente cuando estás enfadado. Entonces te vuelves más idiota porque pierdes aún más la consciencia. Pero a veces, cuando estás consciente, no eres tan idiota. Y también sabes que a veces eres menos idiota y a veces eres más idiota.

Cuando la mente está llena de apego entonces aumenta la idiotez, cuando hay pasión te vuelves más idiota. En la historia de la vida de Tulsidas se dice que cuando su esposa fue a casa de sus padres, él la siguió por la noche. Llovía y estaba oscuro. Subió a su habitación agarrado a una serpiente. Debía de estar en un estado de idiotez muy profundo para confundir la serpiente con la cuerda. Debió de ser una pasión muy fuerte. Esa pasión le dejó casi ciego; ¡ni siquiera podía ver la serpiente!

Generalmente la gente confunde una cuerda con una serpiente por miedo. La muerte asusta al hombre. Una cuerda en el camino siempre parece una serpiente. Pero esto era justo lo contrario: Tulsidas pensó que la serpiente era la cuerda. Se agarró a ella y trepó. No se dio cuenta ni siquiera al tacto; debía de estar absolutamente inconsciente. La pasión debió de volverle loco.

Al ver su estado, su mujer le dijo: "¡Si hubieras amado a Dios como me amas a mí, ya habrías alcanzado la liberación!". Se volvió, vio la serpiente y se dio cuenta de que la pasión le había dejado ciego. Se produjo una revolución en su vida. La esposa se convirtió en la maestra. La pasión le había señalado el estado no pasional. Se hizo sannyasin y fue en busca de lo divino: la energía que se gastaba en la pasión se volvió hacia Rama. La energía que se expresaba en el sexo empezó a convertirse en Rama.

La idiotez es esa energía que hoy está dormida pero mañana se despertará. Hoy está oculta, pero mañana se revelará. Esta idiotez se convertirá en tu sabiduría. Tu sueño se convertirá en tu despertar.

Así que no te enfades con él, no lo condenes y no trates de ocultar tu idiotez. La mayoría de la gente lo hace. Intentan ocultar su idiotez, ¡por lo que son aún más idiotas! Recoges información e intentas ocultar tu idiotez con esa información. Cubres las heridas internas con flores.

El conocimiento prestado de las escrituras es como estas flores, la información prestada de otros es como estas flores con las que cubres tu idiotez para ayudarte a olvidarla. La idiotez no debe ser olvidada. La idiotez debe ser recordada porque solo puede ser destruida si es recordada. Por eso Shankara sigue repitiendo: CANTA LA CANCIÓN DE LO DIVINO, CANTA LA CANCIÓN DE LO DIVINO, ¡OH IDIOTA!

Viendo tu inconsciencia, sigue repitiéndolo por compasión para que no olvides que eres idiota. Haces todo lo posible por olvidarlo. Haces todo lo posible para olvidar que eres un idiota. Crees que eres una persona con muchos conocimientos. Sólo una persona que sabe mucho sabe que no sabe nada. Todos los ignorantes creen que saben.

El ignorante no está dispuesto a aceptar que no sabe. Sólo la persona con más conocimientos está dispuesta a cuestionar sus propios conocimientos.

Edison ha dicho: "La gente dice que sé mucho. Pero la realidad es que un niño en la orilla del mar que ha recogido unas cuantas conchas.... Mi conocimiento es sólo eso: unas pocas conchas en mis manos y ahí está ese vasto mar que no conozco".

Tu pequeño conocimiento te parece grande. Has encendido una pequeña lámpara; su tenue luz es capaz de iluminar un pequeño lugar y piensas que es un gran conocimiento. Pero no eres consciente de la oscuridad ilimitada que te rodea. Cuando comprendas tu idiotez entonces dirás: "¿Es esto conocimiento, esta tenue luz? He recogido algunas conchas marinas en mi mano y creo que me he convertido en un conocedor. Pero el viaje del conocimiento es interminable, la búsqueda es ilimitada". Entonces también renunciarás a ese conocimiento.

El día que seas consciente de tu idiotez, el día que seas consciente de que eres un idiota, tu idiotez empezará a disolverse, porque esa consciencia te sacará de ella. La idiotez es inconsciencia; empezará a disolverse con la consciencia.

Los psicólogos dicen que un loco se recuperará si se da cuenta de que está loco. Un loco nunca sabe que está loco, piensa que el mundo está loco.

Kahlil Gibran ha escrito que uno de sus amigos se volvió loco, así que fue a visitarlo al manicomio. El amigo estaba sentado en un banco del jardín de dicho manicomio. Gibran se sentó cerca de él y le dijo: "Siento mucho verte aquí".

El amigo miró atentamente a Gibran y le dijo: "¿Perdón por qué?".

Gibran respondió: "Para ver que tenías que venir a este manicomio".

Aquel amigo loco se echó a reír y dijo: "Te equivocas. Desde que he venido aquí he encontrado la compañía de gente cuerda. Fuera todos están locos; tengo la suerte de librarme de ellos. ¿Crees que esto es un manicomio? No, el manicomio está fuera de estos muros. Aquí sólo viven unos pocos cuerdos".

Un demente no puede comprender que está loco. Si tuviera esa comprensión no se habría vuelto loco. Si comprende que está loco, la locura desaparecerá.

Si por la noche, mientras duermes, te das cuenta de que estás soñando, dejas de soñar. Para soñar es necesario que no recuerdes que estás soñando. Por la mañana lo recordarás cuando el sueño haya terminado. Mientras estés soñando te parecerá real. Pero si justo en medio del sueño recuerdas que es un sueño, se acabará.

Gurdjieff solía decir a sus discípulos que antes de romper los sueños grandes debían aprender a romper los sueños pequeños. Este gran mundo es una ilusión, un gran sueño; no puedes romperlo hasta que rompas los sueños pequeños. ¿Cómo puedes detener el sueño diurno si no puedes detener el sueño nocturno? Por eso Gurdjieff solía decir a sus discípulos que, cuando se fueran a dormir por la noche, se recordaran a sí mismos que, cada vez que empezaran a soñar, debían recordar inmediatamente que se trataba de un sueño.

Se necesitan unos tres años para romper el sueño nocturno. Durante tres años seguidos, cada noche al irte a dormir, si sigues pensando, contemplando, meditando en este pensamiento, entonces llega ese momento -ese momento afortunado- en el que de repente recuerdas que esto es un sueño. Y este recuerdo rompe el sueño y la conciencia incluso entra en el sueño. A partir de ese momento el sueño se detiene.

Entonces se acabaron los sueños.

Sólo después de esto puedes despertar en el gran sueño - este sueño de los ojos abiertos es el gran sueño.

El sueño nocturno es personal, privado, solitario. Es absolutamente privado. Ni siquiera un marido puede llamar a su mujer a soñar. Ni siquiera un amigo puede llamar a otro amigo a su sueño. Este sueño es solitario; nadie más puede participar en él.

Pero este gran sueño es colectivo, público. Es muy difícil romperlo porque no es sólo tuyo, es de todos, colectivo y conjunto. Pero si el primer sueño se rompe, entonces ese recuerdo puede romper este sueño también. Ese recuerdo es suficiente. Incluso estando despierto uno debería ser capaz de recordar que esto es un sueño. Solo piensa, si alguien te ha maldecido o insultado y tu recuerdas que esto es un sueño, entonces sera imposible que pierdas los estribos. Si algo valioso se rompe y recuerdas que es sólo un sueño, no serás infeliz. Si tu mujer o tu marido o tu hijo mueren, entonces será difícil recordar que todo esto es un sueño, pero si puedes hacerlo entonces tu agonía desaparecerá.

La persona que ha comprendido que esto es un sueño se convierte en un buda, en un jinna; ni la muerte ni la vida son capaces de vacilarle. La felicidad, entonces, no le parece felicidad y la infelicidad no le parece infelicidad. Ésta es la sabiduría suprema: ¡ni la felicidad ni la agonía le afectan!

Shankara te está recordando una y otra vez que eres un idiota, así que no te enfades. Si te enfadas entonces estás demostrando que

Shankara tiene razón al llamarte idiota. Tal vez eres un gran idiota y Shankara te está llamando sólo un idiota, está dudando. No insistas en demostrar que no eres idiota, de lo contrario esta insistencia reforzará tu idiotez. Debes aceptarlo. Tu aceptación disolverá tu idiotez.

No sólo debes aceptarlo, sino que también debes recordarte a ti mismo a cada momento que eres un idiota: eres inconsciente, ignorante y demente. Entonces tu conciencia se moverá en una nueva dirección, tu cualidad interior cambiará, tus acciones cambiarán. Si tan sólo pudieras recordar que no eres sensato, entonces ése sería el comienzo de que te vuelvas sensato.

Darse cuenta de la propia ignorancia es el primer paso hacia el conocimiento. El esfuerzo por encender el fuego, la luz, comienza sólo después de comprender la oscuridad. Si uno no conoce la oscuridad como oscuridad y la ceguera como ceguera, no intentará curar sus ojos. Cuando vas al médico, no te da la medicina de inmediato. Primero intenta diagnosticar la enfermedad y luego administra el medicamento. Si el diagnóstico es correcto, entonces es fácil administrar el tratamiento. Por eso todos los grandes médicos cobran por el diagnóstico y no por el tratamiento, porque después del diagnóstico cualquiera puede dar las medicinas. Una vez diagnosticada la enfermedad, su tratamiento será fácil.

Shankara te lo dice una y otra vez: ¡OH IDIOTA! CANTA LA CANCIÓN DE LO DIVINO. Él ha diagnosticado tu enfermedad. La idiotez es tu enfermedad y CANTAR LA CANCIÓN DE LO DIVINO es el tratamiento. Pero si no eres idiota, ¿para qué vas a cantar la canción de lo divino? Si no te consideras enfermo, entonces ¿por qué tomarías el tratamiento? Si sigues protegiendo tu enfermedad, si sigues afirmando que tu enfermedad es tu salud, entonces por supuesto que eres incurable, nadie puede tratarte.

La tercera pregunta:

Pregunta 3:

AMADO MAESTRO, DURANTE LA CATARSIS EXPRESO SÓLO EMOCIONES NEGATIVAS, IRA, CELOS, ANGUSTIA, ETCÉTERA. ¿POR QUÉ NO EXPRESO AMOR, DEVOCIÓN, DICHA Y EMOCIONES RELIGIOSAS? ¿ACASO NO LAS POSEO?

Están en ti, pero son un poco más profundas. Cuando se excava un pozo, lo primero que sale son piedras, guijarros y barro, y no el agua. También depende del terreno. En algún lugar el agua está a treinta pies y en algún lugar el agua está a sesenta pies de profundidad. El agua esta ciertamente alli. Toda tierra tiene agua debajo, pero la diferencia es la profundidad.

Una persona de mente sencilla conseguirá el agua pronto, quizá a dos, tres o diez pies, y si una persona complicada excava, puede que la consiga a cincuenta o sesenta pies. Una persona de mente inocente la conseguirá rápidamente, pero un hombre violento y furioso tardará mucho tiempo en alcanzar el nivel del agua. La diferencia está en las capas de la tierra. El agua está debajo de toda la tierra. El alma está ahí en todos, la piedad está ahí en todos - la diferencia está en las capas de las acciones pasadas. Cuando empiezas a cavar no puedes obtener directamente lo divino, solo obtendras las capas de acciones porque estas lo rodean. Cuando empiezas a cavar el pozo, sólo obtienes piedras y guijarros. No te desanimes por esto. De hecho, este es un buen comienzo; estas cosas dan la señal de que el viaje ha comenzado. Sí, primero saldrán piedras y guijarros, luego basura, luego tierra buena y luego tierra húmeda. Cada día estás más cerca. Cuando veas la tierra mojada debes saber que el agua no está muy lejos.

El agua está dentro de todos, porque no se puede vivir sin agua. La vida está dentro de todos, ¿cómo puedes existir sin vida? Puedes haberla escondido, puedes haberla cubierto, pero no puedes destruirla.

El alma puede ser cubierta con tus actividades pero no puede ser destruida. Hemos suprimido el alma en nacimiento tras nacimiento, así que la catarsis tiene que hacerse según el grado de supresión. Por lo tanto, no te desanimes.

"Durante la catarsis sólo expreso emociones negativas, ira, celos, angustia, etcétera".

Está bien. Son buenas señales. Tíralas. Cuando catates absolutamente entonces te encontrarás con las otras corrientes ocultas. El día que la ira sea arrancada y expulsada de ti, a partir de ese día obtendrás compasión, porque la compasión es la otra cara de la ira. En el momento en que la violencia termine en ti, nacerá en ti la no violencia.

Sigue cavando mientras sigas teniendo estas emociones negativas - las emociones positivas están escondidas en algún lugar debajo de estas. Pero hay que excavar y no puedes ser perezoso.

Es necesario un trabajo continuo, una vigilancia continua, porque es posible que sigas cavando con una mano y volviendo a poner las piedras y la tierra con la otra.

Por la mañana expulsarás la ira mientras meditas, pero acumularás ira todo el día en el mercado. Entonces esta excavación será inútil. Será como cavar un pozo durante el día y llenarlo de piedras por la noche y tener que volver a cavarlo al día siguiente.

Hay una historia que utilizó Jesús: Un hombre sembró trigo en un campo, pero alguien puso en él semillas de plantas silvestres y malas hierbas para destruir el campo. Los criados se preocuparon mucho. El jefe de los sirvientes convocó una reunión para pensar qué hacer y cómo salvar la cosecha. Preguntaron al amo. Este respondió: "Si empezáis a arrancar las plantas silvestres, también morirán las plantas de trigo. Las dos pueden separarse en el momento de la cosecha".

Pero esto no gustó a los criados. Dijeron que había que escardar pronto el campo.

El mal debía ser destruido lo antes posible. Decidieron buscar a la persona que había hecho la travesura "¿Quién podría ser enemigo de nuestro amo, que es un caballero cabal?". Intentaron averiguarlo pero no lo consiguieron.

Una noche, un criado se acercó al criado principal y le dijo: "Perdóname, pero no puedo seguir ocultando este secreto. Sé quién ha echado las semillas de estas plantas silvestres en nuestro campo. Yo mismo he visto a esa persona porque estaba despierto en ese momento y le vi entrar en el campo. Pero tal vez no estaba consciente en ese momento, porque yo estaba de pie frente a él, pero no me vio ni me reconoció; tal vez estaba dormido. He guardado este secreto mucho tiempo pero ahora es difícil mantenerlo".

El jefe de los criados se enfadó mucho y le preguntó por qué había guardado el secreto hasta ahora. ¿Por qué no se lo había contado antes? El criado respondió: "Ni siquiera ahora tengo valor para contártelo, pero no puedo guardármelo por más tiempo. Así que será mejor que escuches primero toda la historia".

El jefe de los sirvientes dijo: "Debes decirme el nombre de ese hombre. Será castigado". El criado se sentó con la cabeza inclinada. El jefe le preguntó: "¿Por qué no dices su nombre? ¿Por qué tienes miedo?

El criado respondió: "No me creeréis. Es nuestro amo quien ha arrojado las semillas de las plantas silvestres al campo. Es nuestro amo". Entonces ambos decidieron guardarse el secreto.

Esta historia de Jesús dice que todo lo que construyes de día lo derribas de noche. Todo lo que construyes durante el día cuando estás consciente, lo destruyes por la noche cuando estás inconsciente.

Hay personas que caminan dormidas. Ha habido casos en los tribunales: una mujer se levanta por la noche, prende fuego a su ropa y se vuelve a dormir. No engaña a nadie porque es su ropa, que es muy valiosa y le gusta mucho. Pero por la mañana, cuando se levanta, grita que alguien le ha quemado la ropa. Pero nadie ha entrado en la habitacion; solo el marido y la mujer estan durmiendo en esa habitacion y nadie mas ha entrado. El marido no ha podido quemarlas y ¿cómo puede la mujer hacer algo así? Sí, ¡podría ser obra de algún fantasma! Pero después de muchas investigaciones se descubrió que era la esposa la que quemaba su propia ropa; tenía la costumbre de ser sonámbula. Hay algunas personas que van a la cocina dormidas, comen algo y vuelven a dormir. Si se les pregunta por la mañana, lo negarán y dirán que nunca se levantaron por la noche. A lo sumo pueden recordar que vieron un sueño; tampoco eso lo recuerdan con claridad.

En realidad, todos los individuos padecen esta enfermedad. Lo que haces con una mano lo destruyes con la otra. Odias a la persona que amas. Le faltas al respeto a la persona que respetas mucho. Eres contradictorio; estás dividido en muchos pedazos, en muchas partes dentro de ti mismo. Destruyes tu amor con tu odio y destruyes tu compasión con tu ira.

Vas al templo a recordar a Dios y empiezas a recordar el mercado, la tienda. No había necesidad de ir al templo, podías haberte sentado en el mercado. Pero el problema contigo es que cuando estás sentado en tu tienda sigues recordando el templo, y cuando estás en el templo sigues pensando en la tienda.

He oído que un sannyasin murió. Ese mismo día también murió una prostituta. Habían vivido en casas enfrentadas. Cuando los ángeles vinieron a llevárselos, se llevaban al sannyasin hacia el infierno y a la prostituta hacia el cielo. El sannyasin dijo: "¡Parad! Parece que habéis cometido un error. Estáis haciendo justo lo contrario: ¡llevándome a mí, el sannyasin, al infierno y llevando a esta prostituta al cielo! Debes haber malinterpretado tus instrucciones y es muy natural.

Incluso los gobiernos ordinarios cometen errores, así que puede haber un error en la administración de este universo. Será mejor que lo averigües antes".

Los ángeles también empezaron a dudar. Dijeron que nunca había habido ningún error "... pero está bastante claro que tú eres un sannyasin y ella una prostituta". Fueron a comprobarlo y no había ningún error: la prostituta debe ser llevada al cielo y el sannyasin al infierno. "Si insiste en saber la razón entonces dile esta razón...."

La razón era que el sannyasin vivía en el templo pero siempre estaba pensando en la prostituta. Mientras adoraba a Dios su mente pensaba en la prostituta. Y cuando por la noche había cantos y bailes, bebida y alegría en la casa de la prostituta, este sannyasin se perdía todo eso y pensaba que había desperdiciado su vida sentado en ese templo vacío. Se diría a sí mismo: "¿Qué hago sentado ante esta imagen de piedra? Ni siquiera sé si Dios existe o no". Dudaba de Dios. No podía dormir en toda la noche; seguía soñando con pasárselo bien con la prostituta.

Y la actitud mental de la prostituta era justo la contraria. Era prostituta, así que tenía que entretener a la gente bailando, pero siempre estaba pensando en el templo. Cuando sonaban las campanas del templo, pensaba: "¿Cuándo llegará ese día afortunado en que pueda entrar en el templo? Soy la persona más desafortunada. Toda mi vida está desperdiciada, está sucia. ¡Oh Dios! Por favor, hazme sacerdotisa en mi próximo nacimiento. Me consideraré muy afortunada incluso si me convierto en polvo en los escalones del templo para que la gente que venga a adorarme me toque con sus pies. Eso será más que suficiente para mí".

Cuando percibía el aroma del incienso del templo, se perdía en el éxtasis. Daba gracias a Dios por mantenerla cerca del templo. Pensaba que hay mucha gente que vive lejos del templo, pero "yo tengo suerte de estar tan cerca, aunque soy pecadora". Se sentaba y cerraba los ojos cada vez que el sacerdote celebraba el culto.

El sacerdote pensaba en la prostituta y la prostituta pensaba en el culto. El sacerdote fue al infierno y la prostituta fue al cielo.

El hombre siempre está en un dilema. Piensa en el templo cuando está en el mercado. El cabeza de familia, el padre de familia, piensa en hacerse sannyasin, y los sadhus siguen arrepintiéndose y pensando que quizá se equivocaron al renunciar al mundo: puede que esta vida sea todo lo que hay y estamos soñando con la otra vida. El cielo y la liberación, ¿quién los ha visto?

A veces vienen a verme algunos sannyasins ancianos, sannyasins honestos, porque los deshonestos nunca dicen esto a nadie, se lo guardan para sí mismos. Sí, los sannyasins honestos a veces vienen y me dicen: "Ya tenemos setenta años; hace cuarenta que nos hicimos sannyasins pero hasta ahora no hemos conseguido nada, y ahora hemos empezado a dudar de si hay algo que merezca la pena de todo este esfuerzo. ¿Hemos malgastado nuestra vida? No disfrutamos de lo que teníamos y hemos malgastado nuestra vida con la esperanza de conseguir algo que no es". Estas son personas honestas. Lo que dicen es auténtico, no ocultan nada.

Si llegas a conocer las historias internas de tus sannyasins te sorprenderás, y te resultará difícil inclinar la cabeza a sus pies. Piensas que han alcanzado la dicha, que han alcanzado la paz, que han alcanzado a Dios, pero la mayoría de ellos no han alcanzado nada, están en peores condiciones que tú. No hay duda de que han perdido su mundo y no han alcanzado a Dios.

Este es un asunto complicado. Renunciando o abandonando el mundo no se alcanza lo divino. El hecho es que si realizas lo divino entonces el mundo se pierde. La luz no puede crearse eliminando la oscuridad; la llegada de la luz elimina la oscuridad.

Por lo tanto, Sannyas no es negativo, es positivo. Primero uno tiene que alcanzar, luego uno se da por vencido. Y esto también es correcto. ¿Cómo puedes renunciar a lo fútil hasta que hayas visto lo significativo?

La visión de lo significativo da el valor para renunciar a lo no esencial. Después de ver lo significativo, automáticamente se abandona lo no esencial. No tendrás que hacer el esfuerzo de renunciar, no tendrás el dolor de renunciar; tus pasos irán hacia lo significativo con gran alegría, nunca mirarás atrás. Sólo es sannyasin quien no mira atrás. Mirar atrás significa que el sannyas es inmaduro.

Al principio tienes que sacar las emociones negativas que están ocultas en ti. Al principio hay que expulsar la enfermedad. Cuando la enfermedad haya sido expulsada, cuando se haya hecho la catarsis, entonces aparecerá la salud. No tengas miedo. Eres afortunado, tienes la oportunidad de expulsar la enfermedad. Si la enfermedad es expulsada, entonces el agua de la salud no está muy lejos. Tienes suciedad en la capa superior; una vez eliminada, el agua que hay en ti es tan pura como la de Mahavira, Buda y Shankara. Tu naturaleza más íntima, tu ser, es exactamente el mismo. No hay ninguna diferencia, no puede haberla. El "significado" de la naturaleza es que no hay diferencia.

Pero para llegar a esa naturaleza hay que excavar mucho. Cuanto antes lo hagas, mejor. Y debes tener cuidado con una cosa, y es que todo lo que tires no lo vuelvas a meter en la fosa. De lo contrario, trabajarás toda tu vida y no conseguirás nada. Mucha gente empieza a cavar muchas veces.

Había un gran faquir sufí, Jalaluddin Rumi. Un día llevó a sus discípulos a un campo cercano. Les mostró cómo el campo había sido estropeado por el propietario; estaba lleno de grandes agujeros. Había empezado a cavar un pozo, pero no encontró agua después de cavar a cuatro o cinco metros de profundidad, así que empezó a cavar en otro lugar. Al no encontrar agua ni siquiera en el segundo lugar, empezó a cavar en el tercero. Así cavó en ocho lugares y ahora estaba cavando en el noveno. Así había echado a perder todo el campo.

Jalaluddin dijo: "¡Mira a este hombre! Si se hubiera concentrado en un lugar y hubiera trabajado duro sólo en un lugar, seguramente habría encontrado agua, por muy profunda que fuera. Pero sólo cava tres o cuatro metros y piensa que allí no hay agua, así que lo intenta en otro lugar. Ha cavado ocho hoyos y en total ha cavado ciento sesenta pies de profundidad, y ni siquiera así ha podido encontrar agua. Pero si hubiera cavado ciento sesenta pies de profundidad en un solo lugar, sin duda habría encontrado agua.

También empezarás a cavar muchas veces en la vida. A veces empiezas a meditar y por entusiasmo lo haces durante quince días o un mes y luego te olvidas de ello. Entonces piensas en ello otra vez después de cuatro años, empiezas a cavar y te vuelves un poco pacífico y entonces te olvidas de la meditación otra vez. Así cavarás muchos hoyos pero no alcanzarás el nivel del agua. Tu campo se echará a perder.

Si te acostumbras a abandonar después de cavar durante unos días, será mejor que no hayas cavado, porque habrás desperdiciado el trabajo. Si no se alcanza el nivel del agua, todo el trabajo se echa a perder. Se necesita continuidad. Y recuerda que así como el goteo continuo del agua rompe las piedras, el goteo continuo de la meditación ciertamente romperá las grandes rocas que te rodean.

Hoy puede parecer que tu ira es muy fuerte, ¿cómo puede romperla la meditación? Pero se rompe, siempre se ha roto. La roca es muy fuerte y la meditación es muy delicada, pero éste es el misterio de la vida: la continuidad de lo delicado puede romper lo más fuerte y lo más duro.

La cuarta pregunta:

Pregunta 4:

AMADO MAESTRO, TU DICES QUE PERDERSE CANTANDO LA CANCION DE LO DIVINO ES UNA INTOXICACION. TAMBIEN DICES QUE LA ALEGRIA SE PIERDE CUANDO ESTAS BUSCANDO ALEGRIA MIENTRAS NADAS, JUEGAS, MEDITAS, Y LA ALEGRIA TE BUSCA CUANDO ESTAS INMERSO EN ELLAS. POR FAVOR, EXPLIQUE Y ACLARE LOS LIMITES DE LA INMERSION, LA CONCIENCIA Y LA INCONSCIENCIA.

Cantar el canto de lo divino para perderse es una intoxicación, pero perderse cantando no es una intoxicación.

Permítanme repetirlo: es un poco complicado. Es sutil pero se puede entender. Para perderse, cantar la canción de lo divino es un intoxicante. Si sólo quieres perderte.... La vida está llena de preocupación, angustia, dolor, tensión, perturbación, miseria; para olvidarse de esto, para salvarse de todo esto, uno tiene que ocuparse o involucrarse en algún sitio para poder olvidarse de sí mismo. Así que alguien se sienta en el cine y se olvida de sí mismo; alguien se sienta en el bar de vinos y se olvida de sí mismo durante dos horas; alguien va al templo, empieza a cantar la canción de lo divino y se olvida de sí mismo. Todos estos son métodos diferentes de olvidarse de uno mismo. Pero el objetivo de los tres es el mismo: olvidar tus preocupaciones. Pero las preocupaciones están esperando a que vuelvas a casa. Cuando vuelvas a casa serás el mismo.

Esas dos horas fueron desperdiciadas, fueron inútiles. Por esas dos horas la preocupación no va a desaparecer.

La búsqueda de algo con lo que puedas olvidarte de ti mismo es embriagadora, es como el alcohol. Para ello puedes hacer que la religión sea como el alcohol. Pero perderse cantando la canción de lo divino es algo totalmente distinto. No fuiste allí para perderte, no tenías ningún deseo de olvidarte de ti mismo, no fuiste allí para salvarte de la preocupación; habías ido allí para despertar de la preocupación.

No hay que olvidar la preocupación, sino destruirla. Fuiste a destruir la preocupación, a comprender la esencia de la vida; fuiste a crear un momento en la vida en el que la preocupación se hiciera imposible, un momento en el que no hubiera perturbación, ni inquietud; habías ido en busca de tu naturaleza.

Habías ido en busca de fuentes profundas de agua. No habías ido a olvidar, sino a despertar. Pero te perdiste mientras meditabas. Este tipo de perderse no es un intoxicante. Si esto es un intoxicante entonces este intoxicante es de conciencia. En esto te perderás y sin embargo permanecerás despierto. Te encontrarás absolutamente acabado y al mismo tiempo, por primera vez, lo estarás. Por un lado encontrarás que todo está perdido y por otro lado encontrarás que todo se ha vuelto nuevo.

Eres y, sin embargo, no eres. Esto sólo puedes comprenderlo por experiencia.

En la meditación hay un momento en el que no eres -no hay "yo" en ese momento; sólo la existencia es, sólo tu ser es. El "yo" se pierde, sólo existe la existencia. No hay pensamiento, no hay ego; el espejo de la mente está absolutamente limpio, no hay polvo en él. Lo divino se refleja en ese espejo limpio. Este es un maravilloso momento de paz, esta es la experiencia única del samadhi.

Pero no fuiste allí para perderte, fuiste para transformarte, fuiste para cambiarte a ti mismo. No fuiste para perderte, fuiste para acabar; no fuiste para descansar un rato, fuiste para revolucionar toda tu vida.

La meditación puede hacerse de dos maneras: la primera es que sólo quieras olvidarte de ti mismo y la segunda es que quieras transformarte. Y obtendrás los frutos de la que sea la verdadera razón dentro de ti. Cosecharás lo que siembres.

Si en la meditación siembras la semilla de acabarte a ti mismo, entonces en la cosecha encontrarás que estás acabado; sólo queda la piedad. Si en la meditación siembras la semilla de olvidarte de ti mismo, entonces descubrirás que incluso la meditación se ha convertido en un intoxicante; te olvidas de ti mismo por un momento pero después sigues igual. Vuelves a tu condición original, tal vez peor que antes, porque incluso ese momento se desperdició, fue inútil.

Así que definitivamente digo que perderse cantando la canción de lo divino es un intoxicante - si lo haces para perderte. Pero si lo haces para acabar contigo mismo, entonces no es una intoxicación, es un despertar, es conciencia.

Y recuerda siempre que cuando vas en busca de la alegría, del éxtasis, entonces no lo encontrarás porque esa misma búsqueda se convertirá en un obstáculo. Te perderás la alegría siempre que la busques, porque sólo la obtienes cuando no la pides. La alegría y el éxtasis son sólo para los emperadores y no para los mendigos. Cuando vas con un tazón de limosna no obtienes alegría; te llega cuando te pones de pie como un emperador. No la obtendrás mientras la pidas. Sólo la obtendrás cuando dejes de pedirla. Entonces vendrá corriendo hacia ti desde todas partes. La regla más importante de la vida, la ley religiosa más antigua de la vida, es que no serás capaz de alcanzar la alegría y la dicha cuando sigas corriendo tras ella.

Intenta entenderlo así: has olvidado el nombre de alguien. Dices: "Lo sé, pero no lo recuerdo. Lo tengo en la punta de la lengua". Pero si lo tienes en la punta de la lengua, ¿por qué no lo dices? Cuanto más intentas recordarlo, más difícil te resulta hacerlo. Cuanto más lo intentas, más lo olvidas. Y tú sabes que lo sabes. Te esfuerzas y empiezas a sudar. ¿Cuál es el problema?

En realidad, cuando sigues intentando recordar creas tensión en tu interior, y esa tensión afecta a la mente: se estrecha, se encoge, no queda espacio en ella. Entonces te rindes y te pones a leer el periódico, o te vas al jardín o te pones a tomar el té. Justo cuando te olvidas de intentar recordar el nombre, de repente, como un flash, el nombre aparece en tu mente y lo recuerdas. Cuando estás haciendo un esfuerzo te sientes perturbado, inquieto. Este esfuerzo provoca tensión.

Cuando abandonas el esfuerzo y estás en paz contigo mismo, entonces automáticamente el nombre se recuerda.

Éxtasis, dicha es tu naturaleza. Te encoges cuando haces un esfuerzo. Está dentro de ti, no hay que traerlo de ninguna parte.

Pero te encoges tanto que no queda espacio. Debes haber visto que cuanto más te apresuras, más te retrasas. Si tienes prisa por coger el tren, sigues poniendo los botones en los agujeros equivocados. Con las prisas, no puedes cerrar bien la maleta. Cuando sales con prisa te dejas la llave o el billete en casa, por lo que llegar a tiempo a la estación resulta inútil.

Y también sabes que si hubieras hecho todas estas cosas sin tensión, sin prisa, entonces todo se habría hecho muy convenientemente. Todos los días te abrochas bien el abrigo, nunca hay un error en ello; pero el día que tienes prisa el botón está en el agujero equivocado. El abrigo no es tu enemigo, el abrigo no intenta vengarse de ti; el abrigo no tiene nada que ver contigo.

Pero las prisas te alteran, te preocupan y tu mano se vuelve inestable. Cuando haces las cosas con confianza y certeza entonces todo se hace a tiempo. Pero a causa de la preocupación te retrasas. Si intentas correr rápido, llegarás tarde; cuanto más despacio vayas, antes llegarás.

Suena paradójico pero no lo es, porque la paciencia es una gran fortaleza, y no pedir nada es una gran confianza en uno mismo.

Obtienes alegría, dicha, éxtasis cuando no lo estás buscando. Entonces el festival del éxtasis, de la alegría comienza desde todos los lados - desde dentro y desde fuera. Abandona la búsqueda. No lo pidas. No hagas de la meditación un medio, sino un fin. No pienses que estás meditando para conseguir la dicha. No, la meditación en sí misma es una dicha, un gozo. No debes hacerlo con la idea de alcanzar la dicha. La dicha, la alegría está en hacerlo. Cuando el medio se convierte en el fin, entonces has alcanzado el destino. No tienes que ir a ninguna parte. Tu piedad aparece dondequiera que estés. ¿Dónde puedes ir? No conoces la dirección de Dios, no tienes ningún indicio de su paradero, ¿dónde vas a buscarlo? ¿Dónde buscarás la dicha? ¿Dónde buscarás la verdad? ¿Dónde buscarás la liberación? Es mejor que te sientes tranquilamente.

Seguro que has visto las estatuas de Buda, de Mahavira, de Shankara. No parece que caminen, corran o vayan a ninguna parte, simplemente están sentados en silencio. En sus rostros no hay expresión de búsqueda alguna. Mira la cara de Mahavira con atención: no hay prisa en su rostro. ¿Muestra su rostro la expresión de que está buscando algo? Simplemente está sentado. No hay búsqueda, ni deseo, ni expectativa, ni futuro, sólo aquí y ahora.

Si has visto las estatuas de Buda, Mahavira y Shankara, verás que todo su mensaje es "ahora y aquí". Están sentados pacíficamente, no van a ninguna parte, no se convierten en nada, no alcanzan nada, no corren por ningún deseo. Y entonces, ¡todo sucede en ese momento! El cielo llueve.

La última pregunta:

Pregunta 5:

AMADO MAESTRO, ¿CANTAR LA CANCIÓN DE LO DIVINO, COMO LA ORACIÓN, ES TAMBIÉN UNA EXPRESIÓN DE AGRADECIMIENTO?

La oración es la semilla, el bhajan, cantar la canción de lo divino, es el árbol. La oración está oculta, no se expresa, el bhajan es la expresión. Bhajan es la oración que baila, la oración que canta. Bhajan es la expresión de la oración. Si quieres ver la oración, tendrás que mirarla en Mahavira y Buda.

Si quieres ver bhajan entonces mejor mira a Meera y Chaitanya. Bhajan es la oración expresada. Lo que permanece dentro de Mahavira y Buda fluye fuera de Meera y Chaitanya. Lo que está estático dentro de Buda y Mahavira ha comenzado a danzar en Meera y Chaitanya. Bhajan es la expresión de la oración.

Puedes entenderlo así. Supongamos que estás enamorado de alguien. Puedes guardártelo para ti, no hay necesidad de decir nada al respecto. No importa incluso si no dices: "Te amo". Puedes guardar tu amor dentro de ti. Normalmente las mujeres no hablan de su amor a nadie, se lo guardan para ellas mismas. No hace falta decir que se ama, porque la propia experiencia del amor es suficiente en sí misma. Pero el amor se expresa, a veces en una canción, a veces en el tacto de la mano, a veces en la expresión de los ojos, y a veces también en silencio. Y cuando el amor se expresa, las flores florecen, la semilla no se queda en semilla. Ambas cosas son bellas.

Hay dos tipos de personas en el mundo. Para algunos la oración es suficiente - no hay necesidad de decir nada - esos alcanzarán a Dios en su vacío, en su silencio. Pero esto no es suficiente para el otro tipo de personas. A menos que sea más que suficiente, no es suficiente para ellos, tienen que desbordarse. Tienen que seguir fluyendo, expresando su éxtasis interior. Por eso Meera baila. Buda no se expresó de esta manera, pero Meera sí; y ambas son hermosas, ambas maneras son buenas. Debes conocer tu propia naturaleza. Si quieres guardarla para ti mismo, no importa, y si quieres distribuirla, tampoco importa. Y no comparo las dos cosas. La semilla es bella porque de ella brotan las flores, y la flor es bella porque se convierte en semilla. Están interconectadas.

Lo expresado y lo no expresado, lo manifiesto y lo no manifiesto, ambos están conectados. Debes descubrir tu naturaleza, tu temperamento, y elegir lo que más te atraiga. Pero recuerda que el bhajan es expresión y la oración es silencio.

La pregunta es: "Al igual que la oración, ¿cantar el canto de lo divino es también una expresión de agradecimiento?".

No, la oración es agradecimiento y el bhajan es gratitud con éxtasis. La oración dice: todo lo que se me da es mucho; estoy plenamente satisfecho y contento con lo que se me da. Pero el bhajan dice que todo lo que se me da es más de lo necesario, no puede contenerse, tiene que distribuirse. El bhajan se expresa bailando; no es silencioso, habla. Tiene su propia belleza.

La oración es una canción no cantada, el cuadro oculto en la mente del pintor que no ha tomado forma en el lienzo. Es la estatua oculta en la piedra que no ha sido esculpida con el cincel.

Bhajan es la estatua visible. La piedra ha sido cortada, el cincel ha hecho el trabajo. Bhajan es la canción que se canta.

Un amigo vino a ver a Rabindranath cuando estaba a punto de morir, sólo dos días antes de su fallecimiento. Le dijo: "La tuya ha sido una vida muy exitosa. Ahora no hay nada de lo que preocuparse o arrepentirse". Ambos eran amigos desde la infancia y ahora los dos eran ancianos. Él dijo: "Puedes morir en paz. Yo no he conseguido nada en esta vida, la he malgastado, así que no moriré en paz. Has cantado tantas canciones".

Rabindranath ha cantado seis mil canciones. Ningún otro poeta en este mundo ha cantado tantas canciones.

El poeta Shelley es muy famoso en Occidente, pero sus canciones son unas tres mil, mientras que las de Rabindranath son seis mil, y a esas seis mil canciones se les puede poner música.

El viejo amigo le dijo: "Te han dado el premio Nobel; te han llovido honores, puedes morir en paz. Claro que moriré sin paz, pero puedes dar gracias a Dios mientras te despides del mundo".

Rabindranath escuchó lo que decía su amigo. Luego dijo: "Bueno, no he podido cantar la canción que quería cantar, todavía está dentro de mí como una semilla. Estas seis mil canciones son los esfuerzos infructuosos por cantar esa única canción. He intentado muchas veces cantar esa canción que está en mí como una semilla, pero he fracasado todas las veces. Puede que te hayan gustado esas canciones, pero son las historias de mi fracaso. Mi canción aún no ha sido cantada. Aún no la he cantado, y Dios ha venido a llevarme. Hace un momento estaba afinando mis instrumentos; con gran dificultad pude afinar mi sitar. La gente pensaba que estaba cantando. No, estaba afinando mis instrumentos. Ahora he madurado lo suficiente, los instrumentos están listos, mi espíritu está listo, el momento de cantar acaba de llegar, pero ya es hora de partir. Sí, me quejo a Dios".

Rabindranath no podía sentarse como Buda bajo un árbol. Quería cantar la canción de lo divino.

Rabindranath ha criticado mucho a Buda, no por antipatía, sino por amor y gratitud. Pero Buda nunca atrajo a Rabindranath: le tenía aprecio, pero Buda sentado en silencio como una estatua de piedra no le atraía. Pero los faquires baules sí le atraían, los faquires, los sadhus que bailaban con la ektara. Esta es la diferencia de los individuos. Rabindranath respetaba a Buda, no tenía nada contra él, pero eran dos tipos diferentes.

La personalidad del bhajan es diferente y la individualidad de la oración es diferente. La oración es silenciosa, el bhajan es discurso, palabras, expresión. La oración es silenciosa, tranquila.

La gente que reza ha dicho, los sufíes han dicho, si tu mano izquierda está rezando tu mano derecha no debe saberlo. Debe hacerse en la oscuridad de la noche. Si un marido reza, la mujer no debe saberlo, de lo contrario sería alardear, y alardear significa ego. La persona que reza tiene miedo de que otros lo sepan.

Pero el que canta la canción de lo divino baila en medio del camino. No le importa que los demás lo sepan. Dice que no importa si la gente lo sabe o no. Destruye su ego bailando. Su ego se pierde bailando. Son dos formas diferentes. La oración es sólo agradecimiento, el bhajan es la expresión de gratitud.

Debes comprender tu condición interior. Puedes llegar a lo divino a través de la oración o del bhajan. Los caminos son diferentes pero el destino es el mismo. Y siempre debes elegir el que te convenga, el que puedas disfrutar. Piensa siempre en ti, obsérvate...

porque es posible que algo en la otra persona te resulte muy atractivo pero no te convenga. Por lo tanto, no debes aceptarlo ni siquiera por error. Lo que es bueno para el otro puede no serlo para ti. La medicina de la otra persona puede ser veneno para ti. Tu medicina también puede ser veneno para la otra persona. En realidad, la medicina no es medicina, el veneno no es veneno - el veneno que te conviene se convierte en medicina para ti; la medicina que no te conviene se convierte en veneno para ti. Así que siempre debes observar lo que te conviene, lo que es armonioso para ti, y luego elegir lo que es para ti.

Si quieres sentarte tranquilamente como Buda, si quieres profundizar en el silencio sin ningún movimiento del cuerpo.... Hemos hecho las estatuas de Buda y Mahavira de mármol. La razón es que estaban sentados como este mármol. Cuando vivían eran inquebrantables. Pero una estatua de mármol de Meera no será atractiva. La gente la ha hecho, pero no es atractiva. La estatua de Meera no puede ser estática, tiene que estar hecha de agua - danzante, líquida, no estática.

Meera es un movimiento, una expresión física de la emoción, una danza. Mahavira es estático. Es como un estanque sin ninguna ondulación. Meera es como una cascada, como el agua que cae de una colina, donde cada gota baila.

Estas son las grandes diferencias, pero estas diferencias son de caminos. En última instancia, el estanque también se pierde, se evapora en el cielo cabalgando sobre los rayos del sol, y el río también se pierde en el cielo cabalgando sobre los rayos del sol después de desembocar en el océano.

El destino es uno, pero los caminos son muchos. El templo es uno, pero las puertas son muchas. Elige tu propia puerta, no sigas a los demás. Un credo se crea siguiendo y la religión nace yendo según tu naturaleza.

Suficiente por hoy.

La esclavitud de la esperanza

EL QUE LLEVA EL PELO LARGO EN LA CABEZA, EL QUE SE HA AFEITADO LA CABEZA, EL QUE SE HA ARRANCADO EL PELO DE RAÍZ, EL QUE VISTE TÚNICAS OCRES O VA ATAVIADO DE DIVERSAS MANERAS, ESE IDIOTA, A PESAR DE TENER OJOS, ESTÁ CIEGO.

SÓLO POR EL BIEN DE SU ESTÓMAGO SE VISTE DE DIFERENTES MANERAS.

TODOS LOS MIEMBROS SE HAN VUELTO ENFERMIZOS, TODO EL PELO SE HA VUELTO BLANCO, YA NO QUEDA NI UN SOLO DIENTE EN LA BOCA - UN ANCIANO ASÍ CAMINA CON LA AYUDA DE UN BASTÓN; INCLUSO ENTONCES ESTÁ ATADO CON LA MASA DE LA ESPERANZA.

GOLPEADO POR EL FRÍO, POR LA MAÑANA SE CALIENTA TENIENDO EL FUEGO DELANTE O DANDO LA ESPALDA AL SOL. POR LA NOCHE, DUERME CON LA BARBILLA ENTRE LAS RODILLAS, TOMA LIMOSNA EN LAS MANOS Y VIVE BAJO UN ÁRBOL; NI SIQUIERA ASÍ ABANDONA LA ESCLAVITUD DE LA ESPERANZA.

PUEDE EMPRENDER EL VIAJE AL GANGES O AL OCÉANO, PUEDE REALIZAR MUCHAS AUSTERIDADES Y AYUNOS, PUEDE DAR EN CARIDAD, PERO SI NO TIENE AUTOCONOCIMIENTO NO SE LIBERARÁ NI EN CIENTOS DE VIDAS.

UNO PUEDE RESIDIR EN EL TEMPLO DE DIOS O BAJO UN ÁRBOL, LA TIERRA PUEDE SER SU ÚNICO LECHO, LA PIEL DE CIERVO PUEDE SER SU ÚNICA TÚNICA, PUEDE HABER ABANDONADO TODO TIPO DE POSESIONES E INDULGENCIAS - ¿A QUIÉN NO HACE DICHOSO SEMEJANTE RENUNCIAMIENTO?

PUEDE ESTAR ABSORTO EN EL DISFRUTE DE LOS SENTIDOS O EN EL YOGA, PUEDE ESTAR ABSORTO EN LA COMPAÑÍA DE ALGUIEN O PUEDE ESTAR SOLO, PERO SI SU CORAZÓN MORA EN LO DIVINO, ENTONCES ES ÉL QUIEN ES DICHOSO, ES ÉL QUIEN ES DICHOSO, ES SÓLO ÉL QUIEN ES DICHOSO.

Hay una historia muy antigua sobre un asceta que estaba haciendo sadhana en un bosque denso. Estaba sentado con los ojos cerrados y rezaba continuamente a Dios. Quería alcanzar el cielo. El hambre y la sed no le preocupaban.

Una joven muy pobre solía ir a aquel bosque a recoger leña. Por bondad y consideración hacia el asceta, le arrancaba algunas frutas y le traía agua del estanque en tazas hechas de hojas, y las ponía cerca de él. El asceta podía alimentarse con estas cosas.

Poco a poco, su ascetismo se hizo aún más intenso. Se olvidó del hambre y de la sed y ni tocó las frutas ni el agua. Aquella pobre joven se sintió muy desgraciada y triste por ello, pero no había salida. El Señor Indra también se preocupó y dijo que esta persona está yendo más allá de los límites: ¿pretende apoderarse del trono del cielo? Es absolutamente necesario perturbar su sadhana.

No fue muy difícil hacerlo porque el Señor Indra conoce la mente del hombre. Una brisa vino del cielo y convirtió a aquella pobre joven oscura y fea en una belleza deslumbrante. Parecía como si un rayo bajara del cielo y convirtiera su cuerpo ordinario en uno dorado. Mientras llenaba el estanque de agua para el asceta, vio su reflejo en el agua y no podía creer que se pareciera a un hada. Quedó fascinada por su propio reflejo.

Ella siguió cuidando del asceta. Entonces, un día, el asceta abrió los ojos y le dijo a la joven que quería abandonar aquel lugar e ir a otras montañas, ya que tiene que hollar un camino más difícil; no puede descansar hasta haber conquistado el mismísimo cielo.

La joven se echó a llorar, le caían lágrimas de los ojos. Dijo: "¿Qué mal he hecho para que me impidas servirte? Nunca te he pedido nada".

pensó el asceta y la miró a la cara. Nunca había visto una belleza semejante, ¡ni siquiera en sueños! La mujer le resultaba familiar y desconocida a la vez. Los contornos eran los mismos pero ahora había una gloria en ella. El cuerpo y los rasgos eran los mismos, pero ahora estaban radiantes. Era como una melodía olvidada, tocada de nuevo en una flauta por algún músico. El asceta se sentó y volvió a cerrar los ojos. No se fue.

Aquella noche la joven no pudo dormir porque se sentía feliz por su victoria y también arrepentida por haber contaminado al sadhu. Estaba contenta por haber ganado, pero se sentía desgraciada por haber sido un obstáculo en el camino del asceta. Lamentaba que, por su culpa, él no pudiera continuar su viaje hacia arriba.

No podía dormir por la noche. Lloraba y reía. Por la mañana tomó la decisión. Tocó los pies del asceta y le dijo: "Tengo que irme. Mi familia se va a otro pueblo".

El asceta la bendijo para que fuera feliz dondequiera que viviera, y la joven se marchó.

Después de muchos años el ascetismo fue completo. El mismo Señor Indra bajó, se inclinó y dijo: "Las puertas del cielo están abiertas para recibirte".

El asceta abrió los ojos y dijo: "No quiero el cielo".

Indra estaba muy sorprendido. No podía creer que un ser humano pudiera decir que no quería el cielo. Entonces Indra pensó que tal vez este asceta tenía el deseo de alcanzar la liberación. Así que le preguntó: "¿Quieres la liberación?".

El asceta dijo: "¿Qué haré con la liberación?". El Señor Indra quedó muy impresionado por esta actitud.

Pensó para sí mismo que esto era el colmo del ascetismo - ni siquiera el deseo de alcanzar la liberación estaba allí. Así que, por respeto, quiso inclinarse ante aquel asceta, pero antes de hacerlo dijo: "Pero no hay nada más allá de la liberación. ¿Qué más quieres?"

El asceta respondió: "Nada, excepto esa joven doncella que solía recoger leña en este bosque. La quiero a ella".

No te rías. Esta es la debilidad del hombre. No te rías, pero piensa en ello, ¡porque la gravitación de la tierra es tan fuerte! No pienses que esta historia es sólo una historia; es toda la agonía de la mente del hombre. Y no penséis que esta alternativa estaba sólo ante aquel asceta, que era sólo él quien tenía que elegir entre la joven y el cielo. Tú también tienes las mismas alternativas. De hecho todo el mundo tiene las mismas alternativas: o eliges los placeres que son pasajeros o eliges lo eterno. O pierdes lo eterno por lo pasajero o dedicas lo pasajero a lo eterno. Y, por supuesto, la mayoría de la gente elegirá lo que eligió aquel asceta.

No pienses que has hecho algo diferente. Tanto si el Señor Indra se ha puesto delante de ti como si no, tanto si alguien te ha dado la alternativa del cielo y la tierra como si no, el hecho es que la alternativa siempre está ahí para ti. Y cuando eliges una te pierdes la otra. Aquel cuyos ojos están llenos de la intoxicación de la tierra permanece privado de la conciencia celestial. El oro celestial no puede llover sobre las manos llenas de polvo terrenal; el cielo sólo puede llover si las manos están vacías. Lo divino sólo puede descender si estás vacío por dentro.

Si estás lleno de algún enamoramiento el trono de tu alma ya está ocupado. Entonces no digas que lo divino ha sido injusto contigo - esta fue tu elección. No culpes a lo divino si no lo encuentras -

significa que aún no lo has elegido, porque siempre que alguien lo elige, lo encuentra inmediatamente. No tarda ni un segundo. Pero si tú no lo quieres, lo divino no te obligará.

La verdad no se impone por la fuerza. Tienes la libertad de rechazar la verdad nacimiento tras nacimiento, vida tras vida. Esta es la gloria del hombre y también su desgracia. La gloria se debe a la libertad, la libertad de elegir. La desgracia es que elegimos el mal. Pero la elección del mal está incluida en esa libertad. No se puede llamar libertad a una libertad que sólo puede elegir lo correcto y no lo incorrecto; entonces eso no es libertad. El significado de la libertad es que tienes derecho a desviarte, a ir por el camino equivocado. El significado de libertad es que tienes la libertad de pecar. El significado de libertad es que tienes la libertad de rechazar la piedad.

Buda nació, y el quinto día después de su nacimiento, según la costumbre, los mejores de los expertos se reunieron y le dieron el nombre de Siddhartha. El significado de Siddhartha es cumplimiento del deseo, cumplimiento de la esperanza, consecución de la riqueza, consecución del destino. Después de esperar toda su vida, después de esperar y soñar y pasar por muchas decepciones, por fin le nació un hijo a Shudhodhana en su vejez - ¡ciertamente era un "Siddhartha"! Los expertos le habían dado el nombre correcto.

Había ocho grandes expertos. El rey les pidió que le dijeran el futuro del recién nacido.

Siete expertos levantaron las manos y señalaron con dos dedos. El rey no entendió y dijo: "No entiendo estos gestos, así que, por favor, dímelo claramente".

Los siete pundits dijeron que hay dos alternativas: o será un gran emperador o renunciará a todo y será un gran sannyasin. O será un gran emperador o será un gran sannyasin.

Sólo un experto guardó silencio. Era el más joven de todos. Se llamaba Kodanna. Pero era el más inteligente. El rey le preguntó: "¿Por qué estás callado? No has levantado los dos dedos".

Kodanna dijo: "Los dos dedos pueden levantarse al nacer todo el mundo porque estas dos alternativas son para todos: o este mundo o sannyas - estas dos alternativas son para todos. Por lo tanto, estos expertos no han dicho nada importante sobre Buda al levantar dos dedos. Pues bien, yo levanto sólo uno: ¡será un sannyasin!".

Al oír esto Shudhodhana comenzó a llorar. La mente desafortunada del hombre siempre se comporta así. Él sabía que Kodanna era un astrólogo omnisciente. El era joven pero muy luminoso y sus palabras, sus profecías ciertamente resultarían ser ciertas. Los otros expertos habían hablado de la posibilidad de que fuera un gran emperador, pero Kodanna había descartado esa alternativa. Dijo que el niño sería sin duda un buda.

El rey se sintió feliz cuando estos expertos le dijeron que sería emperador. No dio ninguna importancia a la otra alternativa de que se convirtiera en sannyasin, porque si uno puede ser emperador entonces ¿por qué debería pensar en convertirse en sannyasin? Pero Kodanna destruyó esta esperanza levantando un dedo.

El rey intentó consolarse pensando que Kodanna es sólo una persona y que hay siete expertos que se le oponen. El hombre siempre se consuela así: siete tendrán razón y uno estará equivocado. Pero sólo ése demostró tener razón, y es bueno que sólo ése demostrara tener razón.

También en el momento de tu nacimiento, llamen o no a los expertos, la naturaleza levanta dos dedos.

La naturaleza plantea dos alternativas: o perderse en la inconsciencia o despertar en la consciencia. O recoges la riqueza exterior, corres la carrera de convertirte en un gran emperador, o recoges la riqueza interior, descansas en tu ser. Recuerda siempre el dedo único de Kodanna. En la vida real ningún Kodanna te saldrá al encuentro con un dedo levantado. Tú mismo tendrás que levantar el dedo.

Estos sutras de Shankara son gestos sutilísimos de renuncia y desapego.

EL QUE LLEVA EL PELO LARGO EN LA CABEZA, EL QUE SE HA AFEITADO LA CABEZA, EL QUE SE HA ARRANCADO EL PELO DE RAÍZ, EL QUE VISTE TÚNICAS OCRES O VA ATAVIADO DE DIVERSAS MANERAS, ESE IDIOTA, A PESAR DE TENER OJOS, ESTÁ CIEGO.

SÓLO POR EL BIEN DE SU ESTÓMAGO SE VISTE DE DIFERENTES MANERAS.

Recuerda siempre que la mente del hombre es muy peligrosa. Incluso en sannyas busca el mundo. Encuentra hipocresía incluso en el templo; incluso en sadhana encuentra el disfrute de los sentidos. Cualquiera que sea la actividad externa, la mente sigue actuando según su viejo hábito.

Así que Shankara dice: No te dejes engañar por alguien que tiene el pelo largo en la cabeza. El pelo largo no hace ninguna diferencia. No te dejes engañar por nadie que tenga la cabeza afeitada. Afeitarse la cabeza, llevar el pelo largo o arrancarse el pelo no hace ninguna diferencia, simplemente no importa.

Así que no te dejes engañar por ver a esas personas. Los Jaina Digambar munis se arrancan el pelo, no se dejen engañar. Hay personas que llevan túnicas ocres, no te dejes engañar por ellas. No te preocupes si el otro es engañado, pero tú no debes ser engañado, porque es muy fácil llevar túnicas ocres o arrancarse el pelo; sólo se necesita un poco de experiencia. ¿Qué dificultad hay en afeitarse la cabeza o en llevar el pelo largo? Sólo se necesita un poco de experiencia. Pero trata de ver lo que ocurre dentro de la mente. Bajo estos diversos ropajes de sannyas sólo están llevando a cabo negocios para llenar sus estómagos.

El noventa por ciento de los sannyasins sólo se llenan el estómago. Si sólo hubiera que llenar el estómago, el mundo sería un lugar mejor. Al menos uno sería honesto: la tienda podría funcionar como tal sin engañar a los demás; no habría necesidad de contaminar el templo. La ropa ordinaria estaba bien, no había necesidad de contaminar las túnicas ocres. ¿Qué necesidad había de arrancarse el pelo? El barbero podría haberte cortado el pelo. Todas estas cosas externas no importan si tu mente está haciendo negocios.

Si tu mente está involucrada en el funcionamiento de la tienda, entonces esto es sólo un engaño.

Unos meses antes recibí la noticia de que dos munis jaina -viven desnudos, han renunciado a todo y no poseen nada- salieron de la aldea para responder a la llamada de la naturaleza y empezaron a pelearse. Eran maestro y discípulo. Se atacaron mutuamente. A causa de esta pelea y ataque su secreto salió a la luz. Ambos habían escondido dinero en el palo hueco del pichie que llevaban; la pelea fue por el reparto del dinero. Ambos fueron capturados y llevados a comisaría. Sus discípulos del pueblo se preocuparon y se disgustaron porque también se trataba de su prestigio. De alguna manera, calmaron el asunto sobornando a la policía para que la noticia no se extendiera a otros lugares.

El hombre desnudo también está haciendo lo mismo que el tendero. Entonces, ¿no es mejor que se siente en la tienda? Entonces al menos la desnudez no será contaminada.

Nadie te obliga a renunciar al mundo. Renuncia a él sólo cuando te apetezca; de lo contrario, esta pretensión de renunciar al mundo no es más que un engaño.

EL QUE LLEVA EL PELO LARGO EN LA CABEZA, EL QUE SE HA AFEITADO LA CABEZA, EL QUE SE HA ARRANCADO EL PELO DE RAÍZ, EL QUE VISTE TÚNICAS OCRES O VA ATAVIADO DE DIVERSAS MANERAS, ESE IDIOTA, A PESAR DE TENER OJOS, ESTÁ CIEGO.

¿Por qué dice Shankara: ESE IDIOTA, A PESAR DE TENER OJOS, ES CIEGO? ¿A quién engaña? No se trata de engañar a otros; el otro no se preocupa por él. Se engaña a sí mismo. La conclusión final se basa en lo que eres por dentro, no en lo que eres por fuera. La vida está determinada por lo que eres por dentro, no con lo que eres por fuera.

Dentro estás continuamente contando dinero, fuera estás cantando "Ram, Ram". Este canto es inútil. Contar el dinero es significativo - el juicio se basará en eso, porque no hay nadie más haciendo el juicio, el juicio se está haciendo en cada momento por lo que estás haciendo dentro de ti. Si hubiera sido otra persona la que juzgara, podrías haberle pedido perdón, podrías haberle pedido que cediera. Pero no hay juez. No hay ningún Dios sentado en algún lugar que pueda ser apaciguado por ti. Hagas lo que hagas, tu acción es tu destino. El resultado está oculto en tu acción. Tu pensamiento es la base de tu ser.

Hay una historia muy dulce sobre la vida de Mahavira. Mahavira estaba de pie en un bosque absorto en la meditación y un rey que era su amigo de la infancia venía para el darshan de Mahavira. En el camino vio a otro rey, que se había convertido en sannyasin de Mahavira, de pie cerca de una roca haciendo austeridades, tapasya. Los tres eran amigos de la infancia.

El primer rey se sintió muy arrepentido por llevar una vida mundana. Pensó: "Mira a este rey, Prasenchandra, qué pacífico y silencioso es. Qué dichoso es. Qué desafortunado soy. Mahavira ha alcanzado la liberación y yo sigo contando dinero". Surgió en él el pensamiento de la renuncia.

Cuando se encontró con Mahavira le dijo: "Quiero hacerte una pregunta. En el camino vi a Prasenchandra haciendo austeridades, tapasya. Es tu discípulo. Al verle, yo también siento deseos de renunciar a este mundo. Y quiero saber algo: si Prasenchandra hubiera muerto en el momento en que yo estaba junto a él, ¿dónde renacería?".

Mahavira dijo: "Si Prasenchandra hubiera muerto en ese momento habría nacido en el séptimo infierno".

El rey se quedó estupefacto al oír esto. Prasenchandra estaba de pie tan pacíficamente, tan silenciosamente, sumergido en la meditación - ¡y si moría nacería en el séptimo infierno! Mahavira dijo: "No te preocupes.

Pero si muere ahora -sólo han pasado unos instantes entre ambos acontecimientos- entrará en el séptimo cielo".

El rey dijo: "Esto parece un acertijo. Por favor, explícamelo".

Mahavira dijo: "Antes de que llegaras, los soldados habían pasado junto a Prasenchandra. Lo vieron y comentaron: 'Este tonto está aquí de pie con los ojos cerrados. Sus hijos son aún demasiado jóvenes y los ministros, a quienes ha confiado su reino, están ocupados saqueando sus riquezas y él está aquí de pie como un tonto'. Los soldados dijeron esto al pasar junto a él, y cuando Prasenchandra oyó que los ministros estaban saqueando sus riquezas, que la gente en la que había confiado le estaba engañando, por un segundo olvidó que había renunciado a todo. Lo olvidó, no era consciente, y le vino a la mente el pensamiento: 'Todavía estoy vivo, tontos. ¿Qué os creéis? Todavía estoy muy vivo y voy a separar las cabezas de estos ministros de sus cuerpos'. E inconscientemente su mano trató de agarrar su espada que no estaba allí ahora, pero debido al viejo hábito trató de sacar la espada de su vaina. Y otra vieja costumbre era que cuando se enfadaba se ajustaba la corona....".

Muchos de ustedes también tienen la costumbre de rascarse la cabeza o rascarse la frente. Así que ahora, en su ira, cuando intentó ajustarse la corona, no había corona y sólo podía tocarse la cabeza afeitada. Al instante tomó conciencia: ¿qué estoy haciendo? Ya no soy el Rey Prasenchandra, he renunciado a todo. ¿Cómo se me ocurre matar a la gente?

Mahavira dijo: "Cuando estabas cerca de Prasenchandra, dentro de él la espada estaba desenvainada, por lo que si hubiera muerto en ese momento habría ido al séptimo infierno. Pero ahora que ha tomado conciencia, se está riendo de su propia estupidez. Si muere en este momento entonces nacerá en el séptimo cielo.

Cada acción es el juez, y la decisión de la acción está dentro de ti, no fuera de ti. Puedes permanecer en silencio en el exterior mientras una tormenta se desata en tu interior. Puedes parecer muy tranquilo desde fuera mientras que por dentro puedes estar inquieto. Puedes estar tranquilo en el exterior, mientras que en tu interior puedes estar listo para explotar en cualquier momento.

Tu exterior no es valioso. Tu interior es tu existencia. Cada acción tuya decide la naturaleza de tu alma. Cada acción tuya te crea. No hay otro juez excepto tú.

Por eso Shankara dice: ESE IDIOTA, A PESAR DE TENER OJOS, ES CIEGO - porque piensa que está engañando a los demás.

Pero todo engaño es engañarte a ti mismo. Te estás engañando a ti mismo. No puedes hacer que los demás pierdan nada, eres tú quien perderá. Puede que consigas sacar algo de dinero del bolsillo de los demás, pero con ese dinero perderás tu alma. Perderás mucho y no ganarás nada. Incluso si eres capaz de engañar a otros, ¿qué recibirás? Como mucho arrebatarás algo de dinero a la otra persona. Ese dinero se quedará aquí, ni tú podrás llevártelo ni la otra persona podrá llevárselo después de la muerte. No importa si el dinero está en este bolsillo o en aquel otro. Pero al arrebatarlo, al desearlo, te has pervertido, tu mente se ha ensuciado, has sembrado la semilla del pecado en tu interior. Entonces no debes esperar obtener ningún fruto sabroso o ninguna flor fragante de esta semilla.

ESE IDIOTA, A PESAR DE TENER OJOS, ES CIEGO. SÓLO POR EL BIEN DE SU ESTÓMAGO SE VISTE DE DIFERENTES MANERAS. POR LO TANTO, ¡OH IDIOTA! CANTA SIEMPRE LA CANCIÓN DE LO DIVINO.

TODOS LOS MIEMBROS SE HAN VUELTO
ENFERMIZOS, TODO EL PELO SE HA VUELTO BLANCO,
YA NO QUEDA NI UN SOLO DIENTE EN LA BOCA - UN
ANCIANO ASÍ CAMINA CON LA AYUDA DE UN
BASTÓN; INCLUSO ENTONCES ESTÁ ATADO CON LA
MASA DE LA ESPERANZA.

Hasta el último momento de la muerte no se abandona la
esperanza. Tú mueres, pero la esperanza no muere. Incluso en la
muerte la esperanza vive, permanece alerta y joven. Incluso el hombre
que está muriendo piensa que mañana todo irá bien. Sueña con el
mañana incluso cuando está muriendo; la gente muere soñando.

Hay que entender la esperanza. ¿Qué es la esperanza? La ilusión
de conseguir lo que no se tiene. Este sueño de lo que ahora no es,
de lo que algún día será, es la esperanza. ¿Y qué es despertar de
la esperanza? La conciencia de lo que es. La esperanza desaparece
cuando tomas conciencia de lo que es. La esperanza existe en la
exigencia de lo que no es. Los pobres viven en la esperanza y los ricos
también viven en la esperanza.

Cuando Alejandro Magno llegó a la India, fue a ver a un faquir
llamado Diógenes porque había oído hablar mucho de él. Y muchas
veces sucede que hasta los emperadores se ponen celosos de los
faquires.

Diógenes también era un faquir. Solía vivir desnudo al igual que
Mahavira. Era un faquir único, ni siquiera llevaba consigo un cuenco
para mendigar. Al principio, cuando se convirtió en faquir, solía
llevar un cuenco para mendigar. Pero un día vio a un perro bebiendo
agua del río. Se dijo: "¡Debo de estar loco! ¿Por qué llevo este cuenco
conmigo? Este perro bebe agua sin ningún cuenco. El perro es más
sensato que yo; si él puede prescindir del cuenco, ¿por qué yo no
puedo prescindir de él?". Así que tiró el cuenco.

Alejandro oyó que Diógenes vivía en éxtasis, así que Alejandro fue a su encuentro. Cuando vio a Alejandro, Diógenes le preguntó: "¿Adónde vas?".

Alejandro dijo: "Tengo que conquistar Asia Menor".

Diógenes le preguntó: "¿Qué harás después?". Diógenes estaba tumbado en la arena del río. Debía de ser una mañana de invierno como ésta. Estaba tomando el sol. Permaneció tumbado, ni siquiera se levantó ni se sentó. Volvió a preguntar: "¿Qué harás después?".

Alejandro respondió: "Entonces hay que conquistar la India".

Diógenes preguntó: "¿Y después?". Y Alejandro dijo que después conquistaría lo que quedara del mundo. Diógenes preguntó: "¿Y después?"

Alejandro dijo: "¿Entonces qué? Entonces descansaré".

Diógenes se echó a reír. Ahora estoy descansando. ¡Descansarás entonces! Si al final quieres descansar, ¿para qué te tomas tantas molestias? Ahora estoy descansando. También puedes descansar en la orilla de este río, aquí hay mucho espacio. No hay necesidad de ir a ninguna parte, puedes descansar aquí ahora mismo".

Alejandro se quedó muy impresionado. Por un momento se sintió avergonzado de que lo que decía Diógenes fuera cierto: si al final iba a descansar, ¿por qué lo planeaba así? Y Diógenes, ciertamente, estaba descansando. No se puede decir que dijera algo malo: estaba descansando y era más feliz que Alejandro. Su rostro era como un loto en flor.

Alejandro lo poseía todo pero no tenía nada dentro. Diógenes no tenía nada fuera, pero lo tenía todo dentro. Alejandro le dijo a Diógenes: "Me das envidia. Si alguna vez vuelvo a nacer le pediré a Dios que no me haga Alejandro sino Diógenes".

Diógenes dijo: "Otra vez te engañas a ti mismo. ¿Por qué traes a Dios? Si quieres convertirte en Diógenes, ¿qué dificultad hay en que seas Diógenes ahora mismo? Es difícil para mí ser un Alejandro porque puedo o no ser capaz de conquistar el mundo. Puedo o no ser capaz de reunir un ejército tan grande. Pero no hay ninguna dificultad en que tú seas Diógenes: ¡deshazte de tus ropas y descansa!".

Alejandro dijo: "Lo que dices me atrae, pero no me hace albergar esperanzas. Volveré. Sin duda volveré. Pero ahora tengo que irme, pues mi viaje está incompleto. Lo que dices es cien por cien correcto".

Esto es muy interesante. Lo que dice parece correcto y, sin embargo, la esperanza sigue tirando de ti. Justo unos días antes estaba narrando las palabras de un gran poeta japonés llamado Issa. Su mujer había muerto, él era muy desgraciado; luego murió su hija, y cuando tenía treinta y tres años murieron todos sus cinco hijos y se quedó solo. Sufría una gran agonía. Su corazón era de poeta, estaba completamente conmocionado. No podía dormir por la noche; no estaba en sus cabales durante el día. Se preguntaba: "¿Por qué hay tanta agonía en este mundo? ¿Qué he hecho? ¿Por qué he tenido que enfrentarme a esta desgracia?".

Alguien le sugirió que fuera al templo, pues allí había un monje que podría resolver su problema. Fue al templo. El monje le dijo: "¿Por qué hay tanta agonía?

no tiene sentido. La vida es como una gota de rocío que desaparecerá en cualquier momento. Tú también te irás. Tu mujer se ha ido, tus cinco hijos se han ido, tú también te irás. No pierdas el tiempo. La vida es como la gota de rocío en la hoja de hierba que caerá en cualquier momento". Issa volvió a casa. Las palabras del monje le atraían. La vida es así. Escribió un pequeño haiku que es:

La vida es una gota de rocío, sí, estoy perfectamente convencido.

La vida es una gota de rocío, y sin embargo y sin embargo....

"Y sin embargo", es la esperanza. Aunque comprendas el hecho, la esperanza no te permite hacerlo. Aunque el intelecto lo comprenda, no afecta a la vida. A lo sumo el pensamiento puede llegar a intuirlo, pero no se refleja en las emociones. Y la esperanza sigue tejiendo su red.

TODOS LOS MIEMBROS SE HAN VUELTO ENFERMIZOS, TODO EL PELO SE HA VUELTO BLANCO, YA NO QUEDA NI UN SOLO DIENTE EN LA BOCA - UN ANCIANO ASÍ CAMINA CON LA AYUDA DE UN BASTÓN; INCLUSO ENTONCES ESTÁ ATADO CON LA MASA DE LA ESPERANZA.

La esperanza es el hilo con el que vivimos. Es un hilo muy fino. Puede romperse en cualquier momento, pero no se rompe. Se ha convertido en un grillete muy fuerte. Si se rompe por un extremo, lo sujetamos por el otro. Si se rompe por el mundo, empezamos a esperar el cielo, la liberación. La esperanza continúa. La esperanza es más grande que el mundo.

Cuando uno se da cuenta de la agonía del mundo y se desapega de él, entonces empieza a tener esperanza en el cielo. La esperanza te arrastra incluso cuando estás cansado y te caes. Muchas veces te habrá surgido esta pregunta. Cuando ves a un mendigo en la carretera sin manos, sin pies, sin ojos, con todo el cuerpo consumido, te preguntas por qué vive. ¿Para qué vive? Pero no es el único que se equivoca. Si tú estuvieras en su lugar, ¿qué harías? Tú también seguirías viviendo. Esperarías que mañana todo fuera bien gracias a algún milagro.

El hombre sigue viviendo a pesar de sufrir cualquier cantidad de miseria y angustia. Quiero decirte una cosa única: el hombre no renuncia a la esperanza ni siquiera en la gran miseria. Lógicamente parece que la angustia matará la esperanza. Pero no, la angustia no puede destruir la esperanza. Cuanto mayor es la angustia, mayor es la esperanza del hombre. La angustia no destruye la esperanza, la enciende. Sí, a veces la esperanza se destruye en la felicidad, pero no en la miseria.

Por eso la esperanza de príncipes como Mahavira y Buda fue destruida, pero la esperanza de los mendigos nunca se destruye. Los veinticuatro tirthankaras de los jainas eran príncipes, los veinticuatro budas de los budistas eran príncipes, todos los avataras de los hindúes eran príncipes. ¿Cuál puede ser la razón?

Lo irónico es que la esperanza puede desaparecer en la felicidad, pero no desaparece en la infelicidad. La esperanza debería desaparecer en la infelicidad, la esperanza debería desaparecer en la miseria, pero el hecho es que a medida que aumenta la miseria la mente sigue creando más y más esperanza. La esperanza brota en la miseria, la esperanza florece en la miseria, pero se destruye en la felicidad.

Por eso la sociedad que es feliz se vuelve religiosa. La sociedad infeliz puede volverse comunista, pero no religiosa. Existe la posibilidad de que América se vuelva religiosa, pero India no. La India era religiosa cuando era feliz, cuando el país era feliz; cuando su gente estaba satisfecha y contenta la esperanza desaparecía.

Cuando lo tienes todo, te das cuenta de que todo es inútil. Y es cierto, porque ¿cómo puedes ver la inutilidad de algo que no tienes? La persona que tiene dinero puede ver la inutilidad del dinero. Pero la persona que no tiene dinero, ¿cómo puede ver su futilidad? Para darse cuenta de la inutilidad de algo, primero hay que tenerlo.

Una persona que tiene conocimiento puede ver la futilidad del conocimiento, pero una persona que no tiene conocimiento no puede ver su futilidad. Si tienes el diamante Kohinoor en la mano, te das cuenta de su inutilidad: no puedes comerlo ni beberlo. Pero si no lo tienes, puedes seguir soñando con él. Los sueños nunca parecen inútiles - no tienes forma de descubrir su valor. No puedes ver la inutilidad de nada hasta que lo posees.

La esperanza vive en la infelicidad, se nutre de ella, pero se destruye en la felicidad. Por eso un hombre al borde del camino puede estar sufriendo y pasando por un infierno, y sin embargo sigue teniendo esperanza. Si alguna vez visitas el infierno encontrarás allí a las personas más esperanzadas de este mundo. A pesar de sus agonías, siguen esperando librarse de esto mañana.

He oído que un nuevo preso entró en una cárcel. Lo llevaron a una celda donde ya vivía otro preso. Esa persona le preguntó cuánto tiempo iba a estar en la cárcel. El nuevo preso respondió: "Diez años".

Entonces será mejor que te quedes cerca de la puerta, porque yo estoy preso desde hace treinta años. Yo me quedaré junto al muro. Tú quédate cerca de la puerta, pues pronto te irás. Sólo estarás aquí diez años".

Incluso en la cárcel uno sigue esperando el día en que será liberado. La gente sigue viviendo, esperando ese día.

Debes comprender una cosa en la vida: observa cuidadosamente la felicidad que tienes, porque sólo de la felicidad puedes ser libre. Si tienes una esposa hermosa, entonces debes disfrutar de la belleza a fondo; si tienes dinero, entonces debes saborearlo adecuadamente; si tienes posición, obsérvala desde todos los lados. Debes observar cuidadosamente todo lo que tienes, sólo entonces se puede destruir la esperanza. Y si observas lo que no tienes, la esperanza nunca se destruirá.

La religión no puede entrar en la vida de una persona cuya esperanza aún no ha sido destruida. La esperanza es la puerta de la irreligiosidad; la aniquilación de la esperanza es la entrada de la religión. Y también debes saber que la aniquilación de la esperanza no es desesperanza. La derrota de la esperanza es la desesperanza: la esperanza está muy viva en la desesperanza. Uno puede sentirse desesperanzado ahora, pero al cabo de un momento volverá a tener esperanza.

La desesperanza es el aspecto derrotado de la esperanza. Es la esperanza cansada, agotada. No es la esperanza destruida, es la esperanza caída.

Cuando se destruye la esperanza, también desaparece la desesperanza.

Por ello, Mahavira y Buda parecen pesimistas para la mente occidental, porque te piden que renuncies a la esperanza. Se les está malinterpretando. Mahavira y Buda no son pesimistas; no son ni optimistas ni pesimistas. Dicen que cuando la esperanza se aniquila, la desesperanza también desaparece por sí misma porque la desesperanza es la sombra de la esperanza.

Tu sombra se proyecta cuando caminas bajo el sol. Si no caminas bajo el sol, la sombra no se proyecta. Cuando no hay esperanza, la desesperanza desaparece automáticamente. Cuanto más esperes, más desesperanzado o decepcionado estarás, más infeliz y miserable serás. Entonces nace una nueva esperanza de la desesperanza y este juego continúa como el día y la noche.

Si la esperanza se rompe, entonces no hay ni esperanza ni desesperanza. Entonces estás en paz. La luz de tu conciencia sigue vacilando con el fuerte viento de la esperanza y la desesperanza. Cuando no hay esperanza ni desesperanza, el fuerte viento deja de soplar y la conciencia se vuelve estable, inquebrantable y firme. Esa estabilidad, esa firmeza es muy afortunada. Esa firmeza es samadhi.

GOLPEADO POR EL FRÍO, POR LA MAÑANA SE CALIENTA TENIENDO EL FUEGO DELANTE O DANDO LA ESPALDA AL SOL. POR LA NOCHE DUERME CON LA BARBILLA ENTRE LAS RODILLAS, TOMA LIMOSNA EN LAS MANOS Y VIVE BAJO UN ÁRBOL; NI SIQUIERA ASÍ ABANDONA LA ESCLAVITUD DE LA ESPERANZA.

POR ESO, ¡OH IDIOTA! CANTA SIEMPRE LA CANCIÓN DE LO DIVINO.

PUEDE EMPRENDER EL VIAJE AL GANGES O AL OCÉANO, PUEDE REALIZAR MUCHAS AUSTERIDADES Y AYUNOS, PUEDE DAR EN CARIDAD, PERO SI NO TIENE AUTOCONOCIMIENTO NO SE LIBERARÁ NI EN CIENTOS DE VIDAS.

Trata de entender esto:

PUEDE EMPRENDER EL VIAJE AL GANGES O AL OCÉANO, PUEDE REALIZAR MUCHAS AUSTERIDADES

Y AYUNOS, PUEDE DAR EN CARIDAD, PERO SI NO TIENE AUTOCONOCIMIENTO ENTONCES NO SE LIBERARÁ.

... Porque es fácil hacer estas cosas - ayunar, dar en caridad, vivir en disciplina, vivir según normas y reglamentos y en austeridad. Son fáciles porque las acciones son siempre fáciles. No cambias y la acción está hecha.

El autoconocimiento es difícil porque el conocimiento significa transformación. El conocimiento significa que tienes que cambiar y que la forma de consciencia tiene que cambiar. El significado del conocimiento es que el movimiento y la dirección de tu conciencia deben cambiar. El significado de la meditación, el significado del conocimiento es que tu conciencia no debe vacilar, debe ser inquebrantable, estable y firme. Es difícil.

Es fácil hacer algo. Si comes más entonces estás molestando a tu cuerpo, si ayunas incluso entonces estás molestando a tu cuerpo; no hay diferencia entre estas dos condiciones. Primero estabas molestando al cuerpo comiendo más, ahora lo estás molestando ayunando. Si sigues acumulando dinero, también puedes dejarlo. Conocerás la inutilidad del dinero sólo después de haberlo recogido. ¿Es muy revolucionario dar en caridad algo que es inútil?

Hay una historia en el Kathopanishad - debido a esa historia, ese Upanishad se llama Kathopanishad; katha significa historia. El padre de Nachiketa realizó un gran yajna, un ritual religioso.

Después del yajna entregó muchos regalos. Nachiketa es un niño pequeño. Está sentado cerca y pregunta a su padre una y otra vez: "¿Vas a regalarlo todo?".

El padre dijo: "Todo lo que tengo lo daré. Todo será dado en caridad". Nachiketa vio que su padre regalaba sólo las vacas que eran incapaces de dar leche.

La gente suele regalar en caridad cosas que se han vuelto inútiles. El padre distribuía con entusiasmo y placer cosas que no sirven para nada. El intelecto de Nachiketa es fresco, el intelecto del padre es viejo. Así que lo que Nachiketa podía ver, el padre no podía verlo. Nachiketa dijo: "¿De qué sirve dar a estas vacas que dejaron de dar leche hace mucho tiempo? Los pobres brahmanes, a quienes se las das, tendrán que ocuparse de alimentarlas. Esto no es una buena acción en absoluto". El padre le dijo que se callara.

Pero como un niño pequeño, Nachiketa siguió preguntándole: "Si estás regalando todo lo tuyo, ¿a quién me vas a dar? ¿A quién me vas a dar?". Cuando le hizo esta pregunta varias veces, el padre se enfadó mucho y le dijo: "Te entregaré a la muerte".

El hombre da lo que no sirve para nada; tú también distribuyes las cosas que no te sirven para nada. Veo que algunas cosas siguen rotando - siguen pasando de una persona a otra. No son útiles para nadie, así que la gente sigue distribuyéndolas. Tú se lo das a alguien y él se lo pasa a otra persona. Es dar por dar.

Un amigo de Mulla Nasruddin le dio una botella de alcohol. Más tarde le preguntó: "¿Qué tal estuvo?".

Mulla Nasruddin dijo: "Casi bien".

El amigo preguntó: "¿Qué quieres decir con casi bien? O está bien o no está bien".

Mulla dijo: "No, estaba casi bien. Si hubiera estado absolutamente bueno, no me lo habrías dado, y si hubiera estado menos bueno, se lo habría dado a otra persona. Estaba casi bien, así que me lo bebí".

Así se dan cosas que no tienen valor. Regalas en caridad lo que es inútil.

No tienes que esforzarte mucho para ayunar, es sólo una pequeña molestia para el cuerpo. También puedes hacer austeridades porque eso satisface tu ego. Pero la única revolución es la revolución del autoconocimiento. Nadie puede ser libre sin esa revolución.

El autoconocimiento es la única liberación. El conocimiento es la liberación.

Pero el conocimiento no significa el conocimiento de las escrituras porque, eso es muy fácil. Es mas facil incluso que el ayuno y la caridad. No hay dificultad en leer las escrituras y no hay dificultad en llenar la mente con las escrituras. Puedes memorizar el Gita incluso cuando no hay canción en tu vida. Cuando no hay armonía interior en ti, ¿cómo puedes cantar la canción de lo divino? Sí, el Gita puede ser memorizado sin tener ninguna canción dentro de ti.

Cuando la música interior es tan profunda que estás absolutamente perdido en ella, sólo entonces esa música, esa canción se convierte en la canción de lo divino. Entonces uno no recuerda ni piensa en Krishna y Arjuna ni en las palabras del Gita. Te conviertes en lo que se dice en el Gita. Tú mismo te conviertes en eso. Entonces no hay necesidad de recordar toda esa basura.

Las escrituras son valiosas para aquellos que están interesados en recoger basura. Pero las escrituras no tienen valor para aquellos que se han convertido en escrituras. No puedes adquirir conocimiento hasta que tú mismo te conviertas en escritura. Tendrás conocimiento cuando cada gesto tuyo indique la verdad.

Incluso el guiño de los ojos, este pequeño gesto también expresará la verdad. Hables o no hables, la verdad se expresará a través de ti.

Puedes emprender el viaje al Ganges. ¡Pobre Ganges! ¿Por qué lo molestas? Alguien preguntó a Ramakrishna: "Voy a bañarme en el Ganges. ¿Crees que bañándote en el Ganges se lavan todos los pecados?".

Ramakrishna era una persona muy sencilla. Decía: "Ciertamente se lavan cuando te bañas en el Ganges. Cuando te sumerges en él, los pecados se separan de ti y van a sentarse en la copa de los árboles que están a orillas del Ganges. Pero después del baño, cuando sales del Ganges, esos pecados vuelven a saltar sobre ti desde esos árboles. Tuvieron que abandonarte por el Ganges, no por ti. Si no sales del

Ganges, si permaneces en él para siempre, sólo entonces podrás librarte de los pecados."

Aquel hombre dijo: "Pero tendré que salir de ella en algún momento".

"Entonces no tiene sentido que vayas allí", dijo Ramakrishna.

¿El Ganges te liberará de tus pecados? Pero si has cometido pecados, ¿cómo te liberará el Ganges de ellos? Si el Ganges sigue liberando a la gente de todos sus pecados, entonces el mismo Ganges se volverá muy pecaminoso porque entonces estará cargado con todos los pecados cometidos por toda la gente.

El hombre sigue buscando excusas. El hombre peca, luego intenta encontrar alguna excusa para que no le remuerda la conciencia. Al darse un chapuzón en el Ganges se siente libre del pecado y vuelve a estar dispuesto a pecar.

Volverá a pecar y volverá a bañarse en el Ganges. El Ganges no te liberó del pecado; en realidad te convirtió en un experto en pecar, porque encontraste una forma barata de librarte de él. No tuviste que pagar mucho. El verdadero viaje no es muy costoso, y además la mayoría de los peregrinos viajan sin billete, no les importa pagar dinero por los billetes. Cuando el Ganges lava tantos pecados, uno más no importa.

PUEDE EMPRENDER EL VIAJE AL GANGES O AL OCÉANO, PUEDE REALIZAR MUCHAS AUSTERIDADES Y AYUNOS, PUEDE DAR EN CARIDAD, PERO SI NO TIENE AUTOCONOCIMIENTO NO SE LIBERARÁ NI EN CIENTOS DE VIDAS....

POR ESO, ¡OH IDIOTA! CANTA SIEMPRE LA CANCIÓN DE LO DIVINO.

UNO PUEDE RESIDIR EN EL TEMPLO DE DIOS O BAJO UN ÁRBOL, LA TIERRA PUEDE SER SU ÚNICO LECHO, LA PIEL DE CIERVO SU ÚNICA TÚNICA, PUEDE HABER ABANDONADO TODA CLASE DE POSESIONES

E INDULGENCIAS - ¿A QUIÉN NO HACE DICHOSO SEMEJANTE RENUNCIAMIENTO?

Esta es una afirmacion muy importante. Shankara está planteando un problema muy serio. Está diciendo que si realmente has renunciado, entonces la prueba de tu renuncia será tu dicha. La dicha probará si tu renuncia fue verdadera o no.

Si el renunciante parece infeliz, entonces significa que su renuncia era falsa. Si dices que has encendido una lámpara en tu casa y aún así está oscura, entonces tu lámpara es falsa. Si la lámpara está encendida, entonces habrá luz en toda la casa.

Shankara esta diciendo que si usted esta viviendo en un templo o bajo un arbol y se siente infeliz y triste, entonces usted aun no ha llegado al templo, entonces usted aun no ha conocido a la deidad del templo. LA TIERRA PUEDE SER SU ÚNICA CAMA. Aquel que es tan libre que el cielo se convierte en su cubierta y la tierra en su lecho - por eso Mahavira fue llamado digambar. El cielo se convirtió en su cubierta y la tierra en su lecho.

CUANDO, LA TIERRA PUEDA SER SU ÚNICA CAMA, DEERSKIN PUEDA SER SU ÚNICA TÚNICA, HAYA DEJADO TODO TIPO DE POSESIONES INDULGENTES - ¿A QUIÉN TAL RENUNCIA NO HACE BIEN?

La felicidad es la vara de medir. No hay otra prueba de tu renuncia excepto la dicha. Tu dicha probará si tu renuncia es verdadera o falsa.

Puedes renunciar a tu casa, a tu dinero, puedes desnudarte, puedes afeitarte la cabeza o dejarte el pelo largo, puedes llevar túnicas ocres e ir al Himalaya o sentarte en la orilla del Ganges, pero si no eres feliz, si no eres dichoso, entonces todas estas cosas no son más que un engaño. Puedes parecer oro, pero no eres oro, sólo eres latón.

Así como el oro puede ser probado, tu renuncia también puede ser probada por tu dicha. La verdadera renuncia significa felicidad y el disfrute mundano significa miseria. Una persona dichosa demuestra que su renuncia es verdadera y que la infelicidad, la miseria, es el resultado del disfrute mundano.

Es por eso que Shankara dice:

PUEDE ESTAR ABSORTO EN EL DISFRUTE DE LOS SENTIDOS O EN EL YOGA, PUEDE ESTAR ABSORTO EN LA COMPAÑÍA DE ALGUIEN O PUEDE ESTAR SOLO, PERO SI SU CORAZÓN MORA EN LO DIVINO, ENTONCES ES ÉL QUIEN ES DICHOSO, ES ÉL QUIEN ES DICHOSO, ES SÓLO ÉL QUIEN ES DICHOSO.

Entonces no hace ninguna diferencia si está viviendo en casa o fuera de casa, si está sentado en un trono o en una piedra en una montaña, si está absorto en el disfrute de los sentidos o en el yoga, si está con alguien o solo, si está en compañía de la familia o de la sociedad o solo, si está en un palacio o en una cabaña.

SI SU CORAZÓN MORA EN LO DIVINO, ENTONCES ES ÉL QUIEN ES DICHOSO, ES ÉL QUIEN ES DICHOSO, ES SÓLO ÉL QUIEN ES DICHOSO.

Por lo tanto, ¡Oh IDIOTA! CANTA LA CANCIÓN DE LO DIVINO.

Morar en lo divino, en Brahma. La definición de Brahma es satchidananda: estar absorto en la verdad, en la conciencia y en la dicha.

Uno que es auténtico, y que es el mismo por dentro y por fuera; que sabe igual por dentro y por fuera; que es verdad y conciencia; que está despierto y no es inconsciente; que es dichoso y que está lleno de la fragancia de lo divino; cuya respiración misma está llena de música; cuyos movimientos son como una danza; cuya presencia te recuerda lo divino... si te acercas a él su frescura te afecta, su dicha empieza a danzar en ti. Toda tu miseria desaparece al mirarle. Su bendición significa el logro de todo. Cuando sientes esto, cuando sientes una profunda satisfacción, entonces esa es la prueba de que está absorto en Brahma, de que está en un profundo abrazo con lo divino.

Hay algo muy interesante. Usted debe haber visto la imagen de Mahavira - él es muy dichoso.

Debes haber visto su cuerpo también. Pero mira al Jaina Muni. Parece tan infeliz, tan miserable.

No le brota dicha; parece triste. Parece como si el capullo no se hubiera convertido en flor, se hubiera encogido. Pero tú dices que este encogimiento es renuncia. Él no se baña, no se cepilla los dientes, así que huele a sudor y su boca apesta y él piensa que esto es renunciación.

Cuando estés con él nunca tendrás ganas de bailar de alegría; cuando estés con él nunca oirás el canto de la música divina de la flauta que nunca antes habías oído. Más bien, te sentirás un poco inquieto cuando vuelvas después de verle. Tal vez su presencia cree en ti una autocondena; tal vez en su presencia sientas que eres un pecador. Pero su presencia no te hará consciente de lo divino que hay en ti.

Y esa es la diferencia - con el verdadero sannyasin no sentirás auto-condena, te sentirás feliz y alegre. Con el verdadero sannyasin sentirás gratitud. El verdadero sannyasin nunca te mostrara tu oscuridad, el te indicara la luz dentro de ti. Puedes ser un gran pecador pero el verdadero sannyasin nunca te dará ninguna pista sobre tus pecados porque no vale la pena hablar de eso; ese tema no tiene valor, no tiene sentido. La gloria dentro de ti es lo verdadero.

Eres pecador porque hasta ahora no has conocido tu gloria interior. Si te haces más consciente de tus pecados entonces tu gloria interior se suprimirá aún más. No, estos pecados son como el sueño de la noche. No tienen sentido. Deberías ser capaz de recordar la piedad que hay en ti. Pero sólo esa persona puede hacerte recordar lo divino, puede recordarte lo divino, que él mismo está absorto en él, que está en el profundo abrazo de Brahma. En su presencia alguien dentro de ti empezará a despertar. En su presencia -igual que los pavos reales empiezan a bailar cuando el cielo está lleno de nubes-, de la misma manera en su presencia....

Buda ha dicho que los pavos reales interiores de muchas personas empiezan a bailar cuando el espacio interior de alguien está lleno de las nubes de lo último. Sí, bailarás en su presencia. Debes saber que donde experimentas la dicha esa es la morada de Brahma, ese es el templo.

PUEDE ESTAR ABSORTO EN EL DISFRUTE DE LOS SENTIDOS O EN EL YOGA, PUEDE ESTAR ABSORTO EN LA COMPAÑÍA DE ALGUIEN O PUEDE ESTAR SOLO, PERO SI SU CORAZÓN MORA EN LO DIVINO, ENTONCES ES ÉL QUIEN ES DICHOSO, ES ÉL QUIEN ES DICHOSO, ES SÓLO ÉL QUIEN ES DICHOSO.

Y ése es el objetivo, ése es el destino que hay que abordar desde todos los puntos de vista.

Por lo tanto, ¡Oh IDIOTA! CANTA SIEMPRE LA CANCIÓN DE LO DIVINO. CANTA LA CANCIÓN DE LO DIVINO, CANTA LA CANCIÓN DE LO DIVINO. ¡OH IDIOTA!

Suficiente por hoy.

La verdad no es un debate

La primera pregunta:

Pregunta 1:

AMADO MAESTRO, HAS DICHO MUCHAS VECES QUE UN DIALOGO NO ES POSIBLE A TRAVES DE UN DEBATE. PERO SHANKARA ANUNCIÓ SU VICTORIA UNIVERSAL Y DERROTÓ A INNUMERABLES INTELECTUALES EN UN DEBATE SOBRE EL SIGNIFICADO DE LAS ESCRITURAS. TRAS LA DERROTA TUVIERON QUE CONVERTIRSE EN DISCÍPULOS DE SHANKARA.

POR FAVOR EXPLIQUE QUE TIPO DE DEBATE SOBRE LAS ESCRITURAS FUE ESTE.

A través de la discusión y el debate, a través de la lógica y el debate, el diálogo nunca es posible. Diálogo significa la conversación de dos corazones; debate significa el conflicto de dos intelectos. Diálogo significa el encuentro de dos individuos; debate significa el conflicto de dos individuos. En el diálogo nadie sale derrotado, ambos ganan; en el debate ambos salen derrotados, nadie gana.

Pero no había otra alternativa para Shankara. Tuvo que debatir, porque en aquella epoca el dialogo solo podia ser posible despues del debate. Shankara no debatía para explicar la verdad. El hecho era que la gente estaba tan llena de su propio intelecto, su ego, su erudición, que no estaban dispuestos a escuchar ninguna charla del corazón hasta que su erudición e intelecto fueran derrotados. Shankara no les explicó la verdad mediante el debate, sino que destruyó su ego mediante el debate. Y el diálogo sólo es posible con la persona que está dispuesta a inclinarse.

El debate de Shankara sobre las escrituras era solo negativo; era como sacarse una espina con otra espina. Una mente llena de lógica sólo puede entender el lenguaje de la lógica. Una mente llena de erudición sólo puede entender el lenguaje de la erudición, ni siquiera puede oír el lenguaje del amor - e incluso si lo oye no puede entender el significado y, simplemente no hay cuestión de entender el lenguaje de la msilencia.

La erudición de este país estaba en su cenit cuando nació Shankara. Esa misma erudición ha arruinado este país. Se quedó atascado en la cabeza y no había manera de llegar al corazón. Para llegar al corazón era necesario cortar primero las cabezas. Esta enfermedad era tan aguda que no podía ser tratada con medicinas, por lo que era necesaria una operación.

Asi que Shankara estaba obligado a debatir - esa era su obligacion. Shankara no es para nada del tipo que debate o argumenta. No es posible para Shankara ser argumentativo. No le interesa en absoluto la lógica; de lo contrario, no podría haber cantado canciones como Bhaj Govindam. Él quería cantar las canciones de lo divino desde su propio corazón. Si el tiempo hubiera estado maduro, si la gente hubiera podido entender el lenguaje del corazón, entonces Shankara no habría discutido ni debatido en absoluto. Si hubiera tenido la oportunidad, habría bailado.

Pero el país estaba enfermo; la erudición estaba en su clímax, las cabezas de la gente estaban realmente pesadas con el aprendizaje y el conocimiento, por lo que era necesario quitar ese peso inútil de sus cabezas. Y la erudición sólo puede entender argumentos. Los eruditos pueden escuchar el lenguaje del corazón después de haber sido derrotados por la lógica. Asi que Shankara los derroto en el debate.

Y recuerda que una persona que ha conocido la verdad puede utilizar la lógica de forma correcta, pero la lógica puede ser peligrosa si la utiliza una persona que no conoce la verdad. La logica es el fin, la logica lo es todo para el que no conoce la verdad, pero si uno conoce la verdad, puede utilizar la logica al servicio de la verdad.

Quien conoce la verdad puede hacer de la lógica su sirviente. La verdad también puede cabalgar sobre la lógica.

Normalmente, la lógica es como una espada en manos de los niños. Con ella dañan a los demás y se dañan a sí mismos. Pero una persona con conocimientos puede utilizar la lógica de forma sensata, como un adulto utiliza la espada. No dañará a nadie con ella, sino que protegerá a los demás de cualquier percance.

Shankara hizo un uso correcto de la lógica. Si se utiliza correctamente, incluso el veneno puede convertirse en medicina. Una persona inteligente siempre puede convertir el veneno en medicina. Y Shankara utilizó la lógica al servicio de la verdad. Recorrió todo el país, fue de una esquina a otra.

Debatía y utilizaba la lógica; discutía con personas cuyas mentes enfermas no podían ir más allá del intelecto y que habían olvidado el lenguaje del corazón. Debatía siempre que veía que algún genio se perdía en las palabras y no encontraba la puerta de la verdad. Discutía con personas que estaban sobrecargadas de escrituras y que luchaban por salir de ellas. Era sólo el prólogo.

Siempre que alguien era derrotado en el debate del significado de las escrituras, al instante Shankara lo convertía en discípulo. Lo verdaderamente importante es esto: tan pronto como alguien era derrotado en la discusión, Shankara utilizaba su derrota. En el momento de esa derrota, cuando el individuo estaba aturdido, cuando su ego estaba destrozado, cuando su intelecto y su lógica no funcionaban, cuando se quedaba indefenso y empezaba a hundirse, Shankara le ponía inmediatamente la otra barca delante. Si el barco de tu lógica se está hundiendo, deja que se hunda. Tengo otro barco, el barco del corazón - el barco del amor, el barco de la devoción.

En esos momentos debió cantar: ¡OH IDIOTA! CANTA LA CANCIÓN DE LO DIVINO, CANTA LA CANCIÓN DE LO DIVINO, CANTA LA CANCIÓN DE LO DIVINO.

Ha llamado idiotas a estos expertos. Debéis comprender que ha debatido para que vuestra idiotez sea cortada. Todas las ilusiones desaparecen tan pronto como tu idiotez es destruida. Y él utilizó ese momento de transición cuando tu mente se vuelve irreflexiva - todas las nubes desaparecen y por primera vez estás mirando al cielo abierto. Shankara no debatía para explicar la verdad. Mediante el debate, eliminó las nubes para que pudiera verse el sol de la verdad.

No hace falta demostrar la verdad, se demuestra por sí misma. Es evidente por sí misma. Y recuerda que si algo tiene que ser probado por la lógica, puede ser refutado también por la lógica. La lógica es sólo un juego, no es una fuerza.

Todo lo que se demuestra con la lógica puede refutarse con la lógica. La lógica es como un abogado; la lógica es como una prostituta; no está apegada a nadie - puede tomar cualquier lado, puede ser usada en ambos lados, a favor y en contra de cualquier cosa. Igual que una espada no pertenece a nadie, la lógica tampoco pertenece a nadie.

Tu propia espada puede ser utilizada por tu enemigo para cortarte el cuello. No puedes decir: "Es mi espada, ¿cómo puede cortarme el cuello?". La espada no pertenece a nadie.

Del mismo modo, la lógica tampoco pertenece a nadie. Por eso, las personas que dependen demasiado de la lógica descubrirán un día que no es fiable en absoluto. Un día se darán cuenta de que iban en un barco de papel.

Un día descubrirán que la lógica que les sirvió de apoyo para mantenerse en pie se convirtió en la causa de su caída.

Si crees en Dios dices que tiene que haber alguien que haya creado este mundo. Tu lógica es que este mundo debe haber sido creado por alguien, así que debe haber un Dios. Pero entonces el otro argumento es: ¿Quién creó a Dios? ... Porque, ¿cómo puede existir Dios sin haber sido creado? No hay diferencia entre los dos argumentos. Uno cree en Dios y el otro es ateo. Pero no veo ninguna diferencia entre los dos porque ambos dependen de la lógica de que ¿cómo puede existir algo sin haber sido creado?

Te enfadas con un ateo y le dices: "¡Cállate! Nadie ha hecho a Dios". Pero el ateo sólo dice que si Dios puede existir sin ser hecho, ¿por qué no puede existir el mundo sin ser hecho? La lógica es la misma, el argumento es el mismo, así que nadie gana.

La lógica nunca demuestra nada. Lo que es, esta mas alla de la logica; lo que es, es evidente por si mismo. Pero si vas a Shankara con la logica, el contrarrestara toda tu logica. Hay muy pocas personas que sean tan lógicas como Shankara. Puedes conocer a gente que ha conocido lo divino -como Ramakrishna- pero son raras las personas que han conocido lo divino y pueden rebatir los argumentos del ateo.

Ramakrishna no podía rebatir el argumento de un ateo. No conocía la lógica. Era una persona simple y pura. Vivekananda podía contrarrestar la lógica, pero Vivekananda no tiene ninguna experiencia de la verdad. Personas como Shankara son únicas. Tiene en él las cualidades de Ramakrishna y Vivekananda. Ha conocido igual que Ramakrishna ha conocido, y puede usar argumentos a favor de lo que ha conocido, igual que Vivekananda puede hacer sin conocer.

Pero Shankara ha sido malinterpretado. La ironía es que toda su vida Shankara trató de destruir el ego de los expertos, ¡y esos mismos expertos lo tomaron también por un experto! Estos pundits siguen diciendo que Shankara lo conquistó todo. Shankara debe estar riéndose a carcajadas. La victoria de la lógica no es ninguna victoria. Derrotar a alguien con la lógica no significa nada. Si alguien es derrotado en una discusión, simplemente se queda callado, no se siente derrotado de corazón.

Si expones muchos argumentos ante alguien, es posible que no pueda responderte de la misma manera, por lo que se callará en ese momento, pero en su mente seguirá esperando para vengarse de ti.

Vencer a alguien con la lógica es como utilizar la espada para que se rinda. Se rendirá por el momento, pero esperará el momento oportuno para vengarse. Aquel que es derrotado con una espada no es derrotado en absoluto. Sólo el que es derrotado con amor es realmente derrotado, porque ninguna otra rendición tiene sentido hasta que te rindes desde el corazón.

Asi que Shankara derroto con la logica a esa gente que existia sobre la logica. Derrotó a la lógica con la lógica.

Pero en ese momento de derrota Shankara les dijo: "Vuestra lógica es inútil, mi lógica también es inútil. Os he sacado la espina con mi espina, pero mi espina no es más valiosa que la vuestra. Y no intentes mantener mi espina en tu herida, de lo contrario esto también te causará tanto dolor como el que te estaba causando tu espina".

Es mejor tirar las dos espinas".

Este era el significado de ser su discípulo: alejarse del intelecto y bajar al corazón. La verdad no debe buscarse con el pensamiento, sino con la emoción. No hay que descubrir la verdad con la lógica, las escrituras y los principios, sino con el corazón abierto. Cuando la flor del corazón florece, el sol de la verdad brilla sobre ella. Los rayos de la verdad danzan sobre la flor floreciente del corazón. Este era el significado del discipulado. Pero a aquellos que no podían entenderlo, Shankara se lo hizo entender en su propio idioma.

Shankara es una persona unica. Y es muy facil malinterpretar a una persona unica porque esta mas alla de la comprension comun. A la gente le parecía que también era un lógico, un gran lógico. Pero, ¿puede un gran lógico decir: "¡Canta! ¡Baila! Cantad la canción de lo divino"? No es posible que un lógico lo diga. Tales palabras sólo puede pronunciarlas un amante de lo divino desde lo más profundo de su corazón. Así que recuerda esto.

"Usted ha dicho muchas veces que el diálogo no es posible a través del debate". Nunca es posible.

Shankara limpió el terreno para el diálogo mediante la lógica y el debate. Tú estabas lleno de debates, así que él te humilló con debates. Tú estabas lleno de argumentos, así que él te humilló con argumentos. Limpió el terreno con ellos y luego sembró las semillas del amor y la devoción.

Mucha gente ha estado pensando que Shankara es contradictorio. No es contradictorio. Parece contradictorio de la misma manera que ves a alguien en tu vecindario demoliendo su casa.

Tarda meses en demolerla y luego en limpiar los escombros; después echa los cimientos y construye una casa nueva. ¿Llamarás contradictoria a esta persona? Un día derriba su casa y al día siguiente la construye. Puede parecer contradictorio, pero tú sabes que para construir una casa nueva hay que demoler la vieja. No hay contradicción en esta contradicción.

La nueva casa sólo puede construirse tras demoler la antigua.

Shankara no es contradictorio, sino que combate la lógica con la lógica. Cuando la vieja casa es demolida, entonces invita a bailar. Dirás que esto es contradictorio - primero habla del pensamiento y la lógica, luego habla del amor y la danza.

No, utilizó la lógica para destruir lo viejo y construyó lo nuevo con la emoción. Limpió el terreno con la lógica y ahora está sembrando las semillas del amor. No hay contradicción.

Dices: "Pero Shankara anunció su victoria universal". Este anuncio tampoco fue hecho por Shankara; este anuncio fue hecho por personas que seguían a Shankara pero no podían comprenderle. No se puede comprender a nadie por el mero hecho de seguirlo. Es muy fácil seguir a alguien, pero es difícil ser un discípulo. Es muy fácil seguir o copiar a otros, pero es difícil comprender a alguien y luego desarrollar tu vida de acuerdo con esa comprensión.

Asi que aquellos que siguieron a Shankara anunciaron su victoria universal. Todavía lo hacen. El Shankaracharya de Puri sigue haciéndolo, Karpatri sigue haciéndolo. Siguen diciendo que Shankara derrotó al mundo entero. El Shankaracharya de Puri sigue diciendo que él es Jagat Guru, maestro del mundo. Este no es el anuncio de Shankara, porque Shankara sabía que nadie gana y nadie es derrotado con la lógica - sólo significa que la lógica de la otra persona era más débil que la tuya y tú eras más hábil. Pero mañana la otra persona también puede volverse más hábil en lógica.

Shankara sabia que la victoria de la logica y el argumento no es una victoria, es solo un engaño. Y Shankara no intenta derrotar a nadie con la lógica. Su intento es único, pero este intento único no puede ser visto por quienes le siguen; sólo verán que ha derrotado a otro hombre. Los que le siguen sólo pueden entender el lenguaje del ego. No pueden ver que en realidad Shankara no derrotó a la persona sino que la hizo victoriosa, la llevó al camino del corazón. Una persona estaba perdiendo, hundiéndose profundamente en la lógica - Shankara le salvó y le mostró el camino de la victoria. Ahora esa persona será victoriosa.

Por eso la gente como Kumaril Bhatt, que fue derrotado por Shankara, se convirtió en su discípulo - no se convirtió en su discípulo en la miseria y la angustia. Si Kumaril Bhatt se hubiera convertido en discípulo después de haber sido derrotado, eso habría herido su ego y habría intentado vengarse de su derrota. Kumaril era tan gran logico como Shankara. Debatiendo con Shankara Kumaril se dio cuenta de que debatir es inútil. Shankara no fue victorioso, Kumaril no fue derrotado. La logica fue derrotada y la emocion gano.

Es necesario entender esto - debatiendo con Shankara, jugando con un jugador experto, Kumaril vio claramente que aquellas cosas de las que dependía se venían abajo con el simple soplar de una brisa.

Esto no significa que aceptara la lógica de Shankara. La habilidad de Shankara consiste únicamente en que, a través del debate, te muestra que tus argumentos son inútiles, que mis argumentos son inútiles; la lógica pierde sentido. Ni Kumaril fue derrotado ni Shankara ganó - la lógica fue derrotada. Porque esta derrota de la lógica vino a través del medio de Shankara, Kumaril se inclinó y cayó a sus pies.

Y estos debates estaban llenos de dulzura, estos debates estaban llenos de amor, no había amargura en ellos. No luchaban como enemigos, era como jugar al ajedrez: se ponía en juego un ejército de argumentos. Kumaril preparó lo mejor de su lógica y lo mejor de su intelecto, y Shankara fue destruyendo uno a uno todos sus argumentos. No intentó poner su propio argumento en la mente de Kumaril, simplemente fue negando los argumentos de Kumaril hasta que quedó un espacio, y en ese espacio nació el discipulado. El oponente vio que la persona que estaba frente a él no ha traído ninguna teoría sino la verdad. Ha destruido todos mis argumentos pero no ha establecido ningún argumento nuevo en su lugar. Quedó un espacio vacío. Habia un intervalo, habia vacio, habia un vacio. En ese estado se produjo la meditación. En ese momento de meditación se inclinó. No pienses que se inclinó ante Shankara; se inclinó ante la verdad que se expresaba a través de Shankara. Shankara era sólo una imagen, un símbolo. Kumaril se inclinaba ante la verdad. Kumaril se inclinaba no porque hubiera sido derrotado, sino porque había despertado.

Pero la gente que estaba de pie detrás, todo lo que vieron fue que estaba derrotado y se estaba inclinando. La gente que le seguía anunció tha: "Shankara ha salido victorioso, ha derrotado al mundo". Por culpa de esta gente estúpida la imagen de Shankara fue contaminada. El enfoque único de Shankara se perdió y en su lugar surgió una tradición muy ordinaria, un camino estrecho. El vasto camino del cielo abierto se perdió - esa apertura se perdió. Por lo tanto, encontrarás que si un sannyasin de Shankara es un lógico, no aceptará Bhaj Govindam y esas cosas.

Hay gente que dice que canciones como Bhaj Govindam no han sido escritas por Shankara, que han sido escritas por otros y se les ha dado el nombre de Shankara. Dicen: "¿Cómo puede Shankara escribir tales canciones?". Sí, Meera podía escribir tales canciones, Chaitanya podía escribir tales canciones, pero ¿cómo podía Shankara escribirlas?... porque era un lógico agudo, no le era posible cantar tales canciones devocionales. Estas personas dicen que esas canciones han sido hechas por otros que se han aprovechado del nombre de Shankara. Piensan que esas canciones no son autenticas y creen en argumentos que realmente no tienen valor.

Shankara utilizó la lógica para destruir el viejo edificio y dio estos cantos para construir el nuevo.

Este proceso suyo no es contradictorio; si piensas así, entonces no serás capaz de entenderle.

Shankara nunca anunció su victoria universal. Los que conocen la verdad no son ambiciosos, los que conocen la verdad no son egoístas. Tales anuncios de victoria son muy infantiles: los niños pequeños se entregan a tales cosas. ¿Quién tiene que ganar y quién tiene que perder? Shankara ve que sólo existe lo divino; la multiplicidad de las cosas es una ilusión, la unidad es la verdad. ¿Quién ganará y quién perderá? Si alguien gana es sólo lo divino quien ganará, y si alguien pierde es sólo lo divino quien será derrotado. Cuando es él quien gana y es él quien pierde, entonces ¿quién va a anunciar la victoria universal? No, Shankara no puede cometer este error, y si lo ha cometido entonces no tiene ningún valor. Shankara ha despertado y no ha derrotado a otros.

No, Shankara hizo a innumerables intelectuales realmente inteligentes. Antes de esto habían estado involucrados con el falso intelecto; estaban cuidando monedas malas. Ahora se les mostraron las monedas verdaderas. Sólo puedes distinguir la moneda mala después de ver la verdadera: no hay otra manera de probar que una moneda mala es mala. Shankara mostró las monedas reales y entonces se pudieron reconocer las monedas malas. Estos debates no eran como los que se celebran en Occidente. Estos debates tampoco eran como los que tienen lugar en Oriente hoy en día. Estos debates eran muy dulces. Eran los debates de los buscadores de la verdad.

Hay dos tipos de debates: uno es que todo lo que digas es correcto porque lo estás diciendo, porque no puedes equivocarte. Lo que digas no importa, pero tiene que ser correcto porque lo has dicho. Este tipo de debate es fútil, inútil. Si buscas la verdad, entonces no insistas en que lo que dices es correcto. Entonces dices que por lo que has conocido hasta ahora, esto te parece correcto: "Estoy dispuesto a saber más si hay algo más que saber. Estoy abierto, no cerrado. Todavía no he llegado a ninguna conclusión. Pero hasta ahora, dondequiera que he buscado, esto parece ser lo más veraz. Pero si se me revela la verdad, estoy dispuesto a aceptarla, a ser transformado y a renunciar a todo lo que sabía antes de esto". Entonces el debate se convierte en el proceso de acercamiento a la verdad.

Oriente ha utilizado este tipo de debate. Esta tradición tiene miles de años. En la búsqueda de la verdad, los intelectuales solían reflexionar y debatir, no porque hubieran encontrado la verdad, sino porque la estaban buscando. Esto continuó durante miles de años. Siempre que una persona mostraba la falsedad del otro, entonces tenía el valor de postrarse a sus pies, porque en la búsqueda de la verdad quien la mostraba era el maestro. Así que aquellos que fueron derrotados por Shankara se convirtieron en sus discípulos.

Discipulado significa: me has llevado un paso más allá de donde estaba, me has hecho ver más allá de donde mis ojos podían ver, me has hecho ver el cielo abierto cargándome sobre tus hombros.

La búsqueda de la verdad es absolutamente otra cosa. Si el objetivo es la búsqueda de la verdad, también se puede utilizar el debate. Por eso digo que incluso el veneno puede convertirse en medicina.

También ha habido debates en Occidente, pero no son como los de Oriente. En Occidente siguen peleando, debatiendo, y nunca se puede juzgar quién ha ganado y quién ha perdido. Nunca se han convertido en discípulos de nadie.

Shankara viajó a Mandala, la ciudad de Mandan Mishra; Mandala debía su nombre a Mandan. Al entrar en la ciudad preguntó a las mujeres del pozo: "¿Dónde está la casa de Mandan Mishra?".

Se rieron y dijeron: "No hace falta que me lo preguntes porque tú mismo podrás reconocerlo.

La propia atmósfera de esa casa te lo dirá. Incluso los loros de la jaula que cuelga delante de la casa recitan las palabras de los Upanishads. El aura de esa casa es antigua y sagrada". Las mujeres se rieron y dijeron: "Forastero, serás capaz de localizar esa casa. Nadie tiene que preguntar por ella".

Shankara llegó a la casa. Los pájaros cantaban en la puerta y recitaban palabras de los Upanishads y los Vedas. Shankara entró e invitó a Mandan Mishra a debatir con él.

Mandan Mishra era muy famoso. Era mayor que Shankara, y su prestigio y fama eran mucho mayores que los de Shankara. También tenía más discípulos que Shankara. Shankara le invitó a un debate sobre la búsqueda de la verdad. Le dieron la bienvenida y le hicieron quedarse en la casa. No era un enemigo. Mandan tenía entonces más de cincuenta años y Shankara unos treinta.

Entonces Mandan dijo: "Yo tengo mucha más experiencia que tú. Tú eres joven. Yo soy de la edad de tu padre, así que no somos iguales, este debate no es igualitario. Así que te doy la ventaja de elegir al juez.

Eres joven, así que tú eliges al juez: él decidirá quién ha ganado y quién ha perdido".

No se trataba en absoluto de una pelea, sino de un concurso muy cariñoso. La persona mayor acogió al más joven como a su propio hijo y también le dio ventaja. Shankara busco a su alrededor un juez que tuviera la misma reputacion que Mandan pero no pudo encontrarlo. Así que se decidió por la esposa de Mandan, cuyo nombre era Bharati. Shankara dijo: "Tu esposa hará el juicio".

¿Crees que esto es una pelea? Este no es el lenguaje de los enemigos. Si es la esposa la que tiene que juzgar, existe la posibilidad de que se ponga de parte de su marido. Esto es muy natural si el debate se basa en la enemistad. Pero este debate era para buscar la verdad, y estaba lleno de amor.

La esposa se convirtió en juez, y tras el debate dictaminó que Mandan había perdido y Shankara había ganado. Bharati entonces dijo, "Pero espera, esta derrota es incompleta. Tu has derrotado solo una mitad de Mandan - Yo soy su otra mitad. Ahora tienes que debatir conmigo". Esto sonó como una broma pero era un hecho hermoso - la esposa siendo la otra mitad del marido, sólo la mitad de Mandan había sido derrotada y ahora la otra mitad, la esposa, tenía que ser derrotada. Esta esposa que dio el juicio de la derrota de su marido debe haber sido unica. Ella le dijo a Shankara, "Tu victoria esta incompleta. Tienes que derrotarme a mí también para que sea completa".

Shankara accedió a debatir con Bharati. Pero se dio cuenta de que no podía responder a las preguntas que ella le hacía, porque no le preguntaba nada sobre Brahma o el conocimiento de Brahma. Como él ya había derrotado a Mandan en ese tema. Ella había entendido del debate con Mandan que era inútil hablar con este joven sobre Brahma. Ella pensó "Esta persona de aspecto joven es en realidad un ser muy antiguo".

Y Mandan ciertamente sabía más que Bharati. Por eso Bharati se había enamorado de él, se había casado con él y lo cuidaba. Ella lo había visto derrotado por Shankara en el tema de Brahma, así que ella le hizo preguntas a Shankara con respecto al sexo. Shankara era joven. Tenía treinta años y era soltero. Se encontró en una situación difícil. Dijo: "Quiero seis meses de tiempo para responder a estas preguntas porque soy soltero y célibe, no conozco el amor, no conozco el sexo. Así que si respondo ahora no será desde mi propia experiencia y las respuestas que no se basan en la experiencia no pueden ser verdaderas o correctas". Al igual que Mandan ha perdido al hablar de Brahma basándose en su conocimiento de las escrituras, de la misma manera yo también puedo hablar de sexo basándome en mi conocimiento de las escrituras y seguro que seré derrotado porque no tengo experiencia del sexo. Tú ganarás porque tienes experiencia. Yo sólo he oído hablar de ello, lo mío es sólo conocimiento de segunda mano. Así que necesito seis meses para tener esa experiencia. Después podré responder a tus preguntas".

Estos debates estaban realmente llenos de amor y afecto. Bharati dijo: "De acuerdo, vete seis meses, adquiere experiencia y vuelve".

Es una historia extraña. Shankara estaba en un gran dilema. El habia tomado el voto de celibato - le habia dado esta promesa a su maestro. Ahora, si se casaba o buscaba una mujer, todo el patrón de su vida cambiaría. Asi que, segun la historia, Shankara dejo su propio cuerpo y entro en otro cuerpo muerto. Un rey estaba muriendo, así que Shankara entró en su cuerpo y permaneció en él durante seis meses y comprendió la necesidad del cuerpo y el significado del sexo. Cuando regresó después de seis meses, Bharati le miró y le dijo: "No hay necesidad de debatir ahora. Ya lo sabes. Estoy dispuesta a ser tu discípula". Mandan y Bharati se convirtieron en discípulos de Shankara.

En estos incidentes estaban llenos de amor y consideración el uno por el otro; no había enemistad entre ellos. No es que Shankara derrotara a los intelectuales - les dio verdadera inteligencia a estos intelectuales y sacudió y despertó a los derrotados, dio luz a la gente que vivía en la oscuridad.

Y los que se postraron a sus pies no lo hicieron por humillación. Se inclinaron por gratitud y agradecimiento.

Dices: "Después de la derrota tuvieron que convertirse en discípulos de Shankara".

No digas "tuve que". Tenemos la costumbre de utilizar el lenguaje del ego. Aunque Shankara se hubiera negado, se habrían convertido en sus discípulos. No "tenían que" - se convirtieron en discípulos con gratitud y con gran alegría. Esa inclinación no fue hecha al ser derrotados. Esa inclinacion fue por una profunda comprension. Eso fue rendición y no derrota; encontraron la felicidad en inclinarse a sus pies. Esta inclinación les dio autoestima. En esa inclinación comprendieron por primera vez el sentido de la vida, en esa inclinación encontraron el primer atisbo de lo divino.

No uses las palabras "tuvieron que inclinarse". Se inclinaron por gratitud, por dicha, por agradecimiento.

La segunda pregunta:

Pregunta 2:

AMADO MAESTRO, LA CAIDA DE UNA PERSONA ORDINARIA PUEDE SER ENTENDIDA, PERO ¿COMO PUEDE SER POSIBLE LA CAIDA DE UN BUSCADOR QUE ESTA RECORRIENDO EL CAMINO DE LA RENUNCIACION, EL DESAPEGO Y LA AUSTERIDAD?

Una persona normal no puede caerse. ¿Dónde puede caerse? ¿Dónde puede caerse una persona que camina por terreno llano? Sólo una persona que está intentando escalar la cima de la montaña puede caerse. Se necesitan cimas de montañas para caerse. Y hay abismos ocultos y zanjas cerca de los picos de las montañas. Pero, ¿cómo puede caerse una persona que camina por un terreno llano y uniforme, por la carretera principal? ¿Adónde va a caer? Ya se ha caído.

Una persona corriente no puede caerse porque ya no tiene margen para ello. Así que no has entendido lo que has dicho: "La caída de una persona ordinaria puede ser entendida". ¿Cómo puede caer una persona corriente?... porque está viviendo en el punto a partir del cual ya no es posible caer. Vive en el grado cero. Ya está viviendo en el abismo.

Sólo caen las personas extraordinarias: las que intentan alcanzar las cumbres de las montañas, las que aceptan los retos de las alturas, las que no están dispuestas a vivir en el abismo, las que dicen que su vida carece de sentido hasta que no hayan alcanzado las cumbres doradas de las montañas; las que no aceptan vivir en la oscuridad del abismo, las que dicen: "Volaremos por el cielo y emprenderemos un viaje lejano". Cuanto más largo es el viaje, mayor es el peligro de caer.

Tenemos una palabra yoga bhrashta, uno que ha caído del yoga. ¿Has oído alguna vez la palabra bhoga bhrashta, alguien que ha caído de la indulgencia? Bhoga bhrashta no tiene sentido. Yoga bhrashta tiene sentido; significa que se hizo el intento de escalar la altura pero se falló.

El peligro de perderse siempre está presente en la escalada. Quizá por eso muchas personas no intentan subir a las alturas. Se olvidan de las alturas. Consideran que el abismo es la altura. De hecho, no miran a las cumbres, porque mirándolas puede que tengan que aceptar el reto.

He oído que en los países donde las aves de montaña vienen de lugares lejanos, los pájaros de compañía también empiezan a tener ganas de aceptar el reto. En el sur de Europa vienen patos de Siberia a pasar el invierno. Cuando termina el invierno, estos patos regresan. Los patos domésticos también eran salvajes y libres hace unas generaciones. Cuando las bandadas de patos salvajes comienzan a regresar, y los patos de las granjas y los campos los ven volar en el cielo, ellos también empiezan a agitar las alas, también intentan volar unos metros y luego se caen. Sus alas ya no son fuertes. Pero cuando ven volar a estos pájaros de montaña, pájaros como ellos, algo en ellos les desafía y entonces recuerdan también la altura del cielo y el país desconocido. Hay un recuerdo muy tenue de Siberia en sus mentes. Aunque se caen, intentan volar.

Cada vez que un Buda o un Shankara pasa entre vosotros, también agitáis un poco las alas en vuestros campos y en vuestros graneros porque su presencia despierta en vosotros el sonido de alguna música dormida.

Entonces sabréis que también podéis volar a esas alturas, que ése es también vuestro destino - pero revoloteáis un poco y lo olvidáis todo después de caer. O aquellos entre ustedes que son muy astutos dirán que esto no es posible. No miran a Buda en absoluto. Le dan la espalda. No miran a Buda directamente, sólo escuchan los rumores sobre él. No miran a Buda a los ojos porque es peligroso hacerlo. Se sientan en sus tiendas y siguen diciendo que todo eso son tonterías: nadie ha realizado nunca lo divino, no existe Brahma; todo eso son cuentos chinos para impresionar a la gente. Este hombre debe haberse vuelto loco, o este tipo de discurso es muy poético. Simplemente no pueden aceptar que existan tales montañas, tales alturas, tales picos vírgenes cubiertos de nieve a los que pocos han llegado jamás, porque temen que si lo creen entonces también intentarán volar.

Pero no tienen confianza en sus propias alas; siguen dudando. ¿Serán capaces de volar? ¿Serán capaces de alcanzar? ¿O se caerán? Con el vuelo existe la posibilidad de caerse, existe la posibilidad de resbalar mientras se avanza. Pero las criaturas que se arrastran por la tierra no pueden caerse, ¿dónde caerán?

Así que no digas que puedes entender la caída de un hombre corriente. ¿Has oído hablar alguna vez de la caída de una persona ordinaria? Sólo el buscador que está recorriendo el camino de la renuncia, el desapego y la austeridad puede caerse, y ese peligro se hace cada vez mayor a medida que se acerca a su destino.

Entonces hay peligro en cada centímetro. Puedes fallar un poco y caer. El error es pequeño, la caída es grande. Si cometes un error no importa, pero si Mahavira comete el mismo error entonces tendrá una gran caída. Tus errores no tienen importancia porque vives en los errores, pero si ese error lo comete Buda....

Buda pasaba por una aldea. Ananda estaba con él. Una mosca se posó en su hombro mientras hablaba, y él se la quitó como cualquier otra persona. Entonces se detuvo de repente como si hubiera cometido un gran error, entonces levantó la mano y muy conscientemente la llevó hacia el hombro y quitó la mosca que ahora no estaba allí.

Ananda le preguntó: "¿Qué haces?".

Buda dijo: "Había quitado la mosca inconscientemente, mecánicamente. Debería haberlo hecho conscientemente".

Incluso una mosca debe ser eliminada conscientemente, porque si el acto de eliminarla se hace inconscientemente, entonces otras cosas también se hacen inconscientemente. No había nada de qué preocuparse: la mosca no había muerto, no había violencia. Pero Buda estaba ciertamente preocupado. Incluso esta pequeña mancha negra es demasiado en su sábana blanca.

Pero en su sábana negra no se ve nada. Por eso mucha gente compra ropa que no deja ver la suciedad. Incluso una pequeña mancha es visible en una sábana blanca. La sábana blanca de Buda muestra la mancha inmediatamente. Es por eso que incluso la mosca tiene que ser removida conscientemente.

Por la noche Buda duerme sólo de un lado. Ananda le preguntó un día: "Siempre que me levanto por la noche duermes del mismo lado. Incluso tus manos no se mueven, también permanecen en la misma posición. ¿Duermes conscientemente? ¿No te relajas mientras duermes?".

Buda respondió: "Quien se despierta no duerme. Hay que dormir conscientemente. Yo duermo, pero hay alguien dentro de mí que siempre está despierto, porque si no hay vigilia en mi interior, empiezan los sueños.

Y si el sueño continúa en el interior, los pensamientos continuarán durante el día. Si uno no está despierto por la noche, entonces es difícil estar despierto incluso durante el día. La vigilia debe ser natural todo el tiempo, de día y de noche. El flujo interior de la vigilia debe continuar".

Así que incluso por la noche Buda duerme conscientemente, mantiene sus manos en la misma posición. No deja que la inconsciencia entre incluso en su sueño. Para Buda, la inconsciencia en el sueño significa caerse. El peligro de caerse aumenta a medida que te acercas a tu destino.

A medida que aumenta la altura, la cima se hace cada vez más estrecha. Justo en la cima del Gourishankar, en el Everest, sólo puede estar de pie un hombre: sólo hay ese espacio.

Hace poco, cuando una expedición de mujeres japonesas había ido a Gourishankar, las chinas afirmaron que su expedición de siete personas también había llegado a Gourishankar sólo dos días antes que ellas. Las japonesas se negaron a creer esta afirmación de China, porque siete personas no pueden estar allí a la vez.

La cumbre sigue estrechándose. Este es tu Gourishankar ordinario - ¿qué puedes decir de las cumbres de Buda? Se vuelven tan estrechas que ni siquiera una persona puede mantenerse en pie. Si te paras allí con tu ego, te caerás; allí sólo puedes pararte si estás absolutamente vacío. En esa cima de plenitud, de totalidad, sólo puede estar la vacuidad. Un poco de ego causará la caída.

Recuerda siempre que el peligro de caerte aumenta a medida que creces. Pero hay que aceptar este reto. Esto mostrará tu fuerza interior y tu profundidad interior. No importa si tienes que caerte mil veces, pero tienes que llegar a la cima, y no puedes estar contento hasta que hayas llegado a la cima. Puedes ganar cualquier cosa, pero seguirás siendo un mendigo hasta que te des cuenta de lo divino que hay en ti.

La felicidad no es posible hasta que te conviertes en aquello en lo que eres capaz de convertirte en última instancia, hasta que tu futuro se convierte en presente; no puedes estar en éxtasis hasta que todas tus flores florezcan. Por eso, para el éxtasis, en hindi utilizamos la palabra prafullata, que significa el florecimiento de la flor. Este pleno florecimiento es el éxtasis. Así que nunca aceptes nada que sea incluso un poco menos que este florecimiento, de lo contrario seguirás siendo infeliz y vivirás en el infierno.

Una persona normal no se cae, pero vive en la oscuridad, en el dolor, en la miseria. Es mejor correr el riesgo de caerse, en lugar de vivir en la miseria es mejor vislumbrar la felicidad, en lugar de arrastrarse por el suelo es mejor volar en el cielo por una vez. Volando aunque sólo sea una vez tendrás confianza en tus alas. Ciertamente caerás y te levantarás muchas veces, pero cada caída es una lección y cada levantamiento es una nueva fuerza. Que te caigas ahora significa que en el futuro tu posibilidad de caerte será menor porque te harás experto en levantarte.

El viaje es largo y el destino es lo divino. No aceptes menos, no te conformes antes y no te sientes al borde del camino con los ojos cerrados imaginando que has llegado al destino. Este viaje es incómodo, mucha gente lo ha hecho, es fácil y cómodo sentarse al borde del camino. Continuar el viaje significa jugársela, trabajar duro, esforzarse. La vida es una apuesta y sólo los grandes apostadores pueden alcanzar lo divino.

La tercera pregunta:

Pregunta 3:

AMADO MAESTRO, LOS LLAMADOS SANNYASINS ESTÁN HACIENDO NEGOCIOS EN NOMBRE DE LA RELIGIÓN. Y TU HAS DICHO A TUS SANNYASINS QUE CONTINUEN CON SUS TIENDAS, SUS NEGOCIOS. ESTO PARECE CONTRADICTORIO. POR FAVOR, ACLÁRALO.

No hay contradicción alguna. Los llamados sannyasins hacen negocios en nombre de la religión porque se han visto obligados a abandonar sus tiendas. Todavía no eran maduros, todavía estaban interesados en llevar la tienda, pero se vieron obligados a sentarse en el templo. Así que convierten el templo en una tienda.

Por eso no pido a mis sannyasins que abandonen sus negocios o sus tiendas. Yo digo que si el templo tiene que convertirse en tienda, entonces es mejor convertir la tienda en templo. No les obligo a dejar sus tiendas, porque he visto que esos sannyasins convierten el templo en una tienda. Es inútil alejarte de la tienda o del negocio hasta que tú mismo hayas perdido el interés en él. En el momento en que pierdas el interés por la tienda, no habrá necesidad de alejarte de ella: tú mismo convertirás la tienda en un templo.

Recuerda: si un templo puede convertirse en tienda, ¿por qué una tienda no puede convertirse en templo? El proceso es el mismo en ambos casos. Insisto en el segundo: si tienes que cambiar, entonces cambia la tienda por un templo. Y si todavía tienes interés en la tienda, en el negocio, no importa, por favor continúa con ello; así al menos el templo no se contaminará.

Quiero que madures. Sé maduro dondequiera que estés. Lo básico es la madurez. El hecho más importante de la vida es que si te ves obligado a renunciar a algo mientras eres inmaduro, puedes renunciar a ello físicamente, pero mentalmente no serás capaz de hacerlo. Tu mente continuará deseando aquello a lo que has tenido que renunciar. Así que puedes vivir o ir a cualquier parte pero ese interés creará su propio mundo. La semilla está en tu deseo, no en tus circunstancias; está en tu condicionamiento mental.

Sannyas es la revolución interior. Es la declaración de: "Voy a cambiarme a mí mismo desde dentro".

Y creo que es más conveniente cambiar en el mercado que en el Himalaya, porque en el mercado a cada momento hay un reto y a cada momento hay una posibilidad de caerse y a cada momento hay una lucha en la que no puedes engañarte a ti mismo durante mucho tiempo. El mercado es un espejo. Cada persona que conoces ilumina algún rincón de tu mente.

Intenta comprender esto. No podrás saber muchas cosas sobre ti mismo si no conoces a gente. Si no conoces a nadie que te insulte, ¿cómo puedes saber si hay ira en ti o no? Si nadie te insulta, pensarás que no tienes ira. Sólo conocerás la ira que hay en ti cuando alguien abuse de ti. Así que, en cierto modo, la persona que te ha maltratado te ha ayudado a comprenderte a ti mismo, te ha ayudado a darte cuenta de que hay ira dentro de ti que se mantenía reprimida. Ese rincón oscuro salió a la luz por su abuso.

Pero el sannyasin que huye a la selva no tiene estas oportunidades de comprender sus características internas porque allí está solo, porque allí no hay nadie que abuse de él, nadie que lo respete, nadie que lo seduzca con dinero. Nadie le da ninguna oportunidad, está solo allí. La auto-observacion se vuelve dificil.

Este mundo es el lugar donde puedes observarte y comprenderte a ti mismo. De lo contrario, Dios habría hecho innumerables selvas y habría mantenido a una persona en una sola selva. Pero tendrás que admitir que lo divino es más inteligente que tú. Escúchale y ten cuidado con esos supuestos santos que pretenden ser más inteligentes incluso que Dios. Intentan ser muy listos. Dicen que harán sadhana, práctica espiritual, en la selva.

Pero la sadhana no se puede hacer en la selva, tiene que ser en este mundo. Sólo vegetarás en la jungla. Pero aquí en este mundo las espinas te pincharán en el momento en que camines sobre ellas. Cuando caminas sobre estas espinas y no son capaces de pincharte, eso significa que ahora eres capaz de ir a la jungla - ahora si quieres, puedes ir. Entonces no te detendré. Pero entonces tú mismo dirás que no hay necesidad de ir a la selva; para mí hay una selva en medio de esta misma multitud. La sabiduría nacerá cuando madures.

¿Cómo nace la sabiduría? Nace del conflicto, nace aceptando los retos de la vida; siendo derrotado, cayendo y levantándose de nuevo. Cuando te maltratan mil veces y te enfadas mil veces, llega un momento en que no te enfadarás al ser maltratado. La experiencia de mil veces te hará comprender que no tiene sentido arder de ira: otra persona está abusando, así que ¿por qué debería castigarme por ello? Entonces seguramente un día no reaccionarás cuando alguien abuse de ti, no te enfadarás. Ese mismo día la espina que hay en ti se convertirá en una flor y serás una persona cambiada. La paz que experimentarás ese día no te la puede dar ninguna jungla.

La paz de la jungla es una paz muerta. Si te vuelves pacífico en medio de estos abusos, entonces tu paz es paz de verdad. La paz de la jungla es como la paz de un cementerio: el lugar está tranquilo y desierto, no hay nadie. Es negativo. Si te vuelves pacífico en este mundo, entonces es positivo. La paz de la jungla es como la muerte, y la paz del mundo es muy viva.

Te digo que si quieres alcanzar lo divino no huyas. No puede haber relación de lo divino con cobardes o con escapistas. El único camino es el camino del coraje. Existe la posibilidad de caer en la valentía. No hay otra alternativa.

¿Te has fijado alguna vez en que los hijos de las familias ricas no son muy avispados ni muy inteligentes? No pueden serlo, porque no hay ningún reto para ellos. Los niños inteligentes siempre pertenecen a familias en las que tienen que luchar para conseguir incluso cosas pequeñas. Los hijos de los millonarios suelen ser mediocres.

Henry Ford solía enviar a sus hijos a pulir botas en los arcenes de las carreteras. Les decía que se ganaran así su propio dinero. Era multimillonario y, sin embargo, hacía que sus hijos lustraran los zapatos de otras personas. Sus amigos le decían que eso era demasiado. Él respondió: "Yo mismo he ganado dinero lustrando zapatos. Personas que eran ricas cuando yo era niño se han convertido ahora en mendigos. Yo era como un mendigo, pero hoy soy el hombre más rico del mundo. No quiero que mis hijos se conviertan en mendigos, así que los mando a lustrar zapatos por el camino."

Fue muy inteligente por su parte hacer que sus hijos trabajaran así. Por lo general, los hijos de los ricos no tienen vida, son absolutamente idiotas, porque no hay lucha ni desafíos en sus vidas. Y si no hay lucha y hay demasiada seguridad, se vuelven débiles. La columna vertebral se fortalece con la lucha. Cuanto más se lucha, más se fortalece la columna vertebral.

Por eso no te pido que huyas del mundo. Te pido que despiertes de este mundo. Sannyas no es un escape del mundo, sannyas es una gran lucha y un despertar. Y nunca evites el reto; siempre afronta el reto hasta completar el trabajo. Si no huyes entonces despertarás pronto, porque la energía que se gasta en huir se vuelca hacia el despertar. No te pido la paz del cementerio. Te pido la paz que se consigue con el trabajo, con el esfuerzo. Pido la paz positiva que se consigue viviendo al máximo.

La cuarta pregunta:

Pregunta 4:

AMADO MAESTRO, PARECE QUE EL BHAJ GOVINDAM ESTA ESCRITO PARA LA ETAPA VANAPRASTHA. PERO TU LO DICES PARA TODOS.

¿Qué significa vanaprastha? Vanaprastha significa "de cara a la jungla". Todo el mundo se enfrenta a la jungla. Si no es hoy, entonces mañana, si no es mañana, entonces pasado mañana - un día esa soledad última que se llama piedad tiene que ser encontrada. Todos son vanaprastha. En un momento u otro, todo el mundo tiene que entrar en esa soledad final; esa jungla interior tiene que ser encontrada. Vanaprastha no tiene nada que ver con tu edad física; de lo contrario, ¿cómo puedes explicar a Shankaracharya? Dejó su cuerpo a la edad de treinta y tres años. Mucho antes se había convertido en vanaprasthi y sannyasin.

Eres inteligente, y esta inteligencia es tu miseria. Eres listo y por eso dices que esto es sólo para viejos. Cuando no te quede nada que hacer en este mundo, cuando la gente te jubile a la fuerza y cuando estés en tu última etapa, ¿crees que serás capaz de cantar la canción de lo divino?

La gente no quiere renunciar a nada hasta el último momento.

Hay una facultad de medicina en Londres donde han guardado un cadáver. Hace doscientos años, ese hombre había dado dinero a la facultad con la condición de que presidiría el consejo de administración no sólo mientras viviera, sino también después de su muerte. Así que incluso hoy en día su esqueleto se coloca en la silla del presidente para presidir la reunión del consejo de administración. Incluso después de muerto preside. Incluso ahora es el presidente. ¿Crees que esas personas podrían ser vanaprastha? Estás preguntando por personas vivas, pero él preside aunque esté muerto. Incluso ahora los fideicomisarios tienen que levantarse y dirigirse a él como "Sr. Presidente". Esta es una escritura de fideicomiso que no se puede cambiar.

Es su derecho legal. El cadáver está lleno de paja, pero aún así se aferra a esa posición. Ahora no hay nada más que paja dentro de su cuerpo. Está lleno de paja, pero mantiene el cargo de presidente.

No quieres ser vanaprastha; vanaprastha y sannyas te parecen desagradables. Quieres hacer estas cosas al final de la vida. Pero la persona que quiere hacerlas más tarde nunca podrá hacerlas entonces. Sólo puede hacerlas la persona que quiere hacerlas ahora. No hay otro momento excepto ahora.

Incluso las cosas sin importancia crean obstáculos.

Un amigo había tomado sannyas. Vino ayer y dijo que su mujer no le dejaba llevar ropa naranja y un mala ¡y él aceptó no hacerlo! Al escuchar su difícil situación le dije: "Cuando te derrota tu mujer, no puedes ganar en ningún otro sitio". Es sorprendente que un hombre se rinda tan fácilmente.

Te digo que ahora es el momento. No hay otra manera de que llegue el momento, siempre es ahora. Si puedes utilizar este momento y tu conciencia puede volverse hacia la jungla - la jungla es solo un simbolo - si puedes volverte hacia la soledad, hacia lo divino, entonces el resultado sera sannyas.

Vanaprastha es la preparación para sannyas. Si le das la espalda al mundo, si pierdes gradualmente el interés por el mundo -la felicidad y la infelicidad te parecen iguales, cuando perder o ganar te da lo mismo-, entonces significa que te has convertido en un vanaprasthi. No tiene nada que ver con la edad de tu cuerpo, está relacionado con tu madurez mental. Algunas personas tienen ochenta años pero su edad mental no supera los ocho o diez años. Pero a veces incluso un niño de ocho o diez años tiene la madurez de una persona de ochenta. Todo depende de la agudeza y la intensidad de la conciencia.

Las palabras que fueron pronunciadas por Shankaracharya a la edad de diez años no pueden ser pronunciadas por personas incluso a la edad de cien años. El comentario sobre los Upanishads hecho por Shankaracharya a la edad de diez años no puede ser hecho por personas de cien años. Todo depende de la agudeza, la profundidad y la madurez.

Despierta toda tu energia y dejala fluir y encontraras que vanaprastha ha sucedido en ese mismo momento, sannyas ha sucedido en ese mismo momento. Pero si sigues posponiéndolo para mañana... hoy quieres ver una película así que mañana irás al templo. Si tienes que posponer algo entonces pospón la película, mírala en tu vejez, ¡pero estás posponiendo lo divino hasta tu vejez! Das tu juventud al mundo y la vejez a lo divino. De esto se deducen claramente tus valores: tu juventud se gasta en cosas inútiles y tu vejez está destinada a lo divino.

Cuando tienes energía haces el mal, y cuando no tienes energía quieres hacer el bien.

Cuando eres incapaz de hacer nada, te propones hacer el bien. Piensas en rendirte cuando estás a punto de morir, pero no pensaste en rendirte cuando tenías toda la vitalidad. ¿A quién engañas? Por eso Shankara, dice: "Ciego en el ojo". ¿A quién intentas engañar?

Debes recordar lo divino cuando tengas energía, porque se necesita mucha energía para este recuerdo. No hay acción más grande que ésta - necesita tu totalidad, cada aliento tuyo, cada célula tuya. Cuando te vuelvas débil y viejo, cuando camines con la ayuda de un bastón, cuando no seas capaz de ver correctamente, ¿serás capaz de recordar lo divino? Entonces tu voz se volverá tan débil que no será capaz de pronunciar correctamente el canto de lo divino. Lo que se necesita es intensidad, un torrente de energía. Para el recuerdo de lo divino tienes que poner en juego toda la energía de tu vida, y eso sólo puede hacerse hoy. El día que comprendas esto, será vanaprastha para ti.

La última pregunta:

Pregunta 5:

AMADO MAESTRO, ¿PUEDE UNA PERSONA QUE TIENE CONCIENCIA COSMICA REALMENTE DISFRUTAR DE LOS PLACERES O SOLO ACTUA COMO SI LO HICIERA?

Sólo una persona que tiene conciencia cósmica puede realmente disfrutar. Sólo él puede disfrutar de la dicha última.

Sólo él disfruta - el resto de la gente está bajo la falsa noción de disfrutar. Llevan monedas falsas; en realidad, están sufriendo. Tu felicidad y tus placeres no son más que la miseria y la agonía que has experimentado. Dices y piensas que estás experimentando felicidad, pero en realidad estás experimentando miseria.

Sólo el iluminado disfruta. Diez tyakten bhunjithan - los que renunciaron, sólo ellos disfrutaron.

Disfruta de lo divino. Estás disfrutando de trivialidades, y el supuesto disfrute de lo trivial te está causando una gran miseria.

Un día vino un hombre y puso un montón de dinero a los pies de Ramakrishna. Ramakrishna le dijo: "Por favor, llévatelo".

Aquel hombre dijo: "Esta es otra prueba de que eres un gran renunciante".

Ramakrishna dijo: "Tú eres un gran renunciante, no yo, porque yo estoy disfrutando de lo divino y tú estás renunciando a él. Tú estás recogiendo dinero y yo estoy recogiendo lo divino. Así que dime, ¿quién es el renunciante y quién está disfrutando? Yo soy el amante de la felicidad y tú eres el renunciante".

Una persona que no se preocupa por los diamantes y colecciona piedras debe ser un renunciante. Aquel que renuncia a lo valioso y se ocupa de lo no esencial debe ser llamado un renunciante.

La conciencia cósmica es el disfrute supremo. Es entrar en la dicha suprema de la vida. No hay mayor dicha que ésta. Sin ella, todo lo demás es miseria.

Así que no preguntes: "¿Puede una persona que tiene conciencia cósmica disfrutar realmente de los placeres?". No puede disfrutar de tus placeres porque tus placeres no son placeres. Él es disfrute, él es dicha, pero su disfrute es diferente del tuyo.

Para conocerlo tendrás que renunciar a tu disfrute y tendrás que despertar tu conciencia.

En este momento estás en un sueño; no has experimentado placer ni felicidad, sólo has soñado con ello. Pero el iluminado disfruta de la verdad. Disfruta de la dicha.

Suficiente por hoy.

La canción de la vida

QUIEN HA LEIDO AUNQUE SEA UN POCO DEL GITA, HA BEBIDO AUNQUE SEA UNA GOTA DE AGUA DEL GANGES Y HA ADORADO A DIOS AUNQUE SEA UN POCO, YAMA, EL DIOS DE LA MUERTE, NO PUEDE DESTRUIRLO.

OH DIOS, PROTÉGEME DE ESTE MUNDO PROBLEMÁTICO DONDE UNO TIENE QUE NACER UNA Y OTRA VEZ, MORIR UNA Y OTRA VEZ, Y CAER EN EL VIENTRE DE UNA MADRE UNA Y OTRA VEZ, Y LLÉVAME A LA OTRA ORILLA.

AQUEL QUE HA HECHO SU TÚNICA DE LOS HARAPOS DEL BORDE DEL CAMINO, CUYO CAMINO ESTÁ LIBRE DEL PENSAMIENTO DEL PECADO Y LA VIRTUD, QUE ESTÁ ABSORTO EN EL YOGA, TAL YOGUI A VECES JUEGA COMO UN NIÑO Y A VECES COMO UN LOCO.

¿QUIÉN ERES? ¿QUIÉN SOY? ¿DE DÓNDE VENGO? ¿QUIÉN ES MI MADRE? ¿QUIÉN ES MI PADRE? CONTEMPLA ESTAS PREGUNTAS, Y ENTONCES DESCUBRIRÁS QUE EL MUNDO Y SUS PREOCUPACIONES CARECEN DE SENTIDO Y SON UN SUEÑO, Y TE LIBERARÁS DE ESTE MAL SUEÑO.

LA MISMA DIVINIDAD RESIDE EN TI, EN MI Y EN TODAS PARTES. VOLVIÉNDOTE INTOLERANTE HACIA MÍ TE ESTÁS ENFADANDO EN VANO. ENTONCES,

ABANDONANDO ESTA IGNORANCIA DE DISCRIMINACION EN TODO, VE SOLO A TI MISMO EN TODO.

NO MALGASTES TU ENERGÍA EN ASUNTOS COMO ENEMIGO Y AMIGO, HIJO Y HERMANO, GUERRA Y TRATADO. SI QUIERES LLEGAR PRONTO A LOS PIES DE LA DIVINIDAD, MANTÉN LA ECUANIMIDAD EN TODO Y EN TODAS PARTES.

He oído una historia. Una avispa tenía su morada cerca de la ventana de un gran edificio. En invierno dormía y descansaba, en verano volaba, bailaba y recogía el polen de las flores. Era muy feliz. Pero esta avispa era especial: era una pensadora. Pensaba mucho y despreciaba a las demás avispas porque en sus vidas no había pensamiento. Sus vidas estaban llenas de deseos.

Nunca pensaron, nunca contemplaron, nunca conocieron las escrituras.

A veces también volaba hacia ese edificio. Le encantaba ese edificio. Las personas que visitaban el edificio le parecían de su mismo tipo porque eran pensadores. En realidad, este edificio era una gran biblioteca.

Allí acudían profesores, maestros, escritores, filósofos y poetas. La gente solía ahuyentar a la avispa, pero siempre volvía.

Poco a poco empezó a leer y escribir. Empezó en la sección infantil y pronto estudió grandes libros de filosofía. Empezó a leer grandes volúmenes de ciencia y poesía. Se volvió muy orgullosa y no podía tolerar a las otras avispas, le parecían insignificantes. Se volvió muy egoísta. Pensaba día y noche. Se olvidó de bailar al sol, volar por los aires y visitar los árboles. Ahora solía sentarse absorta en profundos pensamientos como: "¿Quién hizo este mundo? ¿Por qué se hizo? ¿De dónde viene esta existencia y adónde va?". Todo el tiempo pensaba en estas serias preguntas.

Un día estaba leyendo un libro sobre la ciencia de la aviación. En ese libro de aerodinámica estaba escrito que el cuerpo de una avispa es más pesado que sus alas, por lo que teóricamente una avispa no puede volar porque sus alas son pequeñas y débiles y el cuerpo es grande y pesado. Al leer esto se quedó confuso y perplejo.

Hasta ahora no sabía que su cuerpo era grande y sus alas pequeñas. Era la primera vez que lo sabía y, por supuesto, no se puede negar lo que dicen las escrituras. No es posible ir en contra de lo que dicen los científicos.

Se puso muy triste. Aquel día no regresó volando a su colmena, sino arrastrándose. ¿Cómo era posible que volara, que hiciera algo que iba en contra de la ciencia? Se puso muy triste y dejó de moverse. Seguía viendo a las otras avispas volando, yendo a las flores, pero pensaba que lo hacían por ignorancia: ¿cómo puede volar una avispa? Sus alas son pequeñas y su cuerpo grande. Se compadecía de las que volaban porque no conocían la ciencia. Si lo supieran, habrían dejado de volar.

Pero un día un pájaro atacó a la avispa con la intención de comérsela para desayunar. En su nerviosismo y confusión, la avispa se olvidó de las escrituras y salió volando.

Se sentó en un arbusto, descansó un poco, se tranquilizó y se dio cuenta de que ¡había volado! "Estaba pensando que una avispa no puede volar pero yo he volado, así que debía de haber un bloqueo en mi mente que frenaba mi capacidad natural para volar y que se deshizo en el momento de peligro". Había leído sobre los bloqueos mentales en un libro de psicología. Así que empezó a volar de nuevo a partir de ese día. Abandonó el conocimiento de las escrituras a partir de ese día, y desde ese momento volvió a ser la avispa - ¡la avispa natural!

A partir de ese día se liberó del conocimiento y dejó de despreciar a las demás avispas. Ese día experimentó su verdadera naturaleza.

La religión es la libertad del conocimiento, y en esa libertad está el conocimiento último. Las escrituras no están hechas para dejarte cojo, sino para darte la capacidad de volar. Si las escrituras te han dejado cojo, entonces es seguro que las has malinterpretado o las has interpretado mal. Si las escrituras te han entristecido, entonces es que te has perdido algo en ellas o no las has entendido correctamente. Las escrituras que te han arrebatado tu capacidad natural de volar o fluir no son tus amigas, las has convertido en tus enemigas.

Una escritura es una escritura sólo si te da libertad. Una escritura es una escritura si te hace natural.

Una escritura es una escritura si no te llena de condena hacia los demás y es capaz de hacerte caer en la cuenta de que lo divino se esconde también en ellos.

Estas frases de Shankara son muy importantes.

UNO QUE HA LEÍDO INCLUSO UN POCO DE LA GITA - tomen nota de "un poco" - UNO QUE HA LEÍDO INCLUSO UN POCO DE LA GITA, HA BEBIDO INCLUSO UNA GOTA DE AGUA DE GANGAS Y HA ADORADO A DIOS UN POCO, YAMA, EL DIOS DE LA MUERTE, NO PUEDE DESTRUIRLO.

Has leído el Gita muchas veces. Este país ha estado leyendo el Gita durante miles de años; la gente lo ha memorizado. Cada persona está llena del Gita y sin embargo no hay liberación para él. Sólo puede ver la muerte. Y Shankara está diciendo que la muerte desaparece para aquel que ha leído aunque sea un poco del Gita - que ha saboreado lo divino aunque sea un poco, bebido aunque sea una gota del agua del Ganges. ¡Y tú te has bañado en el Ganges!

... QUE HA BEBIDO INCLUSO UNA GOTA DE AGUA DEL GANGES Y HA ADORADO A DIOS INCLUSO UN POCO....

Has adorado mucho, has recitado muchas veces, has realizado muchos yajnas, te has postrado a las puertas de muchos templos.

Incluso las piedras de las puertas de los templos están desgastadas por el roce de tu cabeza, pero no ha ocurrido ninguna revolución en tu vida. Ciertamente debe haber alguna ilusión básica, algún error en alguna parte - te has perdido algo.

"Incluso un poco" puede darte la liberación siempre que puedas entenderlo, de lo contrario todas las escrituras pueden convertirse en tu prisión. Incluso una sola palabra puede darte la libertad si la entiendes, de lo contrario las palabras se convertirán en un peso inútil sobre tu pecho. No son las escrituras las que te hacen libre, es la comprensión. Y el entendimiento tiene que ser creado por ti; las escrituras no lo dan. Debes entender esto. Tienes que crear el entendimiento, solo entonces las escrituras pueden tener sentido. Si no tienes el entendimiento, entonces las escrituras no pueden darte el entendimiento. Sólo pueden darte teorías, y las teorías no tienen ningún valor, porque tú no te preocupas por las teorías, te comportas de manera muy diferente en la vida.

Un día le dije a Mulla Nasruddin que hacía mucho tiempo que no veía a sus hijos. Me dijo: "Creo en la planificación familiar".

Me sorprendió oírlo porque tenía diecisiete hijos y decía: "Creo en la planificación familiar".

Le dije: "¿Qué quieres decir? No lo entiendo".

Dijo: "Creo en el lema de la planificación familiar: Dos o tres hijos son el número ideal para el hogar. Así que mando al resto de los niños a jugar al vecindario. Ahora la mayoría ha empezado incluso a dormir en casa de los vecinos. En mi propia casa no tengo más de dos o tres niños".

Al enviar a sus hijos con los vecinos, ¡puede cumplir la teoría de tener dos o tres hijos en casa!

Tu comprensión de las escrituras también es así. Sigues dando a luz a niños y luego enviándolos a los vecinos. El hombre es capaz de engañarse a sí mismo. Es facil evitar la teoria pero no puedes evitar el entendimiento. Puedes evitar la teoría, porque está muerta y tú estás vivo. Siempre puedes salvarte de la teoría, pero no puedes evitar tu propia comprensión.

Cuando la comprensión está dentro de ti, puedes huir a cualquier parte pero permanecerá dentro de ti. Así que no debes dar ninguna importancia a la teoría; debes dar importancia a la comprensión. La teoria puede ser prestada pero el entendimiento tiene que ser creado por ti mismo. Las teorías también pueden ser robadas de las escrituras, de los maestros, pero no puedes obtener la comprensión gratis. Tienes que pagar por ella y luchar palmo a palmo para conseguirla. Las teorías no tienen valor, las obtienes gratis. Las teorías son basura, y la basura no puede ser valiosa.

QUIEN HA LEIDO INCLUSO UN POCO DE LA GITA - un poco de Gita, es suficiente. Incluso si se entiende una palabra es suficiente. Entonces no hay necesidad de esperar a escuchar todo el Gita. Pero la cuestión es la comprensión.

Hay una historia en el Mahabharata que cuenta que Dronacharya pensaba que el niño Yudhishthira era el más inteligente de todos los Pandavas y Kauravas, pero después de unos días de experiencia le pareció que era bastante torpe. Los otros niños aprendían nuevas lecciones cada día y progresaban rápidamente, pero Yudhishthira estaba atascado en la primera lección. Al final la paciencia de Drona también se agotó, así que le preguntó: "¿Cuánto tiempo vas a tardar en aprender la primera lección? ¿No vas avanzando?".

Yudhishthira replicó: "¿Qué sentido tiene aprender la segunda lección mientras no se entiende la primera?".

La primera lección trataba de la verdad. Los otros niños la habían leído, memorizado y habían pasado a la segunda lección. Pero Yudhishthira dijo: "Hasta que no empiece a decir la verdad, ¿cómo puedo ir a la segunda lección? Por favor, no me apresures".

¡Entonces Drona comprendió! Mirando la condición mental de Yudhishthira, Drona comprendió por primera vez que no puede haber otra lección después de la verdad. Entonces le dijo a Yudhishthira: "No hay necesidad de que te apresures. Aprendiendo, comprendiendo esta primera lección, comprenderás, conocerás todas las lecciones. Sólo leer las lecciones es una cosa y vivir la lección es una cosa completamente diferente."

Al final de la historia, cuando todos los hermanos Pandava estaban subiendo al cielo, uno a uno fueron cayendo. Sólo Yudhishthira y su perro -que era la verdad- llegaron a la puerta del cielo.

La verdad llegó al cielo y el que acompañaba a la verdad llegó al cielo. Era su perro, que siempre había vivido con él y era muy íntegro. Ni siquiera sus hermanos tenían tanta integridad, cayeron en el camino.

Pero el perro nunca había dudado, su fe era ilimitada. Toda su vida había obedecido a Yudhishthira. Incluso Yudhishthira se sorprendió al ver que todos sus hermanos habían caído y sólo este perro podía llegar con él a la puerta del cielo. La puerta se abrió y Yudhishthira fue recibido, pero el guardián dijo: "Sólo tú puedes entrar, el perro no puede entrar. Ningún perro ha entrado nunca en el cielo.

Incluso los seres humanos vienen aquí con gran dificultad".

Al oír esto Yudhishthira dijo: "Entonces yo tampoco puedo entrar. Este perro que estuvo conmigo toda mi vida, que ha llegado hasta las puertas del cielo donde ni siquiera mis hermanos pudieron llegar, que tiene tanta fe en mí - ¡no puedo abandonarlo a cualquier precio, de lo contrario me consideraría peor que un perro! No voy a abandonarle. Por favor, cierra la puerta".

Entonces todo el cielo rió alegremente. Todos los dioses se reunieron allí y le pidieron que entrara. Entonces Yudhishthira notó que el perro no era un perro, era el mismo Señor Krishna. ¡Era su prueba! Si en ese momento Yudhishthira hubiera abandonado al perro y hubiera entrado por la puerta sin él, entonces se habría perdido el cielo. Esa era la prueba de su amor, de su fe, de su integridad. Yudhishthira aprendió una sola lección - la verdad; eso fue suficiente para llevarlo al cielo. Arjuna tardó mucho tiempo en aprenderla. Krishna pronunció todo el Gita, pero incluso entonces Arjuna siguió dudando. Yudhishthira sólo aprendió una pequeña lección en su vida y fue la lección de la verdad. Incluso el maestro había dudado de su inteligencia porque estaba atascado en la primera lección, pero pronto se dio cuenta de que no hay otra lección después de la primera.

Quien ha aprendido una lección, lo ha aprendido todo. No trates de aprenderlo todo, de lo contrario te perderás un poco, UN POCO DE LA GITA. Si hay un poco de conciencia de lo divino, si has escuchado aunque sea un poco de la canción de lo divino, si tus oídos han escuchado aunque sea una parte de esa canción, si aunque sea una palabra ha llegado a tu corazón, entonces eso se convertirá en la semilla. Brotará y se convertirá en un árbol, y te llenarás de fragancia ilimitada. Todo está oculto en esa semilla.

Los expertos permanecen vacíos. Son capaces de memorizar el Gita, pero no pueden oír su canto. Su mente está llena de palabras, pero sus corazones permanecen impasibles, intactos. Pueden repetir el Gita pero no habrá ni una lágrima en sus ojos, no habrá música en sus corazones, no habrá danza en sus pies - seguirán repitiendo como una persona muerta, mecánicamente, sin conmoverse por dentro. No hay ni siquiera un rasguño en su corazón, ni siquiera una sombra.

Entonces Shankara dice, QUIEN HA LEIDO INCLUSO UN POCO DEL GITA. Aquí Gita no significa sólo el Shrimad Bhagavadgita, porque aquel que haya leído incluso un poco del Corán, también lo logrará; aquel que haya leído incluso un poco de la Biblia, también lo logrará. Y quien no haya leído ni la Biblia, ni el Corán, ni el Gita, pero haya leído un poco de la vida, también lo logrará. Todo el énfasis está en el despertar de la comprensión: el que no ha pasado su vida durmiendo, el que ha sido despertado, ha abierto los ojos y ha reconocido un poco la vida.

Si puedes comprender aunque sea un poco, podrás comprender todo el cielo. Si agarras un rayo, puedes agarrar todo el sol. Puedes obtener el sol con la ayuda de ese rayo. Si estás sentado en una cabaña oscura y puedes ver un rayo asomándose a través del techo de paja, puedes encontrar todo el sol en ese rayo. Si empiezas con ese rayo, sin duda llegarás al sol. No es necesario tener todo el sol en casa, ¿qué harías con tanto? Se te indigestará.

No empieces a acumular escrituras, se convertirán en tu prisión. Entonces tus alas no podrán volar, ni tu corazón podrá bailar, ni serás natural.

Son las escrituras las que hacen a la gente más antinatural que cualquier otra cosa. Si puedes entenderlo, me gustaría decirte que son las escrituras las que han hecho a la gente irreligiosa. Más gente se ha vuelto irreligiosa por las escrituras que por cualquier otra cosa. A medida que el numero de escrituras aumenta, el hombre se vuelve ciego porque piensa que el entendimiento esta en el libro, y que el sera capaz de obtener este entendimiento con solo leerlo. Pero si fuera tan fácil obtener la comprensión, entonces el mundo entero habría sido muy comprensivo, muy inteligente.

Cada casa tiene un Gita o un Corán o una Biblia, pero no hay comprensión. Recuerda que abandonas tu esfuerzo cuando las escrituras están fácilmente disponibles. No te pierdas en la jungla de las teorías.

EL QUE HA LEÍDO AUNQUE SEA UN POCO DEL GITA, HA BEBIDO AUNQUE SEA UNA GOTA DEL AGUA DEL GANGES....

¿Qué harás con todo el Ganges? No es necesario; todo el Ganges es demasiado. Una gota es suficiente para ti. ¿De qué Ganges está hablando Shankara? Él no está hablando del Ganges donde fuiste para tu peregrinaje.

Aquí el Ganges es un símbolo: el que ha bebido una gota de piedad, el que ha bebido una gota de inocencia, el que ha bebido una gota de sencillez, ha probado el Ganges. No hace falta ir al Ganges, porque hay mucha gente que vive a orillas del Ganges y no les ha pasado nada. Han vivido allí, se han bañado allí, pero no les ha pasado nada. El Ganges al que nos referimos aquí no es el que se puede ver fuera, es el Ganges interior. Una gota es suficiente. Incluso una gota es más que necesaria, porque nuestro límite no es más que una gota; nuestro ser no es más grande que una gota. Somos como una gota en esta vasta existencia. Una pequeña gota de agua del Ganges nos bañará y nos hará completos.

Pero debes entender bien que el Ganges significa inocencia, el Ganges significa simplicidad, el Ganges significa la virginidad interior; el Ganges significa volverse inocente como un niño. Al traer de vuelta aunque sea una gota de tu infancia, si puedes mirar el mundo de nuevo como lo veías en tu infancia - con esos ojos frescos, sin pensamiento, sin ninguna condena, sin ningún juicio - si puedes mirar el mundo de la misma manera que lo veías cuando abriste los ojos por primera vez.... Sólo lo veías, no pensabas en ello, no decías si era bueno o malo, bello o feo, un pecado o una virtud, sólo mirabas bien. El mundo entero estaba ante ti y no había ningún pensamiento en tu interior. Si vuelves a mirarlo de la misma manera, si puedes recuperar aunque sea una gota de tu infancia, entonces habrás probado una gota del Ganges.

HA BEBIDO INCLUSO UNA GOTA DE AGUA DEL GANGES Y HA ADORADO A DIOS INCLUSO UN POCO....

No pasa nada por adorar demasiado. Demasiada adoración significa que no sabes cómo adorar. Demasiada adoración significa que estás repitiendo rituales muertos, de lo contrario es suficiente decir el nombre de lo divino aunque sea una vez. Y todos los días estás sentado con el rosario repitiendo "Ram, Ram". ¿Cuándo estará tu vida llena de Ram? ¿Cuántas veces vas a repetir "Ram"?

Hay algunas personas que llevan la cuenta del número de sus cantos. Dicen: "He cantado este mantra diez millones de veces". Pero si no ha ocurrido nada cantándolo una vez, ¿qué va a ocurrir cantándolo diez millones de veces? Intenta comprender esto.

Un mantra no son matemáticas. Un mantra no es cuantitativo, es cualitativo. Si algo va a suceder, sucederá la primera vez. Si no ocurre entonces, no ocurrirá aunque lo repitas diez millones de veces. Si lo has repetido mal la primera vez, lo harás más la segunda, la tercera aún más, y así sucesivamente. Puedes repetirlo un millón o diez millones de veces, no hay diferencia.

Es cuestión de llamar adecuadamente; entonces basta una llamada del corazón, entonces incluso una llamada se convierte en una revolución. Lo divino no es sordo. No quiere que le halagues. ¿Sólo te escuchará cuando se lo repitas? Puede escuchar sin que se lo digas, pero debe salir de tu corazón. Nunca escuchará si lo repites en tu mente, porque lo divino no está relacionado con tu pensamiento, lo divino está relacionado sólo con tu oración del corazón.

He oído decir que hacía muchos años que no llovía en un pueblo, así que todo el pueblo se había reunido en el templo para rezar.

Un niño pequeño también iba al templo a rezar. Todo el mundo se reía de él por el camino. Incluso el sacerdote le dijo: "¡Estúpido! ¿Por qué llevas ese paraguas? Hace muchos años que no llueve, por eso vamos a rezar".

Ese niño había traído un paraguas. Miles de personas se habían reunido para rezar, pero ninguna había traído un paraguas. El niño dijo: "He traído el paraguas porque cuando recemos seguramente lloverá y lo necesitaré a la vuelta".

La gente se reía, decían: "Está loco".

¿Se puede responder a la oración de estas personas? Sólo la oración de este niño podía ser respondida. Él tenía una profunda confianza; no tenía dudas en la oración; su oración estaba llena de profunda confianza. Pero los ancianos sembraron la duda en la mente del niño. Le dijeron: "Vete a casa y guarda este paraguas. Así no llueve". Van a rezar, pero no tienen la confianza de que lloverá rezando. Entonces, ¿para qué rezar?

Es mejor ser ateo y ser honesto al respecto. ¿De qué sirve ser teísta si no eres honesto? Has rezado muchas veces, pero ¿creías que se te respondería? Cuando no es contestada, dices que sabías de antemano que la oración no sería contestada. Has llamado muchas veces a las puertas del templo, pero ¿lo has hecho de todo corazón? ¿Con plena confianza? ¿O has ido con dudas?

Si fuiste con dudas, entonces no deberías haber ido; eso habría sido honesto. Al ir, ¿a quién has engañado? Al ir te has hecho daño a ti mismo. Tu oración quedó sin respuesta. Si tu oración queda sin respuesta una y otra vez, entonces pierdes la confianza en ti mismo; entonces rezas con los labios y no con el corazón.

Y HA ADORADO A DIOS INCLUSO UN POCO - sí, un poco es suficiente. Debes entender que el énfasis de Shankara no está en la cantidad - cuánto has adorado - sino en la calidad: Cómo lo has hecho.

He oído que había un abogado que rezaba a diario. Rezaba el primer día. El segundo día decía: "Ídem". El tercer día volvía a decir: "Ídem". Pensaba que no tenía sentido repetir las mismas palabras todos los días, así que solía decir "Ídem".

La gente es muy calculadora en la vida. Incluso su oración es calculadora e inteligente; no pueden ser sencillos ni siquiera cuando rezan. Si tienes la oportunidad, puedes robarle a Dios. Tal vez por eso se esconde y tiene miedo de enfrentarse a ti. La inocencia en sí misma es una oración.

Y HA ADORADO A DIOS AUNQUE SEA UN POCO, YAMA, EL DIOS DE LA MUERTE, NO PUEDE DESTRUIRLO.

Quien ha probado la oración aunque sea un poco, va más allá de la muerte. Sólo mueren las personas que tienen miedo.

Es el miedo el que mata. Sólo mueren los egoístas. La muerte es siempre del ego. Sólo mueren los que no han conocido la vida. Aquellos que han conocido la vida aunque sea un poco no mueren. Entonces el dios de la muerte deja de hablar de ti.

Quien ha comprendido aunque sea un poco el canto de lo divino no muere. Entonces puede que no permanezcas como eres, pero tu ser más íntimo siempre será. La mente, con la que has estado pensando, puede que no permanezca; el cuerpo, a través del cual has disfrutado, puede que no permanezca; pero tu ser más íntimo, donde has experimentado la confianza, no puede ser destruido.

La confianza es eterna, porque la confianza es lo último, lo último, lo más íntimo. La muerte nunca ha entrado ahí y nunca podrá entrar. Allí eres eterno, antiguo. Allí tú mismo eres lo divino. Quienquiera que haya anhelado lo divino, quienquiera que haya buscado lo divino, pronto se ha dado cuenta de que está oculto dentro de sí mismo. No se encuentra en un templo, sino dentro de uno mismo. No está oculto en las montañas, ni en la luna, ni en las estrellas.

Cuando el primer astronauta ruso, Yuri Gagarin, regresó a la Tierra -y Rusia es un país ateo-, lo primero que le preguntaron fue: "¿Viste a Dios en la Luna?". Y él respondió: "Miré con mucho cuidado, pero allí no había ningún Dios". Hay un museo muy grande en Leningrado donde se han recopilado todas las cosas relacionadas con el ateísmo en la historia de los seres humanos. En la pared de ese museo se han grabado las palabras de Yuri Gagarin: "Fui a la Luna, fui al espacio, pero no vi a Dios por ninguna parte".

Si Dios hubiera estado en el espacio, Yuri Gagarin lo habría conocido. Pero Yuri Gagarin se equivoca, y tú también te equivocas porque también piensas que lo divino está en algún lugar fuera. Tanto el ateo como el teísta se equivocan, porque el teísta piensa que Dios está sentado en algún lugar del cielo y el ateo piensa que si está en el cielo entonces podemos buscarlo en todo el cielo. Pero si no lo encontramos allí, ¿entonces...?

Yuri Gagarin debería haber buscado a Dios en su interior. Lo divino está ahí. El que veía la luna y las estrellas a través de los ojos de Yuri Gagarin, ése es Dios. Quien busca a Dios no puede encontrarlo jamás.

Lo divino no se puede ver, siempre es el vidente. No es algo que se pueda ver, es la visión oculta dentro de ti. El que ve es lo divino. Él es siempre el vidente. Nunca puedes hacer de él el objeto de tu vista. Pero aquel que ha escuchado aunque sea un poco de la canción de la vida... Yo llamo a eso Bhagavadgita, la canción divina. La canción que Krishna ha cantado ante Arjuna es el estribillo de esa canción última, es el estribillo de la canción de la vida; es una pequeña parte de esa canción. Esa canción está escrita en cada árbol, en cada roca, en cada ola del mar. El vacío del cielo es su silencio, los ríos cantan la canción de lo divino. Es él quien ve a través de tus ojos; es él quien escucha a través de tus oídos; es él quien palpita a través de tu corazón - no hay nada más excepto lo divino. Aquel que ha comprendido aunque sea un poco la canción de lo divino, que ha reconocido aunque sea un poco la vida, que ha bebido aunque sea una gota de simplicidad, que ha adorado aunque sea un poco....

Adoración significa, aquel que ha hecho que su ego se incline aunque sea un poco, que ha inclinado su cabeza aunque sea un poco. No importa ante quién te inclines, tu inclinación es suficiente. Si te has inclinado en una mezquita, está bien; si te has inclinado en un templo, está bien; si te has inclinado en un gurudwara, está bien. No importa si te inclinas ante una roca, un árbol o el cielo vacío. No importa si crees en Dios o no. Mahavira se inclinó sin creer y lo consiguió.

Y Buda nunca aceptó a Dios, sino que se convirtió en Dios. Conocía el arte de inclinarse.

La cuestión no es alcanzar a Dios, la cuestión es destruir el propio ego. Adoración significa, uno que ha terminado consigo mismo y que ha dicho: "Yo no soy". No es necesario decir: "Tú eres". Quien ha dicho: "Yo no soy", en ese mismo momento ha sabido que "Sólo tú eres". Lo divino aparece en cuanto desaparece el yo. Este yo es el único obstáculo.

Entonces, EL DIOS DE LA MUERTE NO PUEDE DESTRUIRLO.... ¡Por lo tanto, OH IDIOTA! ¡CANTA SIEMPRE LA CANCIÓN DE LO DIVINO!

OH DIOS, PROTÉGEME DE ESTE MUNDO PROBLEMÁTICO DONDE UNO TIENE QUE NACER UNA Y OTRA VEZ, MORIR UNA Y OTRA VEZ, Y CAER EN EL VIENTRE DE UNA MADRE UNA Y OTRA VEZ.

El hombre es impotente, y nada puede hacerse por la resolución del hombre, porque cualquier cosa que hagas será menor que tú. Lo divino es inmenso, mucho más grande que tú. Está en ti, se asoma a través de ti, pero es mucho más grande que tú.

Es como el océano en una gota de agua. Si pruebas la gota obtienes el sabor salado del océano.

Si analizas una gota obtendrás la sustancia de todo el océano. Una gota es muy pequeña, pero el océano se ha mostrado a través de la gota igual que el cielo se ha mostrado a través de la ventana. Lo divino también se ha mostrado a través de ti, pero es mucho más vasto que tú. Lo divino se ha mostrado a través de ti igual que el cielo se ve a través de la ventana, el océano se oculta en la gota, el árbol se oculta en la semilla.

No puedes alcanzarlo con tu esfuerzo; tu esfuerzo es muy pequeño. Es como intentar coger el cielo con la mano. Sólo puedes alcanzarlo con su gracia.

Por eso Shankara dice: "¡Oh Dios, por favor, sálvame! Estoy seguro de que me ahogaré. Sólo puedo salvarme si tú me salvas. Mi energía y mi fuerza son muy limitadas. Aunque piense, ¿qué puedo pensar?

Aunque contemple, ¿qué puedo contemplar? - todo el pensamiento será mío. Eres desconocido, eres inmenso. Para alcanzarte, se necesita tu ayuda".

Por eso un devoto, un bhakta, está continuamente deseando obtener su apoyo, su ayuda. El día que empieces a pedir su apoyo descubrirás que lo tienes porque empiezas a crecer; tu encogimiento se detiene y empiezas a expandirte. El día que pides el apoyo de la existencia empiezas a volverte inmenso; tu pequeñez empieza a desaparecer desde ese mismo momento. Has dado la invitación: "¡Ven!". No hace falta nada más.

Buda ha dicho: "Creía que buscaba la verdad, pero al alcanzarla descubrí que la verdad también me buscaba a mí".

La verdad también te busca. Lo divino también te busca, te busca, pero tú no das la invitación. Si por casualidad la existencia te toma de la mano, tú le das la mano.

¿Te has fijado en los niños pequeños? El padre coge de la mano al niño y lo lleva al mercado.

El padre sigue cogiéndole de la mano, pero el niño intenta liberar su mano porque quiere ser independiente, quiere caminar por sí mismo. El padre quiere agarrar la mano del niño, pero el niño quiere liberar su mano para poder correr por sí mismo.

El hombre también se comporta así. Lo divino le lleva de la mano, de lo contrario el hombre ni siquiera puede vivir. ¿Cómo vamos a respirar si la existencia no palpita en nosotros? ¿Cómo vamos a vivir si la existencia no palpita en nosotros? Pero intentamos valernos por nosotros mismos. El ego siempre intenta sostenerse sobre sus propios pies sin el apoyo de nadie más. Parece muy insultante pedir ayuda a alguien. Parece lamentable pedir el apoyo de alguien. Por eso, a medida que el ego del hombre va en aumento, la adoración y la oración van desapareciendo.

¿Has notado alguna vez que cuando te inclinas en el templo te sientes un poco incómodo? Tienes miedo de que alguien te vea inclinándote. Te arrodillas, juntas las manos, pero al mismo tiempo te aseguras de que nadie te está mirando, porque la gente dirá: "Te estás arrodillando, te estás inclinando", y eso dañará tu ego.

La gente tiene miedo de inclinarse. Es muy desafortunado, porque todo lo que es grande en la vida sólo puede alcanzarse inclinándose. Es como cuando tienes sed y estás de pie en el río pero no te inclinas. Quieres que el río suba hasta tu boca. Pero si quieres beber agua, tienes que agacharte, inclinar la cabeza, coger el agua con las manos y beberla. Pero tu ego no te deja agacharte.

La mayoría de la gente niega lo divino, no porque hayan llegado a saber que no existe, sino porque si existe lo divino tendrán que inclinarse.

Friedrich Nietzsche escribió: "Si Dios existe, tendremos que inclinarnos. Por eso digo que Dios no existe. ¿Cómo puedo inclinarme? Si Dios existe, es superior a mí. Por eso digo que Dios no existe, porque nadie puede ser superior a mí". El ego es terrible.

El hombre está lleno de un ego terrible. El ego en el alma es como un cáncer en el cuerpo. Sí, el ego es un cáncer del alma. Hasta que no estés libre de este ego la canción de lo divino no puede nacer en ti, no puedes rezar y no puedes adorar. Lo divino no puede entrar en ti mientras estés lleno de ti mismo. Baja de tu trono, haz espacio e invitalo.

OH DIOS, PROTÉGEME DE ESTE MUNDO PROBLEMÁTICO DONDE UNO TIENE QUE NACER UNA Y OTRA VEZ, MORIR UNA Y OTRA VEZ Y CAER EN EL VIENTRE DE UNA MADRE UNA Y OTRA VEZ.

Quien ha comprendido el hecho de la vida ha llegado a saber que la vida no es más que una repetición; todo se repite una y otra vez. Has nacido muchas veces, has muerto muchas veces, has ganado riqueza muchas veces, has ganado fama muchas veces, has tenido éxito muchas veces y has fracasado muchas veces. Sigues girando como la rueda de un vehículo, arriba y abajo, arriba y abajo.

Es un deseo natural liberarse de esta repetición, porque la repetición es aburrida. Por eso hemos llamado a este mundo el chakra, la rueda; lo hemos llamado el dushta-chakra, la rueda mala, ominosa, porque seguimos girando de la misma manera - no ocurre nada nuevo. Vives hoy como viviste ayer, mañana también vivirás así y pasado mañana también vivirás de la misma manera. Siempre es la misma noche, la misma mañana, la misma ira, la misma avaricia, el mismo apego, el mismo nacimiento, la misma muerte, es sólo repetición. Definitivamente debe haber una idiotez muy arraigada en nosotros - por eso no despertamos de nuestro sueño - de lo contrario habríamos visto que seguimos repitiendo las mismas cosas una y otra vez. Si no logramos nada haciéndolas tantas veces, entonces es seguro que nunca lograremos nada repitiéndolas innumerables veces.

Tenemos que salir de este círculo vicioso. Por eso en Oriente, y especialmente en la India, nació este gran deseo de salir del círculo del nacimiento y la muerte. Este tipo de deseo no nació en ninguna otra parte del mundo. En Occidente las religiones como el Islam, el Cristianismo y el Judaísmo no se inspiran en este deseo. Quieren alcanzar el cielo. El cielo significa que no deben existir todas las miserias de esta vida, pero sí todos los placeres. El cielo es sólo una mayor expansión de los tipos mundanos de comodidades y placeres. Pero en la India nació un deseo único, y esa es la especialidad de la India: el deseo de moksha, la liberación. Es el deseo de la liberación y no del cielo. El significado del deseo de liberación es que ahora no queremos ni miseria ni felicidad; ya hemos tenido suficiente de ambas. No había nada significativo en ellas; ahora queremos liberarnos de ambas. Este deseo de liberarse de ambos es único. Por eso no es posible traducir la palabra moksha a ningún idioma del mundo. Es posible traducir swarga, cielo, y nareka, infierno, pero moksha es una palabra única. Ningún otro idioma del mundo tiene esta palabra. No puede, porque primero tiene que nacer el deseo y luego nace la palabra para expresarlo. Primero es la experiencia, y luego nacen las palabras para expresarla.

La experiencia de moksha es la búsqueda única de la India. Ninguna otra búsqueda ha llegado más alto que ésta, y ninguna otra búsqueda puede llegar más alto que ésta. Sólo pueden tener el deseo de liberarse de la felicidad aquellas personas que han experimentado la felicidad a fondo, y han descubierto que la felicidad es también una forma de miseria, un engaño de la miseria.

AQUEL QUE HA HECHO SU TROPA CON LOS HILOS DEL CAMINO, CUYO CAMINO ESTÁ LIBRE DEL PENSAMIENTO DEL PECADO Y DE LA VIRTUD, QUIEN ESTÁ ENGROSADO EN EL YOGA, cuya mente se ha unido, TAL YOGI A VECES JUEGA COMO UN NIÑO Y A VECES SE CONVIVE COMO UN LOCO.

Una persona sentada al borde del camino puede parecer un mendigo, pero si miras con atención hay un emperador escondido en su interior. ... Porque si miras atentamente a los emperadores encontrarás mendigos en su interior. No paran de pedir más.

Había un faquir mahometano llamado Farid. La gente de su pueblo le pidió que solicitara al emperador Akbar que abriera una escuela en el pueblo, ya que Akbar le tenía en gran estima. Farid nunca le había pedido nada a Akbar. Un faquir nunca pide, el faquir siempre da. Pero como la gente del pueblo había insistido en que viera a Akbar, no podía negarse, así que fue. Nunca antes había visitado el palacio, pero ahora tenía que hacerlo.

Llegó allí muy temprano por la mañana y le dijeron que el emperador estaba rezando en su mezquita personal. Así que Farid fue y se colocó al fondo. Akbar no lo sabía. Terminó su oración, levantó las manos hacia el cielo y dijo: "¡Oh Dios! Lo que me has dado no es suficiente, quiero mucho más que esto. Por favor, haz que mi reino sea mucho más grande que esto. Por favor, aumenta mi riqueza y mi fama".

Farid no podía creer lo que oía. El gran emperador Akbar, que poseía un reino tan vasto, seguía pidiendo más. Seguía mendigando. Así que Farid pensó, ¿cómo podría pedirle a una persona que todavía está pidiendo más? - porque abrir una escuela significa gastar algo de dinero, él tendrá mucho menos. Si se lo pide a Dios, yo también puedo pedírselo directamente. ¿Por qué tener un agente en medio? Se dio la vuelta. Cuando Akbar se levantó vio a Farid bajando las escaleras. Corrió tras él y le preguntó la razón de su venida. Akbar tenía en gran estima a Farid y solía ir a verle de vez en cuando, pero Farid nunca había visitado a Akbar. Akbar le preguntó: "¿Por qué has venido?

¿Por qué vuelves?"

Farid dijo: "He venido a ver a un emperador, a pedirle algo, pero en vez de eso he visto a un mendigo, así que me vuelvo. ¿Cómo puedo pedirle a una persona que está mendigando, pidiendo más? No quiero empobrecerte. Tuve que venir porque la gente del pueblo insistió en que le preguntara si quería abrir una escuela. Pero ahora no os lo pediré a vosotros, sino a Dios. Cuando tú sigas pidiéndole tantas cosas, yo también podré pedírselas directamente".

Akbar le dijo muchas veces a Farid que abriría la escuela, pero éste lo rechazó diciendo: "No se pide ayuda a los mendigos. Sólo los verdaderos emperadores pueden ayudar".

¡Tus emperadores son en realidad pobres mendigos! Piden más. Pero este país ha producido tales emperadores que no son mendigos; ¡si te fijas en ellos descubrirás que son más preciosos que todas las piedras preciosas!

EL QUE SE HA HECHO SU TÚNICA CON LOS HARAPOS DEL BORDE DEL CAMINO.

Sí, se ha hecho la ropa con los harapos del camino, pero en él ha nacido moksha, en él ha abierto sus alas la libertad.

CUYO CAMINO ESTÁ LIBRE DEL PENSAMIENTO DEL PECADO Y LA VIRTUD.

Ten en cuenta que las religiones dicen que si pecas irás al infierno y si haces una buena acción irás al cielo. Pero, ¿qué harás para alcanzar moksha? Ni pecado ni buena acción.

CUYO CAMINO ESTÁ LIBRE DEL PENSAMIENTO DEL PECADO Y LA VIRTUD.

Aquel que no ve ni el bien ni el mal, cuya vida se ha liberado de la elección... Krishnamurti llama a esto conciencia sin elección. Aquel cuya vida está llena sólo de consciencia, sin elección, sin alternativa; aquel que no elige, que ni dice que esto está bien ni dice que aquello está mal; aquel que no elige, que dice que todo es lo mismo, que no hay nada que elegir - nada es bello o feo, nada es pecado o virtud.

Se trata de una idea muy singular que está relacionada con moksha. Por eso, cuando los Upanishads fueron traducidos por primera vez, los pensadores de Occidente no pudieron entender lo que decían los Upanishads, porque en Occidente se pensaba que el objetivo de las escrituras es predicar para hacer buenas acciones. Las escrituras son para salvarte de los pecados e inspirarte a hacer el bien. Pero los Upanishads dicen que las escrituras te salvan tanto del pecado como de las buenas acciones, porque cuando estás lleno del pensamiento del pecado y de las buenas acciones entonces estás lleno de dualidad.

Las Escrituras son para llevarte más allá de la dualidad y hacerte uno. Tu mente está llena de desprecio mientras sigues diciendo que esto es pecado. Tu mente está llena de alabanzas mientras dices que esto es bueno. Cuando dices que esto es bueno, significa que has elegido algo. Cuando dices que esto es pecado, significa que has rechazado algo. Y lo divino está tanto en el pecado como en las buenas acciones, y al rechazar algo has rechazado lo divino.

En la vida del iluminado no hay ni rechazo ni demanda. No acepta ni niega; su conciencia no vacila, se ha vuelto estable.

CUYO CAMINO ESTÁ LIBRE DEL PENSAMIENTO DEL PECADO Y LA VIRTUD, QUE ESTÁ ABSORTO EN EL YOGA....

Un yogi es uno que está unido, que se ha hecho uno; no hay dualidad para él. El cielo y el infierno, la felicidad y la miseria, el pecado y la virtud permanecerán mientras haya dualidad. Cuando sólo queda uno, entonces el cielo y el infierno, la felicidad y la miseria, la oscuridad y la luz, todos desaparecen. En ese uno está el descanso último; en ese uno está la dicha última. Al alcanzar ese uno, se alcanza todo.

TAL YOGI A VECES JUEGA COMO UN NIÑO - tan inocente, como un niño - Y A VECES COMO UN LOCO - tan lleno de dicha, tan borracho de éxtasis.

En un yogui encontrarás tanto un niño como un loco. Un niño significa uno que no ha empezado a pensar y un loco significa uno que ha ido más allá del pensamiento. El círculo es completo en un yogi. Se ha vuelto como un niño, no piensa; y se ha vuelto como un loco, ha ido más allá del pensamiento. Por eso es difícil reconocer a un yogui. No puedes ponerlo en ninguna categoría y no puedes hacer ningún juicio sobre él. Nunca se sabe lo que hará en el momento siguiente porque no hace nada por sí mismo, hace lo que la divinidad le hace hacer. Se ha puesto en manos de lo divino. Simplemente sigue fluyendo; dondequiera que le lleve el río de la piedad, ése es su destino. Si se ahoga en el medio, ese es su destino. Ya no tiene ningún objetivo propio. Yogui' significa la libertad última. Por lo tanto, ¡Oh IDIOTA!

CANTAR SIEMPRE LA CANCIÓN DE LO DIVINO.

¿QUIÉN ERES? ¿QUIÉN SOY? ¿DE DÓNDE VENGO? ¿QUIÉN ES MI MADRE? ¿QUIÉN ES MI PADRE? CONTEMPLA ESTAS PREGUNTAS Y ENTONCES DESCUBRIRÁS QUE EL MUNDO Y SUS PREOCUPACIONES CARECEN DE SENTIDO Y SON UN

SUEÑO, Y TE LIBERARÁS DE ESTE MAL SUEÑO. POR LO TANTO, ¡OH IDIOTA! CANTA SIEMPRE LA CANCIÓN DE LO DIVINO.

LA MISMA DIVINIDAD RESIDE EN TI, EN MI Y EN TODAS PARTES. VOLVIÉNDOTE INTOLERANTE HACIA MÍ TE ESTÁS ENFADANDO EN VANO. ENTONCES, ABANDONANDO ESTA IGNORANCIA DE DISCRIMINACION EN TODO, VE SOLO A TI MISMO EN TODO.

POR ESO, ¡OH IDIOTA! CANTA SIEMPRE LA CANCIÓN DE LO DIVINO.

No malgastes tu energía en la dualidad del enemigo y el amigo, en el hijo y el hermano, en la guerra y la paz. Si quieres llegar a los pies de lo divino, todo debe ser igual para ti. Ver todo como igual es el camino hacia la unidad: en la felicidad y en la miseria, en la victoria y en la derrota, en el éxito y en el fracaso. Entonces, gradualmente, alcanzarás la unidad.

Seguirás siendo dos mientras veas la dualidad, porque te conviertes en lo que percibes. Cuando no veas conflicto, cuando no veas dualidad, y empieces a ver el uno en un amigo y en un enemigo, en el bien y en el mal, en el pecado y en la virtud, en el cielo y en el infierno, en la bendición y en la maldición - cuando empieces a ver uno, entonces empezarás a convertirte en uno. Te conviertes en lo que ves. Lo que percibes se convierte en tu naturaleza. Por lo tanto, ir más allá de la dualidad es sadhana, práctica espiritual.

Será difícil. ¿Cómo lo verás? ¿Cómo verás lo mismo en la persona que te maltrata y en la que te alaba? Pero si te fijas bien, verás que el abuso y el elogio son sólo superficiales; por dentro, sólo hay uno. Intenta ver cuidadosamente que amigo y enemigo, odio y amor son sólo las dos expresiones de la misma energía. Por eso el amor puede convertirse en odio y el odio en amor; un amigo se convierte en enemigo y un enemigo en amigo. Si ambos fueran absolutamente diferentes, este cambio no podría haberse producido. Un amigo de hoy puede convertirse en enemigo mañana. Una persona que ayer era un enemigo hoy se convierte en un amigo.

Ciertamente, la energía es la misma. Los pies que alejan a una persona de ti son los mismos pies que un día la traerán de vuelta a ti. Los pies son los mismos. Acercarse y alejarse, son sólo dos formas de la misma energía.

Intenta comprenderlo. Intenta buscarlo. Los viejos hábitos crearán obstáculos. Las viejas formas de pensar crearán obstáculos, pero la oscuridad desaparece con el esfuerzo continuo y aparece la luz. Cuando empieces a ver el uno en el opuesto también, experimentarás una profunda paz; algo de plenitud empieza a llegar a tu interior. Ya no eres el mismo de ayer. Una nueva conciencia comienza a nacer en ti. Cuando los dos desaparecen y sólo queda uno, entonces estás preparado para lo divino.

Y lo divino siempre está preparado. Cuando estás listo, la nube llueve y estás lleno; llega el momento de la dicha.

Pero hay que despertar de los dos, hay que evitar la dualidad, y hay que ver y aferrarse al flujo del uno.

Alcanzarás la unidad mediante la ecuanimidad disciplinada.

Intenta siempre ver el uno en los dos; esto debería convertirse en tu meditación, en tu sadhana. Cuando tengas éxito debes ser capaz de ver que esto también es un fracaso - pronto el fracaso le seguirá. Y no te enfades cuando fracases, pronto le seguirá el éxito. Son las dos caras de la misma moneda. Cuando el éxito parece fracaso y el fracaso parece éxito, la diferencia desaparece y aparece la igualdad. Entonces se abrirá tu puerta a lo divino.

Lo divino está siempre muy cerca, pero tú te mantienes alejado de él a causa de tu diferenciación. Lo divino está siempre ante ti, porque lo que está ante ti es la divinidad. Pero tus ojos están cerrados.

Debido a la diferenciación tienes los ojos cerrados, pero se abren cuando desaparecen las diferencias.

La diferencia es como el párpado del ojo y la indiferencia es como la apertura del párpado. Por lo tanto, ¡ OH IDIOTA! CANTA LA CANCIÓN DE LO DIVINO.

Suficiente por hoy.

El mundo es una escuela

La primera pregunta:
Pregunta 1:

AMADO MAESTRO, CUANDO SHANKARA ERA MUY JOVEN SU MADRE NO LE DIO PERMISO PARA TOMAR SANNYAS. PERO UN DIA MIENTRAS SE BAÑABA EN UN RIO FUE ATRAPADO POR UN COCODRILO. A LAS PUERTAS DE LA MUERTE SHANKARA PIDIÓ A SU MADRE QUE LE DIERA PERMISO PARA TOMAR SANNYAS. EL PERMISO LE FUE CONCEDIDO Y SHANKARA SE SALVÓ. POR FAVOR, EXPLIQUE ESTE ACONTECIMIENTO.

El acontecimiento no tiene valor -ni siquiera es seguro que haya sucedido realmente-, pero hay que comprender su significado. Y recuerda siempre que los acontecimientos en la vida de los iluminados no son sólo acontecimientos sino símbolos; algún secreto se oculta en ellos. Pueden ser históricos o no, pero son espirituales. Pueden o no haber sucedido en el flujo del tiempo pero suceden en el flujo de la conciencia. No intentes comprender a los budas a través de la historia; compréndelos a través de la experiencia poética, de lo contrario todo se malinterpreta. Esto es una parábola.

"Cuando Shankara era muy joven su madre no le dio permiso para tomar sannyas". Muchas cosas se ocultan en esto. Madre' significa, el amor de la madre; madre significa apego.

Es difícil para el apego dar permiso para sannyas porque sannyas significa la muerte del apego. Sannyas significa que una persona se libera de la familia; ahora la madre no será la madre, ahora el padre no será el padre, ahora el hermano no será el hermano. Por eso Jesús ha dicho una y otra vez que quien quiera venir conmigo tiene que renegar de su madre y de su padre; quien quiera venir conmigo tiene que renunciar a su familia. No puedes formar parte de la familia de Jesús hasta que renuncies a tu familia.

Sannyas significa que esta vida entre el nacimiento y la muerte es inútil, sin sentido. Si esta vida es inútil, entonces la madre que dio a luz también se vuelve inútil. No sólo dio a luz, sino que creó un sueño.

Básicamente, sannyas es libertad de la vida. Y libertad de la vida significa libertad de la madre, libertad del padre, libertad de la familia, libertad de la sociedad. Todo esto se vuelve inútil, sin sentido. Entonces, ¿cómo puede la madre dar permiso? ¿Alguna vez una madre dará permiso para sannyas? Es imposible. Es muy difícil. El apego no puede dar permiso para sannyas; el amor de una madre no puede dar este permiso. Es imposible obtener permiso para liberarse de la vida de la misma fuente de donde proviene la vida.

"Cuando Shankara era muy joven su madre no le dio permiso para tomar sannyas". Y recuerda, puedes crecer hasta cualquier edad pero para tu madre siempre serás un niño. Nunca podrás ser mayor que tu madre; siempre serás más joven que la madre que te ha dado a luz. Puedes tener setenta años, pero para tu madre siempre seguirás siendo un niño. "Shankara era muy joven" significa que cada vez que un buscador pide permiso a su madre para tomar sannyas, su madre siempre se lo impide, pensando que su hijo es muy pequeño y que quiere recorrer un camino difícil.

"Cuando Shankara era muy joven su madre no le dio permiso para tomar sannyas. Pero un día mientras se bañaba en un río fue atrapado por un cocodrilo".

En el río de la vida la miseria se apodera de ti en un momento u otro. Te encuentras con la muerte en este río de la vida.

No vas al río a encontrarte con la muerte, vas allí a bañarte, a disfrutar nadando, a disfrutar de la frescura de la mañana. Nadie entra en el mundo para morir, nadie entra en el río de la vida para encontrarse con cocodrilos. Uno va a la vida en busca de felicidad, en busca de tesoros -éxito, fama, prestigio-, pero en este proceso es atrapado por los cocodrilos.

La muerte te atrapa tarde o temprano. Y si una persona es sabia, comprende pronto que este río es la superficie; la muerte está oculta en el interior: "cocodrilo" significa la muerte oculta. En la superficie el flujo del agua parece tan puro y pacífico, pero en el fondo la muerte está esperando. En la superficie parece muy atractivo, y el río también parece muy inocente. En su interior, la muerte espera en silencio. Cualquiera que sea inteligente, sabio y consciente podrá comprenderlo rápidamente.

Shankara lo vio enseguida. Si no puedes ver esto durante mucho tiempo, entonces significa que tienes muy poca inteligencia y comprensión. Tu espejo está cubierto de polvo. Tu inteligencia está llena de humo, de lo contrario podrías verlo antes.

En esta historia lo único que se transmite es que Shankara comprendió que en esta vida no se consigue nada excepto la muerte. Y uno no puede liberarse del amor de la madre hasta la realización de la muerte.

Trata de entender esto un poco. En un extremo está la madre - la madre significa nacimiento; en el otro extremo está la muerte - la muerte significa el final. Liberarse de la madre sólo es posible si se puede ver la muerte; el nacimiento sólo puede carecer de sentido si se puede ver el final. Así que sannyas significa realización de la muerte.

Seguimos aplazando la muerte en este mundo; seguimos diciendo que siempre son otros los que mueren, yo nunca moriré. Todos los días ves cadáveres que son llevados al cementerio o al crematorio; ayudas a otros a llevar a esos muertos allí, pero nunca se te ocurre que tú también morirás. Siempre piensas que vas a vivir para siempre y que sólo morirán los demás. Pero un día otros también llevarán tu cuerpo al cementerio cuando ya no estés vivo. El hombre vive de falsas esperanzas.

Sannyas significa el despertar de la conciencia de que "la muerte es mía; la noticia de la muerte de la otra persona es en realidad la noticia de mi muerte. La muerte del otro apunta hacia mi muerte. Y con la muerte de todos, yo también muero un poco".

Si tienes un poco de comprensión, entonces la muerte de todos se convertirá en tu muerte. Pero si no tienes esta comprensión, si eres tonto, entonces pensarás que siempre son los demás los que mueren; yo no moriré, soy inmortal.

Shankara podía ver la muerte. Uno se libera de la madre en cuanto ve la muerte, porque madre significa vida. Madre significa la que te trajo a este mundo. Muerte significa aquello que te llevará lejos. La imaginación de los hindúes al respecto es única. Ninguna otra comunidad en esta tierra es más imaginativa, más poética, que los hindúes. Su poesía es muy profunda.

¿Has visto alguna vez la estatua de Kali? Ella es la madre y también la muerte; kal, significa muerte - por eso su nombre es Kali. Y es la madre, así que es una mujer. Es hermosa, hermosa como una madre. Nadie más puede ser tan hermosa como la madre. Incluso si la propia madre es fea, parece hermosa. Nadie piensa en la belleza de la madre. Pero la madre es hermosa... porque si ves a tu madre fea, eso significa que tú eres feo porque eres su expansión.

Así que Kali es hermosa, ¡muy hermosa! Pero alrededor de su cuello lleva una guirnalda de cabezas humanas.

Ella es hermosa pero es Kali - ¡Kal, muerte!

Los pensadores occidentales están perplejos ante este símbolo. Se preguntan por qué una mujer debe ser representada de forma tan horrible, ¡tan aterradora! ¡Y además la llaman madre! ¡Qué horror! Es horrible, porque la muerte empieza por la que da a luz. Es horrible, porque la muerte también ha llegado junto con el nacimiento. La madre ha dado tanto la muerte como la vida. Así que por un lado es tan hermosa como la madre, como la fuente, y por el otro es como kal, la muerte, tan oscura como la muerte. Alrededor de su cuello hay una guirnalda de cabezas humanas; en su mano sostiene una cabeza cortada, chorreando sangre, y está de pie, con los pies sobre su marido.

Es un símbolo muy profundo: ¡la mujer como vida y como muerte! ... Porque la muerte viene de donde viene la vida; estas dos son las dos caras de la misma moneda. Y nadie más en esta tierra se ha dado cuenta de este hecho como lo han hecho los hindúes.

Cuando Shankara fue consciente de la muerte... si realmente fue atrapado por el cocodrilo o no, deberían preguntárselo a los tontos historiadores; a mí simplemente no me interesa. ¿Qué diferencia hay si fue atrapado por un cocodrilo o no? Pero una cosa es definitiva - que vio la muerte, y cuando vio la muerte, ocurrió sannyas.

Uno no puede escapar de sannyas después de ver la muerte. Entonces uno permanece aturdido dondequiera que esté.

Entonces la vida no puede ser la misma que un momento antes de esta realización. La ambición, la fama, la reputación... todo pierde su encanto. La muerte lo destruye todo. Uno tiene que morir, así que no importa si uno muere antes o después - hoy, mañana o pasado mañana, es sólo cuestión de tiempo. Si la muerte tiene que ocurrir, ya ha ocurrido. Y la flecha de la muerte te atravesará de tal manera que no podrás ser lo que eras hasta ahora. Este nuevo cambio en ti es sannyas.

Si me preguntas la definición de sannyas, te diré que sannyas es un estado de ser en el que la muerte no ha ocurrido fuera sino dentro. Uno está vivo pero conoce la muerte; mientras vive, es muy consciente de la muerte. Esto es sannyas. Uno vive pero no olvida la muerte ni por un momento:

esto es sannyas. Sabes que la gota de rocío es sólo momentánea. El mundo es como la estrella de la mañana:

pronto desaparecerá. Vives pero no estás borracho de vida. Entonces la vida no puede hacerte olvidar el hecho de la muerte. Permaneces despierto, eres consciente todo el tiempo. La muerte te despierta. Quien está despierto es un sannyasin.

Aquel que está perdido en la vida y está tomando los sueños como realidad es una persona mundana, es un cabeza de familia. Aquel que crea un hogar en sueños o que está creando sueños en el hogar es un cabeza de familia. Pero aquel que se levanta del sueño, cuyo sueño ha terminado, que se despierta y es consciente, se da cuenta de que aquí no hay nada excepto la muerte.

Cualquier familia extendida, cualquier lugar de vida, no es más que un cementerio, o una cola esperando para ir al cementerio. La cola avanza hacia el cementerio. Alguien puede estar un poco por delante y alguien puede estar por detrás, pero todos van al cementerio. El apego a la vida se acaba en cuanto uno ve esto. Perder este apego es sannyas.

Sannyas no es un esfuerzo por el desapego. Sannyas no es una disciplina de desapego. Sannyas es la pérdida del apego - donde el apego ha terminado. Si el apego no ha terminado, entonces uno tiene que hacer un esfuerzo para alcanzar el desapego, pero eso no es sannyas. Si el apego no ha terminado, sólo entonces uno trata de alcanzar el desapego. Pero cuando se acaba el apego, entonces el espacio vacío que deja el apego es el desapego. Entonces te conviertes en sannyasin.

Por eso te digo que no hay necesidad de ir a ningún sitio para sannyas. Si puedes abrir los ojos dondequiera que estés, si te vuelves un poco consciente, entonces eres capaz de ver las cosas como son.

Una noche Mulla Nasruddin volvía a casa después de emborracharse en el bar. Caminaba alegremente por la carretera tarareando una canción cuando chocó con alguien. Perdió los nervios y gritó: "¡Idiota! Si no pides perdón en cinco segundos, entonces....".

La otra persona replicó en voz más alta, de forma amenazadora: "¿Entonces?".

Al oír la voz amenazadora, Mulla recobró el sentido y miró al hombre detenidamente: ¡se parecía al boxeador Muhammad Ali! Toda su embriaguez desapareció y dijo: "Bueno, si cinco segundos no son suficientes, ¿cuánto tiempo necesitas?".

En esta vida también vas como borracho, tarareando la canción de los sueños, y no ves las cosas como son. Se necesita un duro golpe para trastornar tu mente soñadora, sólo entonces podrás ver el cielo vacío.

Entonces verás que estás rodeado de muerte. Lo que consideras vida es en realidad muerte.

Lo que consideras felicidad es en realidad la máscara de la miseria. Lo que consideras riqueza es sólo un juego de falsedad. En la ilusión del dinero sigues siendo pobre. Y en la ilusión de la vida permaneces sin conocer la vida real. Y el tiempo pasa, la vida pasa cada minuto y tu energía disminuye.

Esto es solo un simbolo, que cuando la muerte se apodero de Shankara entonces antes de morir le pidio a su madre que le diera permiso para tomar sannyas, y el permiso le fue dado.

Sí, este permiso se concede sólo cuando la muerte está a las puertas. No se obtiene permiso antes de esto, sólo cuando la madre se da cuenta de que su hijo sólo se salvará si se convierte en sannyasin.

De lo contrario, tal como es, morirá. Cuando se trata de elegir entre un hijo muerto y un hijo sannyasin, entonces la madre elige al hijo sannyasin. Este es el significado, porque un hijo sannyasin significa un hijo muerto. Sannyas significa que uno ha muerto mientras vivía.

Jesús ha dicho: "No puedes venir conmigo hasta que aceptes llevar tu cruz a cuestas; no puedes venir conmigo hasta que estés dispuesto a negarte a ti mismo; no hay camino de resurrección hasta que estés dispuesto a morir."

Si esta historia es cierta, si las cosas sucedieron realmente así, entonces este símbolo debe ser recordado.

Shankara, un niño pequeño, está al borde de la muerte; un cocodrilo le ha agarrado la pierna. Su madre está en la orilla del río y Shankara le pide permiso para tomar sannyas. Le dice: "Me estoy muriendo, no hay esperanza de que me salve. Déjame morir como sannyasin. Dame el permiso para sannyas. El cocodrilo me está llevando - así que dame el permiso".

Incluso entonces la madre debió dudar. Incluso entonces pudo haber esperado contra toda esperanza que su hijo pudiera salvarse. Pero la muerte estaba alejando a Shankara. Una multitud de personas se habria reunido y habrian dicho, "Es mejor que des el permiso ahora. Se esta muriendo, se va. No puedes evitar que muera, así que libéralo antes de que muera". Finalmente ella dio el permiso despues de oir las palabras de Shankara de que el quiere morir como sannyasin para no volver a nacer, para que no haya mas apego a la vida para el; el quiere morir sin apego a la vida. Incluso entonces, a mí me parece que la madre debe haber dudado; sus ojos deben haber estado llenos de lágrimas.

Ella debe haber rezado a Dios para salvar a su hijo. Pero cuando no hubo esperanza entonces muy a regañadientes, de una manera muy impotente, ella debe haber dicho: "Ya que estás muriendo es mejor que mueras como un sannyasin".

Pero este incidente puede no haber ocurrido, porque los cocodrilos no se preocupan por estas cosas. Si los hombres no se preocupan, ¿por qué deberían preocuparse los cocodrilos? Se dice que Shankara se salvó. El cocodrilo pensó: ¿Por qué matar a esta persona ahora que se ha convertido en un sannyasin? No, ¡los cocodrilos no son tan inteligentes! Si Hitler y Mussolini no son inteligentes, ¿cómo pueden serlo los cocodrilos?

Pero este símbolo es muy valioso. El hombre sólo se salva cuando se convierte en sannyasin; entonces ni siquiera la muerte puede dañarle. Pero sólo muere quien intenta apoderarse de la vida; la muerte no puede matar a la persona que ella misma renuncia a la vida. ¿Cómo se puede arrebatar a una persona que está dispuesta a renunciar? Las cosas sólo pueden arrebatarse a la persona que quiere salvarlas.

Por eso dice Jesús: "El que salva perderá; el que está dispuesto a perder, ha salvado".

Debes entender esto. Shankara se salvó. ¿El cocodrilo lo abandonó? No, sólo significa que la muerte no mata a un sannyasin. No hay forma de matar a un sannyasin porque, él dice: "El yo que podría ser matado por ti fue renunciado por mí. He renunciado al ego y a todos los sueños de deseo y ambición. Me he matado con mis propias manos. Entonces sólo el néctar interior que estaba rodeado de muerte permanece en su pureza".

No sabes nada de este néctar mientras sigas aferrándote a la vida. Por eso aferras la vida con tanta fuerza que no se te escapa de las manos. Tienes miedo de morir. Tienes miedo a la muerte todo el tiempo. Cuanto más intentas aferrarte, más miedo tienes, porque sabes que no puedes engañar a la muerte. Sí, la muerte se acerca. ¿Dónde puedes esconderte de la muerte? Viene de todas partes. Si viniera de una dirección en particular, podrías evitarla, pero viene de todas partes. Podrías salvarte si viniera de fuera, pero viene de dentro. Puedes huir a cualquier parte, pero la muerte vendrá. Puedes esconderte en cualquier parte, pero la muerte te encontrará, porque la muerte está escondida dentro de ti.

Tanto el néctar como la muerte están ocultos dentro de ti. Mientras sigas aferrándote a la vida exterior, sólo verás muerte en tu interior. En el momento en que aceptes la muerte interior, empezarás a ver la vida interior.

Si escribes en una pizarra con tiza blanca, las palabras son visibles y claras. Pero si escribes con tiza blanca en una pared blanca, entonces las palabras no son visibles. Si aceptas esa muerte interior, entonces en esa negrura la pequeña vela de la inmortalidad que arde dentro de ti se volverá mil veces más luminosa. Pero si no aceptas la muerte, no aceptas la pizarra, entonces no puedes ver las palabras blancas. Recuerda siempre esta afirmación contradictoria: quien haya podido ver bien la muerte, ha visto también el néctar.

"Shankara se salvó" - porque la muerte no puede destruirte. Puede destruir la llamada vida. Puede destruir lo que llamas cuerpo. Puede destruir lo que llamas nombre y forma. Pero la muerte no puede destruirte. Eres inmortal, eres amrit putra. Nunca has sido destruido y nunca puedes ser destruido.

Nunca naciste ni morirás.

El que nace morirá. Tu cuerpo nació y morirá. Tu nombre y tu personalidad nacieron y morirán. Pero tú siempre estuviste en el tiempo más allá del nombre y la forma, y siempre permanecerás en el tiempo. Eres antiguo, eres eterno.

El significado de sannyas es que renunciaré a todo lo transitorio e iré en busca de lo que no será destruido. Abandonaré lo transitorio y buscaré lo eterno. Aunque termine esta busqueda no importa, porque lo que es transitorio no puede ser salvado por mucho tiempo. Pero incluso después de renunciar a lo transitorio, si lo intransitorio permanece - aquello que no puede ser cortado por ninguna arma y que no puede ser quemado por el fuego - entonces vale la pena salvarlo. Sannyas es la búsqueda de esto. No pienses que este acontecimiento ha sucedido. Es sólo un símbolo muy valioso, una parábola.

La segunda pregunta:

Pregunta 2:

AMADO MAESTRO, SAI BABA HABÍA IDO A CASA DE NARAYANSWAMY EN LAS FORMAS DE UN PERRO Y UN LEPROSO Y NARAYANSWAMY NO PUDO RECONOCERLO. MI PETICIÓN ES QUE VENGAS A MI

CASA PERO DE ESTA MISMA FORMA, PORQUE SOY MUY TONTO.

Si me has reconocido entonces me reconocerás en cualquier forma. Y si no me has reconocido, ¿cómo puedes estar seguro de reconocerme incluso en esta forma? El reconocimiento de la forma no es reconocimiento. Inclinarse ante la forma no es inclinarse. La adoración de la forma no es adoración en absoluto.

Si Sai Baba hubiera ido en la forma que Narayanswamy creyó reconocer, entonces definitivamente se habría inclinado, le habría dado la bienvenida, pero esa bienvenida habría sido a la forma y no a Sai Baba. De hecho, un perro y un leproso están más vivos, más animados en lo que a la forma se refiere. La forma es sólo una cubierta exterior. Debes dejar de aferrarte a la cubierta. Pero yo sé por qué sigues aferrándote a la cubierta. Es porque también te conoces a ti mismo por esta forma.

He oído que cuando Mulla Nasruddin fue en peregrinación a La Meca llevaba consigo a dos personas; una era un barbero y la otra un calvo tonto. Se detuvieron por la noche en el desierto. Como era un lugar nuevo y desconocido y parecía peligroso decidieron vigilar por turnos durante la noche. El primer turno fue el del barbero. Permaneció despierto durante algún tiempo, pero pronto sintió sueño, pues estaba bastante cansado. Así que, para mantenerse ocupado, afeitó el pelo de la cabeza de Mulla Nasruddin. Se estaba aburriendo, ¡así que afeitó el pelo de Mulla!

Después del barbero le tocaba a Mulla hacer guardia, así que el barbero le despertó y Mulla, por vieja costumbre, se puso la mano en la cabeza y entonces dijo: "¡Dios mío! Por error parece que has despertado a ese estúpido calvo en vez de a mí!". Aquella cabeza rapada le dio a entender que no se trataba de él, sino de aquel calvo estúpido. Su cabeza tenía mucho pelo así que debía ser la otra persona.

Nos identificamos con la forma. ¿Has pensado en ello? Si te cambias la cara por la noche mientras duermes, ¿podrás reconocerte por la mañana? No, no podrás. ¿Por qué? Porque te reconoces a través del espejo, no hay otro reconocimiento más profundo.

Si por la noche te vas a dormir como un hombre blanco y al despertarte por la mañana te encuentras como un hombre negro -si un científico cambia la forma de tu nariz y el color de tus ojos, tu pelo, haciéndote cirugía plástica por la noche-, entonces también estarás en las mismas condiciones en las que estaba Mulla Nasruddin.

Lo que ha dicho no es absolutamente erróneo. No dice cosas equivocadas. Dice: "¡Dios mío! Por error has despertado al tonto calvo en vez de a mí". Tú también dirás y harás lo mismo.

Te despertarás gritando: "¡No puedo ser yo, tiene que ser otra persona!".

Sólo nos reconocemos a nosotros mismos a través de la forma. Por lo tanto, cualquier reconocimiento que tengamos de los demás es también de la forma. Mientras no reconozcas tu propia conciencia tampoco podrás reconocer la mía. Tu reconocimiento de mí sería tan profundo como tu reconocimiento de ti mismo. Puedo ir a tu casa, pero eso no servirá de nada. A menos que vengas a tu propia casa, mi venida a tu casa no significaría nada realmente.

La tercera pregunta:

Pregunta 3:

AMADO MAESTRO, AYER, MIENTRAS NARRABAS LA HISTORIA DE LA AVISPA, NOS HABLASTE DE UN BLOQUEO MENTAL. POR FAVOR, DINOS ¿CÓMO ELIMINAR UN COMPLEJO MEDIANTE LA SADHANA, LA PRÁCTICA ESPIRITUAL?

Ni siquiera entendiste la historia de la gran avispa intelectual. En esa historia de la avispa quedaba claro que no había ningún bloqueo, ningún complejo, ¡sino que había leído un libro! No había ningún bloqueo en la vida de la avispa que tuviera que ser eliminado mediante la sadhana. El único problema de la avispa era que se había convertido en una experta lectora, y había leído en un libro que las alas de una avispa son pequeñas y su cuerpo es pesado, de modo que una avispa no puede volar.

Los autores de este libro elaboraron la teoría muy bien, pero no vieron volar a la avispa. Según su lógica, no puede volar, pero el hecho es que vuela. La avispa se confundió al leer esto. Su estado era como el del ciempiés. Es una historia muy antigua.

Un ciempiés con cien patas pasaba por allí cuando un conejo lo vio y se quedó muy curioso y perplejo también. Detuvo al ciempiés y le dijo: "Por favor, dime, ¿cómo te las arreglas para moverte con estos cien pies? ¿Cómo las sincronizas? ¿Cuál de ellas se adelanta primero y cuál le sigue? Me resulta desconcertante. ¿Cómo las manejas todas?".

Hasta ese momento, el ciempiés ni siquiera había pensado en sus cien pies. Se había limitado a moverse. Nunca había pensado en este asunto, pero cuando el conejo le preguntó, él mismo miró sus cien pies y se quedó confuso. Dijo: "¡Dios mío! Nunca había pensado en esto. Pero ahora, ya que me has hecho la pregunta, lo pensaré, observaré y experimentaré con ello, y luego te informaré."

Pero después fue tan consciente de sus cien pies que no pudo moverse y se cayó. Un cuerpo tan pequeño con cien pies y una mente tan pequeña, ¿cómo iba a manejarlos todos? Se dijo: "¡Conejo tonto! Me has creado un problema. Ahora nunca podré moverme. Ahora soy consciente de la pregunta: ¿cómo sincronizar los cien pies? Esta pregunta no me había preocupado antes".

¿Te has dado cuenta de que todas las cosas sin importancia se convierten en un problema si empiezas a pensar en ellas? Puedes probar esto: durante siete días, cada vez que comas algo, empieza a pensar en cómo lo digieres. Los científicos dicen que es todo un milagro. La comida entra, se absorbe y se convierte en sangre y huesos, carne y médula, y todos los finos nervios del cerebro:

pensamientos y deseos. Y todo esto se transforma en la pequeña fábrica del estómago. ¿Y cómo? Bueno, si lo piensas durante siete días tendrás indigestión y nunca volverás a estar sano. Si experimentas así el estómago se desordenará. Como el ciempiés, tú también empezarás a preguntarte.

La vida es más grande que tu mente. Siempre que metes la mente crea problemas. La vida es mucho más grande que tú, y tu mente es pequeña. Ni siquiera pudiste comprender la historia de la avispa, ¿y quieres saber cómo eliminar el complejo mediante la sadhana? ¿Qué hizo la avispa? No hizo nada. No es cuestión de hacer nada, porque era sólo una ilusión de la mente. La avispa había estado volando hasta que leyó el libro.

La escritura fue la causa de la muerte. La avispa no pudo volar desde ese día; simplemente se sentó y engordó al sentarse, y se hizo más difícil volar. Y cuando se hizo difícil volar las escrituras parecían bastante correctas. Las otras avispas volaban, pero ella pensaba que eran tontas ignorantes y volaban en su ignorancia. Pensaba que era muy erudita, y "Estos son tontos ignorantes así que no saben lo que está escrito en las escrituras; están volando en su ignorancia.

No saben que los científicos han dicho que las alas de una avispa son pequeñas y su cuerpo es tan grande que no puede volar". El hombre intenta encubrir su idiotez y sus enfermedades mediante el conocimiento. Es muy hábil en esta tarea.

Esa avispa también tenía la impresión de ser la única sensata; las demás eran estúpidas. Volaban y, por tanto, iban en contra de la teoría y de las escrituras. No saben lo que hacen; hacen lo que no se puede hacer. Pero la avispa no entendía que lo que no se puede hacer, no se puede hacer ni siquiera en la ignorancia. Fue un momento afortunado cuando una mañana un pájaro atacó a la avispa y en la confusión del ataque olvidó todo sobre el llamado conocimiento, los Vedas, ¡y se fue volando! Pero más tarde, cuando se sentó a la sombra, se dio cuenta de que había volado, lo que significa que puede volar.

Así que ciertamente estos son los trucos de la mente. La avispa no pensó que era una ilusión que no pudiera volar, y quienquiera que hubiera escrito esto en las escrituras había escrito mal. Ni siquiera el hombre duda de la palabra escrita, y ésta era sólo una pobre avispita.

Si alguien te dice algo puede que no lo creas, pero si te muestra eso mismo escrito en un libro entonces lo creerás.

Tengo un amigo que escribe poesía. Sus poemas son una basura. Si uno escucha sus poemas, le duele la cabeza. Su poesía es lo contrario de una aspirina: provoca dolor de cabeza. Así que nadie la escucha. A veces me los leía. Un día me dijo: "Nadie escucha mis poemas.

La gente dice que están muy ocupados. Si veo a mis amigos, desaparecen. Si voy a la cafetería, la gente no se sienta en mi mesa. ¿Qué puedo hacer?".

Le sugerí: "Haz que impriman los poemas".

¿Quién los va a leer? La gente no está dispuesta a escucharlos. Además, imprimirlos es bastante caro".

Le dije: "Las palabras impresas tienen un efecto mágico en la gente. Pero si eso te parece caro, coge este magnetófono y haz que las graben en esto. Luego ve mañana a la cafetería con este magnetófono y dile a tus amigos que has grabado unos poemas".

Cuando volvió al cabo de dos días, dijo: "¡Qué milagro! Esos tontos no estaban dispuestos a escucharme, pero escuchaban la grabadora con mucha atención". Este es el efecto de la máquina. Puedes negar al hombre pero no puedes negar la máquina.

En Nueva York, un ladrón armado entró en una casa, cerró todas las puertas y abrió la caja fuerte. Cuando la gente se enteró, se quedó con la pistola en la ventana; era muy peligroso que alguien entrara porque estaba en la ventana con la pistola. Entonces alguien fue a una casa cercana y llamó por teléfono. Sonó el teléfono de la casa, el atracador dejó la pistola a un lado, contestó al teléfono y dijo: "Perdone, estoy muy ocupado". Pero mientras tanto lo atraparon.

Cuando le preguntaron por qué había ido a contestar al teléfono, respondió: "¿Qué podía hacer? El teléfono estaba sonando, así que había que contestar". Así que dejó la pistola para contestar al teléfono.

Este es el efecto mágico de la máquina. Si alguien llama a la puerta no importa, pero si suena el teléfono -aunque no sea el de tu casa-, contestarás.

Aquel amigo me dijo: "Ahora seguro que imprimirán mis poemas y los leerán. Incluso comprarán el libro y lo leerán. Cuando les pido que me escuchen gratis no les gusta, pero escuchan la grabadora con mucha atención".

Ciertamente, las palabras impresas son muy eficaces. Si alguien te está hablando de algo y tú no lo crees, si te muestra eso mismo escrito en un libro enseguida lo creerás, como si el hecho de estar escrito en un libro fuera una prueba de que es verdad. En realidad, el noventa y nueve por ciento de las cosas escritas en los libros son falsas, pero parecen verdaderas porque están escritas en los libros. Sí, los libros son muy eficaces.

La avispa estaba bajo la influencia de los libros. No tenía ninguna enfermedad que hubiera que tratar, no tenía ningún complejo que hubiera que eliminar mediante posturas de yoga. No tenía nada malo excepto que estaba bajo una falsa noción, una falsa idea. No hay nada que hacer con una noción falsa excepto renunciar a ella. Un pájaro la atacó y se puso nerviosa, eso era todo lo que necesitaba.

El guru es también como este pájaro que te ataca. Si te pones nervioso y confuso, en ese momento tienes la realización. Por eso uno tiene miedo de un gurú. No hace nada; sólo se ríe de ti y al mismo tiempo siente lástima por ti, porque no estás enfermo pero imaginas que lo estás. No hay duda de que eres desgraciado, pero lo eres sin ninguna razón.

La miseria es sólo mental: piensas que eres miserable. Hay que eliminar ese pensamiento. Por naturaleza siempre estás sano. Lo divino no te ha abandonado, está en cada una de tus células. Pero de alguna manera piensas que algo está mal. Nunca nada estuvo mal excepto este pensamiento de que algo esta mal.

La avispa salió volando. Ni siquiera entonces pensó.... El ego del hombre nunca piensa que está equivocado, ni siquiera en el pasado. Pensaba que debía de haber un bloqueo en la mente por el que no podía volar. Ahora ese bloqueo ha desaparecido. En el momento de la crisis, el bloqueo se ha roto, la energía se ha despertado y ahora puede volar. No se daba cuenta de que no había bloqueo. Estaba sentado sin hacer nada y había leído sobre este bloqueo en los libros de psicología.

Los libros son tu muerte. Intenta entrar un poco en la vida. Por favor, despídete de los Vedas, el Corán y la Biblia. Sí, deberías decirles adiós con estas palabras: "Por favor, discúlpenme ahora, ya es suficiente. Ahora déjame vivir una vida natural como es".

Ser natural es ser religioso. Usted se ha vuelto antinatural. No padeces ninguna enfermedad, pero tienes la ilusión de padecerla. En realidad el mundo no es, es sólo una ilusión. Sólo lo divino es. Por eso Shankara lo llama maya, ilusión.

Si padeces una enfermedad imaginaria, quieres tratamiento y hay gente dispuesta a tratarte. Entonces empiezan todo tipo de problemas con el tratamiento, porque la medicina adecuada para los síntomas puede resultar perjudicial, peligrosa para el paciente que padece una enfermedad imaginaria. Por supuesto, si la medicina en sí es errónea, no pasa nada; entonces un problema lleva a otro.

Pero si puedes diagnosticar el problema básico, entonces desaparecerá. La avispa era un poco demasiado sabia y esa fue su tontería.

Ahora preguntas: "Ayer, mientras narrabas la historia de la avispa, nos hablaste del bloqueo mental". No, no dije nada al respecto. Habréis oído otra cosa. Y este es el problema, que cuando yo digo algo vosotros oís otra cosa y hacéis otra cosa, y más tarde me haréis responsable de ello diciendo: "Tú lo has dicho".

A veces vienen algunas personas y me dicen "Tú lo has dicho", con tanta confianza que yo también me callo, porque si no lo entendieron antes ¿cómo lo van a entender ahora? Me callo: sí, lo habré dicho, si no, ¿cómo lo has oído? Lo habré dicho. Pero que lo hayáis oído no significa que yo lo haya dicho. Ahora has oído que ayer, en la historia de la avispa, te había hablado del bloqueo mental. En absoluto, no dije nada al respecto. La avispa estaba absolutamente sana; podía volar, podía bailar, podía disfrutar de la primavera, podía tararear alegremente una canción a la luz del sol, pero sólo por leer sobre el bloqueo mental en un libro de psicología se hizo la ilusión de que no podía volar.

Ahora preguntas: "¿Cómo eliminar el complejo mediante la sadhana?". Tú también eres como la avispa: acabas de desplomarte después de leer las escrituras, porque está escrito en las escrituras que no puedes volar.

Ten más fe en ti mismo que en las escrituras. Tú eres el juez, no las escrituras. Escucha a tu propia naturaleza, obedece a tu naturaleza; tu naturaleza te liberará. Quien escucha a su propia naturaleza y actúa de acuerdo con ella es capaz de entender también las escrituras. Sólo entonces se pueden entender las escrituras en su sentido correcto. No significan lo que tú pensabas. Pero siempre entiendes justo lo que quieres entender. Incluso para tu enfermedad tomas el apoyo de las escrituras; entonces la enfermedad se hace más profunda.

¿Qué le pasaba a esta avispa? ¿Por qué se lo creyó tan rápido? El mal era que ya tenía la costumbre de atropellar a las otras avispas. Solía decir: "Estos vagabundos tienen la costumbre de vagar por aquí y por allá, no piensan, no estudian las escrituras, no tienen ni idea de cómo llevar una vida elevada, pura y pacífica. Malgastan sus vidas bailando sobre las flores".

La avispa ya tenía el ego de ser extraordinaria. Consideraba a las demás avispas muy inferiores.

Esta ilusión fue la causa de los problemas que tuvo con las escrituras. Cuando leyó que una avispa no puede volar dijo: "Esto es absolutamente correcto y yo soy el único que ha alcanzado este conocimiento. Todos los demás son tontos ignorantes". El ego de este conocimiento la hizo sentarse. Estaba disfrutando atropellando y condenando a las otras avispas. Haciendo esto el ego se inflaba.

Ve y mira a tus llamados sadhus y sannyasins - ellos también están sentados como esta avispa. No vuelan, se mantienen alejados de la vida, y tienen una gran condena para la gente de este mundo. Dicen: "Irás al infierno a causa de tus apegos, a causa de tus involucramientos mundanos". También piensan que es a causa de la ignorancia que la gente está apegada a este mundo. Según ellos, el mundo entero es ignorante; sólo una o dos personas que están sentadas como cadáveres en el templo están llenas de conocimiento.

Te digo que Dios quiere que pases por este apego. Hay un secreto detrás de pasar por los apegos: uno gana madurez sólo después de experimentar este apego. Estos escapistas que se esconden en los templos se van a equivocar. Sólo piensan en términos de ego.

A ti te gusta la comida, a ellos les gusta ayunar, porque así pueden presumir de que no les interesa comer, mientras que a ti te gusta la comida como a los animales. A vosotros os gusta la comodidad, y ellos se ponen deliberadamente al sol o se tumban en un lecho de espinas para torturar el cuerpo. ¡Qué locura! Pero su único placer es condenarte, y eso puede hacerse muy fácilmente tumbándose en un lecho de espinas. No puedes acostarte sobre espinas, no has leído las escrituras, pero esta gente ha leído todas las escrituras.

Vuestros llamados sadhus y sannyasins hacen todo tipo de austeridades y renuncias sólo para satisfacer sus egos. No han alcanzado ningún cielo; no es más que gratificación del ego. Para disfrutar de su viaje del ego es necesario que se entreguen a cosas que son justo opuestas a ti. Hagan lo que hagan, ellos harán lo contrario. Y tú estás muy impresionado por estas cosas, piensas que han hecho milagros. Tú eres idiota, pero ellos son más idiotas que tú. Tú estás de pie y ellos están de cabeza, y dicen que están haciendo shirshasan, la postura de cabeza.

El hombre está hecho para caminar sobre sus pies, de lo contrario Dios habría hecho arreglos para que caminara sobre su cabeza. No hay necesidad de pararse sobre la cabeza, pero el que lo está haciendo ciertamente puede mirarte desde arriba pensando que está haciendo algo maravilloso, algo grandioso, y que ustedes están parados sobre sus pies como tontos ignorantes. Y el hecho es que aquellas personas que tienen ego se sienten muy impresionadas por la exhibición de tal tipo de ego y también empiezan a hacer las posturas de yoga.

Ahora preguntas: "¿Cómo eliminar el complejo mediante la sadhana?". No veo ningún complejo en ti que tenga que ser eliminado. Eres tal como debes ser - sólo olvida la ilusión del complejo. El día que abandones esta ilusión de complejo te sorprenderás al darte cuenta de que siempre estuviste sin él y perdiste el tiempo bajo esta ilusión.

Cuando Buda se iluminó la primera frase que dijo fue: "Oh Señor, el hacedor de las casas del deseo. Ahora ya no tendrás que hacerme más casas, porque he captado la fuente del deseo y la fuente del deseo es la imaginación. He comprendido que todo esto era la red de mi imaginación. Pero ahora he encontrado la fuente original: ¡la imaginación! Ahora ese viaje de deseos se ha detenido".

Tu complejo está en tu imaginación. Tu deseo también está en tu imaginación. Tu mundo también está en tu imaginación. La verdad es siempre como era. Incluso ahora es la misma, incluso mañana será la misma. El día que dejes caer esta red de imaginación te darás cuenta de que te perdiste mucha alegría en vano.

Pero hay hipocondríacos -también debes conocer a algunos de ellos- que siguen creando enfermedad tras enfermedad. Siempre van corriendo a los médicos. A veces acuden al médico alópata, a veces al homeópata, a veces al naturópata y a veces al ayurvédico.

Nunca están tranquilos, siempre corren a distintos lugares para recibir tratamiento, y en todas partes les dicen que no tienen ninguna enfermedad. Pero ellos se enfadan mucho al oír esto y dicen: "¡Estamos sufriendo tanto por estas enfermedades, y usted dice que no tenemos ninguna enfermedad!". Sólo pueden estar satisfechos si les dicen que padecen una enfermedad muy grave y peligrosa: "Sois los primeros que la padecéis, y una enfermedad tan rara".

He oído hablar de una anciana que siempre se quejaba de estar enferma, pero nadie le creía porque en realidad no estaba enferma. Y si el médico la trataba de una enfermedad concreta, empezaba a quejarse de otras: o le dolía la cabeza, o le dolían las manos y los pies, o le dolía todo el cuerpo. Desde luego, las enfermedades imaginarias no tienen fin. Por fin murió, pero antes de morir dijo a la gente que la inscripción de su tumba debía ser: "Ahora debéis creer que estuve enferma". Ahora ha muerto, así que la gente debe creer que murió a causa de su enfermedad.

Una vez me trajeron a un hombre mentalmente desequilibrado. Era un joven sano, pero sufría con la idea de que dos moscas le habían entrado en el cuerpo por la nariz mientras dormía.

Ahora siguen zumbando en su interior y por su culpa no puede comer, no puede dormir, se siente incómodo todo el tiempo. Le han dado todo tipo de tratamientos, pero no le han hecho efecto. Los médicos le habían dicho que no había moscas dentro; la radiografía no las muestra. Él dijo: "La radiografía debe de estar mal, porque oigo su zumbido todo el tiempo, ¡las siento moverse en mis huesos! Su radiografía no los muestra, pero yo sigo sufriendo". Tenía razón al decir que sufría.

Le dije: "Vale, déjame intentarlo. Ahora túmbate y cierra los ojos. No los abras hasta que yo te lo pida.

Mientras tanto, intentaremos acabar con las moscas".

Le gustó que le dijera que intentaría eliminar las moscas. Enseguida me tocó los pies y me dijo: "Eres la única persona sensata que he conocido hasta ahora. Los demás se ríen cuando me quejo de las moscas. Uno se siente muy mal si el médico se ríe de él. Pero sin duda usted me curará".

Le dije: "Sí, veo las moscas. Es sorprendente que la radiografía no las muestre". Le vendé los ojos y le hice tumbarse. Corrí a la casa y, con gran dificultad, cogí dos moscas y las metí en una botella. Abrió los ojos y vio las moscas en la botella. Le dije: "Mira, las he sacado".

Pero él dijo: "Éstas no son las moscas adecuadas. Son moscas grandes, éstas son las pequeñas que se encuentran en las casas. Son moscas grandes y siguen moviéndose dentro de mí".

Le dije: "Bueno, sólo podría sacar a estos dos".

Dijo: "Estos dos también podrían haber estado allí, pero los verdaderos siguen dentro". ¿Qué se puede hacer con un hombre así?

El que puede imaginar dos moscas también puede imaginar cuatro. Puede coger dos, ahora dice que no son iguales que las que se mueven dentro de él. Entonces comprendí que si atrapo dos moscas más, tampoco las va a aceptar. ¿Qué hacer con un hombre así?

Le compadeces porque sufre sin motivo. El sufrimiento es imaginario. Si hubiera sido real, podría haberse tratado. Pero el sufrimiento es tan falso que ni siquiera puede tratarse. Uno tiene ganas de reírse de él porque depende totalmente de él abandonar la enfermedad. Si hubiera creído que esas moscas eran las mismas que le molestaban, podría haberse curado. Pero ha encontrado otra manera de no curarse, diciendo que no son las mismas moscas: "Has trabajado duro para conseguir estas moscas pero no son las mismas".

Tus enfermedades y tus complejos son así: son imaginarios, no te pasa nada.

No puede ser. Cuando lo divino lo es todo, ¿cómo puede haber algo malo? Es sólo una red de imaginación. Si puedes despertar - puedes despertar en este mismo momento - entonces no hay nada que hacer. No hacer nada es Bhaj Govindam. Bhaj Govindam significa que no hay nada que hacer: sólo cantando la canción de lo divino se curará la enfermedad.

Si la enfermedad fuera real, entonces no podría haber sido curada por Bhaj Govindam. Cantando la canción de lo divino, ¿cómo puede curarse la enfermedad real? ¿Cómo puede curarse el cáncer cantando "¡Govinda!

¿"Govinda"?

Pero los iluminados han dicho que si incluso recuerdas la canción de lo divino, entonces todas las enfermedades desaparecerán, porque no hay enfermedad. En el momento del recuerdo, en el momento de la dedicación a lo divino, de repente te darás cuenta de que nunca hubo ninguna enfermedad - eres un buda puro, eres sin ningún nombre, sin ninguna forma, sin ninguna mancha. Ni siquiera hay una línea negra en ti. Todo es una red de imaginación. Intenta comprender de nuevo la historia de la avispa. Es tu historia.

La cuarta pregunta:

Pregunta 4:

AMADO MAESTRO, ¿ES POSIBLE QUE LA MENTE DE UN HOMBRE LLEGUE A SER COMO LA MENTE DEL RECIEN NACIDO?

Sin duda. Un lago está absolutamente en calma, tranquilo, pero con la llegada de la brisa las olas empiezan a levantarse.

Pero si cesa la brisa, también cesarán las olas y el lago se calmará. Volverá a ser como un espejo. El lago está limpio; con la caída de las hojas se ensucia, pero cuando las hojas se asienten el lago volverá a estar limpio y fresco.

Nace un niño: el lago aún estaba limpio, no había ondas, ni hojas de pensamiento, ni olas de deseo. Luego, con la llegada de la juventud, surgieron tormentas, soplaron fuertes vientos y el lago se llenó de olas. El espejo se perdió. Se desató una terrible pasión. Luego llegó la vejez y pasó la tormenta: el lago volvió a la calma.

Un poco de comprensión - deja que las hojas se calmen. Un poco de comprensión - deja que los vientos de la pasión se detengan. El lago volverá a la calma; no hay diferencia en la naturaleza del lago.

Cuando la mente vuelve a ser inocente como la mente de un niño, entonces llamamos a ese hombre santo. Un santo se vuelve como un niño. Por eso Shankara ha dicho que el yogui supremo a veces juega como un niño y a veces como un loco. A veces él parece tan inocente como un niño - él está absolutamente vacío, no hay nada dentro de él. Y a veces terribles tormentas desconocidas surgen en él - entonces parece absolutamente demente, loco.

Hay una inocencia infantil incluso en un loco, y hay locura como la del loco incluso en los niños. Los niños pequeños se enfadan por cosas pequeñas. Cuando quieren un juguete, bailan, saltan e incluso rompen cosas porque quieren el juguete ahora mismo. Puede que ahora estén muy enfadados, pero al cabo de un momento empezarán a reírse y olvidarán todo el enfado. Hay cierta similitud entre los locos y los niños. Por eso los locos tienen la mirada inocente de los niños y hay algo de locura en los ojos de los niños.

El iluminado se convierte en ambas cosas a la vez. Unas veces parece un niño y otras un loco. Como ya no observa ninguna regla, no se preocupa por la dignidad, el prestigio, el pecado o la virtud, por lo que a la gente le parece un loco. Por eso también parece un niño, porque el niño tampoco sabe nada de dignidad, pecado o virtud. Un niño está antes de que empiece la dignidad, y un santo está más allá de la dignidad. Entre los dos está el mundo donde hay limitaciones: dignidad, prestigio, moralidad, reglas, pecado, virtud, suerte, mala suerte, vale la pena hacer y no vale la pena hacer - ambos extremos están ahí.

Ciertamente, el momento que estuvo en tu vida una vez puede volver de nuevo. Fuiste un niño - ese niño se perdió, pero todavía existe en la multitud de tus pensamientos. Cuando estos pensamientos se calmen, de repente el niño será redescubierto. Eso es la santidad.

La quinta pregunta:

Pregunta 5:

AMADO MAESTRO, A VECES SHRI SHANKARACHARYA DICE QUE NO PASARA NADA POR LA PEREGRINACION AL GANGES Y A VECES DICE QUE, INCLUSO BEBIENDO UNA GOTA DEL AGUA DEL GANGES, UN HOMBRE CONQUISTA LA MUERTE. POR FAVOR ACLARA ESTA CONTRADICCION.

El Ganges exterior y el Ganges interior.... No ocurrirá nada si emprendes el viaje al Ganges exterior, porque el viaje al Ganges exterior es un viaje exterior; no puede enviarte al interior. Pero si bebes aunque sea una gota del Ganges interior, entonces lo lograrás, porque para beber aunque sea una gota del Ganges interior tendrás que ir absolutamente al interior; sólo entonces podrás beber una gota de esa agua. El peregrinaje no está fuera, fuera sólo está el mundo. La peregrinación está dentro, en el interior.

Cuanto más entras, más disfrutas dentro de ti, más te acercas a la peregrinación. Todas las peregrinaciones como Girnar, Shikharji, Kaaba, Kailash, Kashi, están dentro de ti. Sálvate de la ilusión del exterior.

Pero tenemos la costumbre de mirar hacia fuera, así que cuando intentamos buscar lo divino lo buscamos fuera.

Cuando buscamos el templo, significa fuera. La santidad está dentro de ti. Se esconde dentro de quien la busca. Es el que la busca. Trata de reconocer tu conciencia; una gota de ella es suficiente.

Se cuenta que cuando el Ganges bajó a la tierra sólo llegó la mitad, la otra mitad se quedó en el cielo.

Eso significa que cuando llegó el Ganges, sólo llegó la mitad, la mitad se quedó dentro. El cielo significa dentro, el cielo significa hundirse en lo más profundo de uno mismo. Y el infierno significa perderse en el otro.

El gran pensador de Occidente llamado Jean-Paul Sartre ha dicho. "El otro es el infierno".

El cielo está dentro de uno mismo. Vives en el infierno mientras dependes de los demás. Cuando adquieres tu libertad, tu individualidad, tu autonomía, tu ser tú mismo, y no dependes de los demás, no sigues siendo un mendigo, y te conviertes en tu propio amo - entonces es el cielo.

Mendigar cualquier cosa a los demás significa humillación; eso es el infierno. Del otro sólo obtendrás miseria en tu cuenco de mendicidad. Nunca obtendrás felicidad del otro.

Entra. El Ganges interior es la otra mitad del Ganges celestial. Incluso una gota de él es suficiente. Es néctar. No pasará nada por bañarse en el Ganges exterior. Los peces y los cocodrilos viven en el Ganges, otros animales también se bañan en el Ganges. ¿Significa eso que todas esas criaturas van al cielo? No, y tú no puedes bañarte más que ellas; sólo te darás un chapuzón y volverás a casa. ¿A quién intentas engañar? Eres como un ciego que tiene ojos: tienes ojos y, sin embargo, estás ciego.

No te engañes a ti mismo. El Ganges está dentro, todo lo que es valioso está dentro. Lo que es basura está fuera, pero la verdadera riqueza está dentro.

La sexta pregunta:

Pregunta 6:

AMADO MAESTRO, DICES QUE UNO ALCANZA LA VERDAD CON LA GRACIA DEL MAESTRO.

¿ENTONCES POR QUÉ ALIENTAS TAMBIÉN EL ESFUERZO DEL EGO?

La verdad se alcanza por la gracia del maestro. Pero no se puede obtener la gracia del maestro sin esfuerzo. Lo divino se alcanza por la gracia, pero hay que buscar al maestro; hay que tener la capacidad de estar cerca del maestro.

Hay que esforzarse, pero recuerda siempre que lo último se alcanza sin esfuerzo. Esto te parecerá contradictorio, pero estas son las dos alas, los dos remos: esfuerzo y gracia. El viaje se completa con estos dos.

En este mundo hay dos tipos de ilusión. Algunas personas piensan que alcanzarán lo divino con su esfuerzo. Nunca lo consiguen porque su ego nunca desaparece; el esfuerzo lo hace aún más fuerte: las puertas permanecen cerradas en lugar de abrirse. También hay otro tipo de personas que creen que lo divino no puede alcanzarse mediante el esfuerzo, sino sólo a través de la gracia. Se sientan sin hacer nada:

pierden por su pereza. Algunos pierden por su ego y otros por su pereza. Lo divino se encuentra a través del esfuerzo incansable y, sin embargo, sin esfuerzo.

Por tu parte, tienes que hacerlo de todo corazón; nada debe quedar sin hacer por ti. Debes poner todo de ti mismo en juego, sólo entonces merecerás su gracia. Entonces podrás decir: "No tengo nada más que poner en juego, ahora por favor bendíceme con tu gracia". Sólo tendrás derecho a pedir su gracia cuando hayas hecho todo lo que te era posible hacer y ya no quede nada por hacer.

La gracia no se consigue gratis. La gracia es un diamante muy valioso que no puedes conseguir gratis. Cuando has puesto todo en juego, entonces la oración puede surgir de tu corazón, entonces puedes decir: "Nada sucede por mi culpa. Ahora todo depende de ti". En ese preciso momento en que te das cuenta de que nada puede ser hecho por ti y dices: "Lo he apostado todo, me he volcado por completo, aun así nada sucede. Ahora se necesita tu gracia". Entonces ciertamente alcanzarás su gracia.

Lo divino siempre se alcanza a través de la gracia, porque tu esfuerzo es muy pequeño y lo divino es tan vasto. No lo alcanzarás con esfuerzo, pero con tu esfuerzo te acercas al punto en que la gota está lista para convertirse en el océano.

La última pregunta:

Pregunta 7:

AMADO MAESTRO, DIJISTE, MIENTRAS ESTES EN LA MISERIA VIVELA A FONDO, AVERIGUA SU CAUSA Y DESPIERTA. ¿QUÉ OCURRE CUANDO UNO DESPIERTA?

Despertarse o despertar significa que el sueño ha terminado: lo que se conocía hasta ahora ya no existe. Por eso es difícil decir qué significa despertar, porque tu lenguaje es el del sueño. En este momento, todo lo que se te pueda decir o todo lo que puedas comprender estará en el lenguaje del sueño. Si te digo que obtendrás la felicidad, entonces pensarás en la felicidad que has conocido en el sueño. Si te digo que no tendrás miseria, entonces pensarás en la misma miseria que has conocido en el sueño.

Si piensas, no lo conseguirás. Por eso todos los budas se han callado. Cuando alguien les preguntaba qué ocurriría después del despertar, se callaban. Decían: "Despierta y verás".

porque esto está más allá del lenguaje que conoces, o esto está más allá de tu comprensión que tienes a través del lenguaje. Ni tu felicidad ni tu miseria están ahí. Ni tu paz ni tu inquietud están ahí. Ni tu satisfacción ni tu insatisfacción - todo lo que has conocido hasta ahora no está ahí. Las escrituras que has conocido hasta ahora tampoco están ahí.

Las imágenes de Dios que tú creaste tampoco están ahí. Tus nociones sobre el cielo y el infierno tampoco están ahí. Cuando no estés allí, tus nociones tampoco estarán allí.

Hay algo que no se puede describir, que no se puede definir: puedes llamarlo Brahma, Vishnupad, Jinpad o Budeidad, pero ni siquiera con estas palabras se puede saber nada. Si despiertas, sólo entonces podrás saberlo. Un mudo no puede describir el sabor del azúcar, pero puede disfrutarlo.

¿Qué ocurrirá después del despertar? Saborearás lo divino, el sabor que has estado intentando obtener todas estas vidas pasadas pero que no has podido conseguir - siempre lo has echado de menos. No se puede describir. Si estás aburrido de la forma en que has estado viviendo, entonces despierta. Pero si aún tienes un poco de interés en ello, date la vuelta y duérmete de nuevo.

Pero un día tendrás que despertar. El sueño no puede ser eterno y el sueño no puede ser el descanso definitivo y la oscuridad no puede ser la experiencia de la verdad última. Tarde o temprano tendrás que levantarte - todo depende de ti. Pero cuando despiertes te arrepentirás de no haber despertado antes: todo estaba al alcance de la mano, sólo era cuestión de alcanzarlo.

Jesús dice una y otra vez: "Arrepentíos, el reino de Dios está cerca".

Suficiente por hoy.

El espejo de la miseria

ABANDONANDO EL SEXO, LA IRA, LA CODICIA Y EL APEGO, MEDITA SOBRE TI MISMO: ¿QUIÉN SOY YO? PORQUE LOS IDIOTAS SIN AUTORREALIZACIÓN SUFREN AQUÍ LA ANGUSTIA DEL INFIERNO PROFUNDO.

SOLO VALE LA PENA CANTAR EL GITA Y EL SAHASTRANAM, LOS MIL NOMBRES DE DIOS; SOLO VALE LA PENA MEDITAR INCESANTEMENTE EN LA FORMA DE VISHNU.

HAY QUE BUSCAR SIEMPRE LA COMPAÑÍA DE LA GENTE BUENA, HAY QUE DAR DINERO SÓLO A LOS POBRES.

UNO SE ENTREGA A LA MUJER POR PLACER, PERO QUÉ PENA QUE AL FINAL SÓLO TENGA UN CUERPO GASTADO. AUNQUE LA MUERTE ES LA ÚNICA CERTEZA EN ESTE MUNDO, LA GENTE NO DEJA DE PECAR.

EL DINERO ES UN DESASTRE - CONTEMPLA SIEMPRE SOBRE ÉL. LA VERDAD ES QUE NO HAY FELICIDAD EN EL DINERO EN ABSOLUTO. SE HA VISTO EN TODAS PARTES QUE EL RICO TIENE MIEDO HASTA DE SUS PROPIOS HIJOS.

PRANAYAM Y PRATYAHAR, DISCRIMINACIÓN INTELIGENTE ENTRE LO TRANSITORIO Y LO INTRANSITORIO, DISCIPLINAR EL SAMADHI CON JAPA

- DISCIPLINAR TODO ESTO CON CAUTELA, CON GRAN CAUTELA.

TOTALMENTE RENDIDO A LOS PIES DE LOTO DEL MAESTRO, LIBRE DE LAS ATADURAS DEL MUNDO, HABIENDO DISCIPLINADO LA MENTE JUNTO CON LOS SENTIDOS, PODRÁS VER LO DIVINO DENTRO DE TU CORAZÓN.

Hay una historia mitológica griega. Había un joven muy apuesto llamado Narciso que se enamoró de una joven llamada Eco. Merece la pena reflexionar sobre este nombre. La gente se enamora del eco. Siempre te enamoras donde oyes tu propia voz, donde tu propio ego está satisfecho, donde te encuentras a ti mismo en la forma oculta. Tu amor no es más que la extensión de tu ego. Eco también se enamoró de él. Eco tiene que enamorarse porque es el eco de tu voz. No hay posibilidad ni forma de que ella esté separada de ti.

Pero un día ocurrió una desgracia. Tenía que ser así, porque la desgracia es segura en la vida de quien se deja engañar por los ecos, de quien se enamora de su propia voz.

Narciso había ido al bosque. Allí vio su propio reflejo en el lago, que estaba absolutamente en calma, no había ni una ondulación. Estaba encantado. En el lago, que era como un espejo, vio su propio rostro. Pero era la primera vez que lo veía. Era tan hermoso. ¿A quién no le gusta su propia cara?

La gente sólo ama su propia cara. Narciso quedó hipnotizado; no podía moverse, se quedó quieto. El apego crea este tipo de quietud. Tenía miedo de moverse por si el reflejo se rompía. No se movió de allí. Eco siguió esperándole. Y cuando Narciso no regresó, el amor murió.

Eco... tu voz sólo puede resonar si sigues tarareando. Si dejas de tararear, durante un tiempo el eco se oirá en las montañas y luego se perderá. Narciso no volvió.

Dicen que en aquel lago Narciso se convirtió en una planta: hay una planta llamada Narciso que se encuentra junto a lagos, arroyos y ríos. Si alguna vez te cruzas con ella, debes observarla atentamente: siempre está mirando dentro del agua, siempre está mirando su propio reflejo.

Esta es una maravillosa historia mitológica. Si te encantas a ti mismo, pierdes la conciencia; entonces no sigues siendo un ser humano, te conviertes en una planta. Entonces la humanidad en ti desaparece, tu alma interior se niega, retrocedes. Una planta no tiene libertad. El hombre es libre, puede caminar. Una planta no puede hacerlo, no tiene pies, tiene raíces. Narciso se convirtió en una planta - significa que cualquier persona que se queda atrapada en los reflejos del ego, sus pies se convierten en raíces, se detiene; su paso se detiene y pierde su libertad de movimiento.

Esto le ocurre a casi todas las personas. Los Upanishads dicen que cuando un hombre ama a su mujer, en realidad no es a la mujer a quien ama, sino que a través de la mujer se ama a sí mismo. Un hombre no ama realmente a sus hijos, sino que en los hijos, a través de los hijos, se ama a sí mismo. Los hijos son un espejo, la esposa también es un espejo. Y todo hombre es Narciso.

Las puertas de la libertad última no pueden abrirse con este tipo de condición mental del hombre; de hecho, acaba con la poca libertad que tiene. Deberías haber tenido alas para poder volar hacia lo divino - ¡pero perdiste hasta los pies!

¿Entiendes la esclavitud del árbol? No puede moverse. Tiene que estar donde esté, no puede moverse ni un centímetro de donde está. Está indefenso, no tiene libertad para moverse.

El hombre puede moverse, puede caminar. Un pájaro puede volar. Pero el movimiento del cuerpo tiene un límite; en cierto momento se cansa, y ese cansancio se convertirá en la esclavitud. Y aunque un pájaro sea capaz de volar kilómetros, no se puede medir el cielo en kilómetros. Se cansará, el cuerpo tiene un límite. Y la libertad sólo puede ser libertad cuando es ilimitada. Se necesita la libertad del alma. Cuando el alma tiene alas y puede volar sin ningún límite, sin ningún obstáculo, sin ninguna cadena, entonces eso es moksha, la liberación.

La búsqueda es para este moksha. Tu búsqueda de la felicidad es en realidad la búsqueda de moksha. Por eso cada felicidad tuya se convierte en miseria, porque cuando descubres que en lugar de liberación tienes esclavitud, entonces la felicidad no parece felicidad. Cuando buscas dinero, incluso eso es para moksha. Piensas que con dinero obtendrás un poco de libertad, que podrás moverte un poco. El cielo del pobre es pequeño; el cielo del rico parece ser un poco más grande, más cómodo. Pero cuando consigues dinero te das cuenta de que tu espacio, tu cielo, se ha vuelto aún más pequeño que el cielo del pobre. El dinero no te ha dado ninguna libertad, se ha convertido en una esclavitud. Ahora ni siquiera puedes renunciar a él.

Hay historias sobre gente rica, que después de su muerte se convierten en serpientes y guardan sus tesoros. No es necesario saber qué pasa después de su muerte, porque el hecho es que incluso cuando están vivos guardan sus riquezas como serpientes. Los que tienen dinero siempre tienen miedo de perderlo, siempre lo están guardando. No lo disfrutan. Ni siquiera son dueños de su dinero, sólo lo guardan. Rara vez se encuentra uno con un hombre rico que sea realmente dueño de su riqueza. Un pobre puede ser el amo de su pobreza, pero el rico no es el amo de su dinero.

Si observas con atención, verás que el hombre quiere dinero a cambio de libertad, quiere posición a cambio de libertad.

Si tienes posición, poder, capacidad, entonces podrás liberarte de algunas ataduras y podrás adentrarte un poco en lo desconocido y lo incognoscible.

El hombre desea la libertad por todos los costados. En lo profundo de la conciencia del hombre el anhelo es sólo por moksha. Por eso todo tipo de esclavitud le inquieta. Incluso cuando te enamoras lo haces con la esperanza de que este amor se convierta en un cielo, de que seas capaz de volar. Esperas obtener el apoyo de alguien para alcanzar la libertad. Pero cuando te enamoras te das cuenta de que, no importa volar, ni siquiera puedes moverte. Esperabas obtener el apoyo del otro, pero el otro, el amante, acabó con toda tu libertad, y así el amor se convirtió en una esclavitud. La libertad es sólo en sueños, y en realidad el amor es sólo esclavitud.

El Profeta es un libro único de Kahlil Gibran. En él, una persona pregunta: "Háblanos del amor". Y el héroe de este libro, Al Mustafa, dice: "Amaos pero no os poseáis. Estad cerca el uno del otro pero no demasiado cerca. Debéis ser como los pilares de un templo que sostienen el mismo techo y, sin embargo, permanecen lejos el uno del otro. Si los pilares del templo se acercan, el tejado se caerá. Mantén una pequeña distancia con el amante para que pueda haber algo de espacio libre entre los dos. Si este espacio vacío se pierde por completo, entonces os estaréis invadiendo el uno al otro, atacándoos mutuamente".

Pero todas estas cosas están escritas en los libros. En la vida real le quitamos toda la libertad a la persona que amamos porque tenemos miedo de que su amor se vuelva hacia otra parte: otra persona puede convertirse en la poseedora del amor que yo tengo. Siempre tenemos miedo de perder lo que tenemos. Si tenemos dinero, tememos perderlo. Si tenemos amor, tememos perderlo.

Debido a este miedo, la libertad se hace imposible.

La flor de la libertad sólo florece en un estado de intrepidez. El único anhelo que uno tiene es el de la libertad. La búsqueda interior de todo el mundo es la liberación.

Dondequiera que consigas esta libertad, te alegrarás. Te entristecerás cada vez que sientas la esclavitud. Si estás triste entonces la razón es muy clara: querías libertad pero te encadenaron. Querías el cielo pero conseguiste una prisión, querías alas para volar pero hasta los pies te fueron cortados, querías la libertad definitiva y apostaste y perdiste todo lo que tenías por ella. No hay ninguna posibilidad de conseguir lo que esperabas. Por eso estás triste.

El significado de la palabra dios sólo puede ser moksha. Por eso los grandes iluminados no han utilizado la palabra dios. Mahavira habla de moksha y no de Dios, porque hay muchas ilusiones con la palabra dios e incluso la palabra ha creado prisiones. Buda también habla de nirvana y no de Dios, porque incluso la palabra dios ha creado nuevas ataduras: ser hindú, musulmán o cristiano. Un hindú está atado a ser hindú, un mahometano está atado a ser mahometano. Alguien está atado a un templo y alguien está atado a una mezquita.

La religión es la máxima libertad. Por eso no puede haber templo ni mezquita de la religión. El día que te vuelvas realmente religioso verás lo divino tanto en el templo como en la mezquita. Entonces unas veces rezarás en el templo y otras en la mezquita. En realidad, no habrá necesidad de que vayas al templo o a la mezquita; podrás ver lo divino en tu propia casa, lo verás en todas partes.

Puedes entender este último sutra de Shankara sólo si tienes en cuenta que la religión es la libertad última.

ABANDONA EL SEXO, LA IRA, LA CODICIA Y EL APEGO, MEDITA SOBRE TI MISMO.

Sexo, ira, codicia y apego, estas son las cuatro ataduras que mantienen tu moksha, tu libertad, suprimida. La base de estas cuatro es el sexo, porque el sexo crea apego, el apego crea codicia, y la ira nace hacia la persona que crea un obstáculo a nuestra codicia. La enfermedad básica es el sexo.

Debes comprender el significado del sexo. El significado del sexo es la esperanza de obtener felicidad del otro. El sexo significa que mi felicidad está fuera de mí. Y la meditación significa que mi felicidad está dentro de mí.

El viaje será muy fácil si entiendes bien estas dos definiciones. El significado del sexo es que mi felicidad está fuera de mí, en otra persona; si el otro da, entonces puedo conseguirla. No puedo encontrar la felicidad solo; es miserable estar solo y es un placer estar en compañía del otro. Por eso no quieres estar solo. Tienes miedo de estar solo. Te sientes incómodo cuando estás solo, aunque sea por poco tiempo. En cuanto te quedas solo empiezas a arrojarte todo tipo de basura. Empezarás a leer el periódico de nuevo, ¡no te importará haber leído el mismo periódico tres o cuatro veces! O encenderás la radio para que haya algo de ruido que te salve de la soledad. O jugarás a las cartas, o te irás corriendo a un hotel o a un club, donde sea.

Un joven vino a verme hace tres días y me dijo que, como está meditando, su miedo a estar solo está aumentando, y a veces sale corriendo de casa y se va al bazar, y al estar entre la multitud del bazar tiene la sensación de alivio de que no está solo. Vuelve a casa tranquilo.

Dices que estás muy ocupado, pero la mayor parte del ajetreo de tu vida no es necesario; ese tiempo puedes utilizarlo para tu descanso. No es que el trabajo sea muy importante, pero te sientes perdido sin trabajo.

En Occidente, los psicólogos tienen una nueva preocupación. Por primera vez en la historia de la humanidad, esta preocupación preocupa a la gente. La preocupación es que a finales de este siglo, en los países occidentales como Estados Unidos y Suecia, cuando todo el trabajo lo hagan los robots, el hombre tendrá mucho tiempo libre. Así que los psicólogos están preocupados por lo que el hombre hará en su tiempo libre, porque hasta ahora el hombre no tiene la capacidad de estar vacío o sentarse tranquilamente. Piensa en la situación: ¡todo el trabajo lo hacen las máquinas y no hay trabajo para ti!

Ahora dices que hay demasiado trabajo y quieres tener algo de tiempo libre para descansar, aunque incluso ahora cuando tienes tiempo libre no descansas; simplemente no puedes pasar el domingo festivo sentado en casa, así que te vas de picnic. El domingo te aburres y empiezas a pensar en el lunes, esperas con impaciencia el lunes, para poder empezar de nuevo tu trabajo.

Pero si toda tu vida se convierte en un domingo de fiesta, ¿serás capaz de tolerar tanto descanso y paz? No, encontrarás formas y medios de mantenerte involucrado y ocupado.

Los psicólogos dicen que habrá que encontrar ese tipo de trabajos que quizá no sean de ninguna utilidad, pero que se darán a personas que no pueden estar ociosas. Y se les ha ocurrido una idea única. El gobierno dará dinero a la gente que esté dispuesta a quedarse de brazos cruzados; ¡te pagará por quedarte de brazos cruzados! Pero los que trabajen no recibirán paga, porque no se pueden dar dos cosas a la vez: trabajo y paga.

Ahora nos parece muy extraño, pero los países occidentales se están acercando a este punto. Los países orientales no pueden imaginarlo, ya que en ellos hay tanta pobreza y tantos conflictos. Pero a finales de este siglo, las personas que estén dispuestas a permanecer inactivas serán llamadas caballeros y las que no lo estén serán llamadas no caballeros.

Pero sólo puede sentarse ociosa aquella persona que ha probado la meditación. Es por eso que en Occidente la gente está ahora muy interesada en la meditación. Están muy ansiosos por conocerla. Nada sucede sin razón; siempre que algo va a suceder la conciencia se vuelve ansiosa por ello.

No es casualidad que acudan a mí personas de lejanos países occidentales. Tienen un agudo deseo de conocer la felicidad de estar con uno mismo, porque uno no encuentra, no puede encontrar la felicidad estando con el otro. Siempre es miserable estar con el otro. Pero el problema es que no conocemos el arte de estar solos. Por eso seguimos tolerando el infierno que nos hace sufrir el otro. Y no hay salida, porque estar solo es absolutamente intolerable, más infernal. Así que preferimos estar con el infierno del otro antes que sufrir el infierno de estar solos.

Al menos podemos hablar un poco con el otro, no importa si acaba siendo una pelea.

¿Lo has pensado alguna vez? Si te quedas solo, piensas que es mejor estar en compañía del enemigo que estar solo. Puedes luchar con el enemigo, puedes abusar de él y sentirte un poco animado. Pero no puedes hacer nada cuando estás solo; te quedas sentado como un muerto. Hay que hacer algo. Entonces la gente empieza a trastear por la habitación.

Solía viajar mucho en tren. Muy a menudo me quedaba solo con otro pasajero en el compartimento, así que solía observar lo que hacía la otra persona. No hablaba con él, porque si hablaba no se revelaría su realidad.

Intentaba conversar conmigo preguntándome: "¿Adónde vas?". Yo respondía con monosílabos y cerraba los ojos. Cuando comprendiera que era incapaz de entablar conversación con aquel hombre, entonces se revelaría su verdadero yo. Le observaría en silencio. Abría la maleta, luego la cerraba, volvía a ordenarla; abría la ventana, luego la cerraba, y se sentía muy inquieto. Encendía el ventilador y luego lo apagaba. Salía y traía té. Bajaba en cada estación y compraba algo de comer, o llamaba al criado y hablaba con él.

Pero comprendo su inquietud. Es incapaz de tolerar la soledad de veinticuatro horas en el tren. No puede relajarse en esas veinticuatro horas, aunque afirma que ni siquiera puede dedicar un minuto a la meditación porque está muy ocupado.

Si un hombre se vuelve absolutamente pacífico, absolutamente vacío durante veinticuatro horas, seguramente se convertirá en un Mahavira. De hecho, veinticuatro horas es demasiado tiempo porque Mahavira ha dicho que si una persona se vuelve absolutamente vacía durante cuarenta y ocho minutos se iluminará. Sólo cuarenta y ocho minutos, ¡ni siquiera una hora completa! Digo veinticuatro horas para que los jainas no se enfaden conmigo. Mahavira ha dicho que si un hombre se vuelve vacío sólo durante cuarenta y ocho minutos, eso es suficiente.

Sólo cuarenta y ocho minutos, ni siquiera una hora. El hecho es que no puedes estar en paz ni siquiera durante cuarenta y ocho segundos. Tú mismo crearás muchas perturbaciones.

El sexo significa felicidad en el otro. Uno nunca lo consigue, y esa es la idiotez del hombre. Ciertamente hay alguna razón para que Shankara te llame idiota; lo dice después de mucha contemplación. Sigues esperando contra toda esperanza y lo sabes. Sigues intentando extraer petróleo de la arena. Si no lo sabías significa que eras ignorante, y una persona ignorante puede ser disculpada. Pero a un idiota no se le puede disculpar. Una persona que sigue esperando contra toda esperanza es sin duda un idiota. Sabe que no se puede extraer petróleo de la arena, pero sigue intentándolo porque no puede quedarse de brazos cruzados.

Mira tu vida con cuidado. De verdad, ¡eres idiota! Piensa: ¿cuántas veces has tenido ganas de sexo? ¿Cuántas veces has practicado sexo? ¿Alguna vez te has sentido satisfecho? ¿Alguna vez has sido feliz? Pero tienes miedo incluso de pensar en estos hechos. Sólo te mantienes involucrado de esta manera para pasar tu vida. Te sentirás perdido sin ello. Así que sigues con este juego, y el nombre de este juego es sexo. De hecho este es el único juego; este es el mundo entero. Estás demasiado enredado, demasiado involucrado en él. Sabes que este camino no te llevará a ninguna parte -nunca ha llevado a nadie a ninguna parte-, pero la mente sigue engañándote diciendo: "Puede que no me haya llevado a ninguna parte hasta ahora, pero mañana puede que me lleve a alguna parte. Puede que yo sea la excepción". Todo el mundo piensa así.

Se dice que hay un proverbio muy famoso en Arabia que dice que siempre que Dios crea a alguien le susurra al oído, divertido: "Te he hecho muy especial, eres una excepción. El resto de la gente es muy ordinaria, pero tú eres extraordinario". Por eso cada persona piensa que es única. "¡Los demás son gente corriente pero yo soy especial!".

Debido a esta broma de Dios, cada uno de vosotros tiene la idea de ser único. No se lo decís al otro, pero el otro también piensa de la misma manera. Y sin decir nada, tratas de decírselo al otro: el otro también trata de decírtelo sin decir nada. Y a los que lo dicen en voz alta los meten en manicomios. Pero cada uno tiene la ilusión de que es una excepción.

Los Budas han dicho que después de buscar en todos los desiertos del sexo, no se pudo encontrar ningún oasis de felicidad.

Mahavira ha dicho lo mismo. Shankara dice, a pesar del largo viaje, no se pudo encontrar ningún oasis, ni siquiera la sombra de un árbol de dátiles. Un árbol de dátiles apenas tiene sombra, pero ni siquiera eso se pudo encontrar. Pero tú sigues pensando que puede que los otros no lo hayan encontrado; puede que no hayan sido capaces de encontrarlo, que no conozcan su ubicación o que no hayan sido lo bastante sensatos como para conseguir un mapa, y como no lo consiguieron siguen diciendo que es imposible de encontrar. O puede que piensen: "No existe y de todas formas no lo quería".

Siempre estás bajo tales ilusiones y por lo tanto nunca serás capaz de deshacerte del sexo. Y si no despiertas del sexo, no podrás ser consciente de lo divino. Sólo quien es capaz de despertar del sexo puede ser consciente de lo divino. No sirve de nada cantar el nombre de lo divino, porque si la mente está llena de sexo, entonces tu canto mismo estará contaminado.

Cuando la mente está vacía de sexo, entonces no hay necesidad de cantar; entonces la llamada surgirá por sí misma, cada fibra de tu ser estará llamando a lo divino - esto no es algo que puedas hacer tú mismo.

Esto no es algo que necesite el apoyo de tu garganta o de tus labios o de tu lengua. Esto sólo será posible cuando el sexo desaparezca de tu ser. De repente encontrarás un perfume surgiendo de tu ser. Cuando la energía que se utiliza en el sexo se libera, se vuelve hacia lo divino.

El sexo significa la falsa esperanza de felicidad en el otro.

Lo divino significa encontrar la felicidad dentro de uno mismo.

Y ese es el único lugar de la felicidad. Todos los que han perdido la felicidad la han perdido de la misma manera que tú la perdiste. Por eso Shankara dice: "¡Oh idiota! ¡Despierta!" Pero es muy difícil ver al idiota en uno mismo.

En el pueblo de Mulla Nasruddin se estaba representando una obra de teatro. Necesitaban un tonto en la obra, así que eligieron a un líder político para este papel. Este líder era un gran tonto; ¡si no hubiera sido tonto no habría podido ser líder! A cualquiera con un poco de sentido común no le gusta ser líder, porque la gente le tira zapatos y tomates podridos, le maldice, le maltrata. Pero a un líder no le importan todas estas cosas; sólo le preocupa permanecer en la silla. Este líder también era del mismo tipo, así que la gente le pidió que desempeñara este papel.

El líder pidió consejo a Mulla Nasruddin para desempeñar este papel con eficacia.

Nasruddin le miró de arriba abajo y le dijo: "Por favor, sube al escenario tal como eres. No hay necesidad de hacer ningún cambio".

El líder se enfadó mucho. Le dijo: "Sé que no dejas de propagar el rumor en la aldea de que soy el tonto número uno. Ahora me lo has dicho a mí".

Nasruddin protestó con vehemencia: "Puede que te haya llamado tonto, pero no he dicho que seas el tonto número uno. Sé que nunca dejarás de ser el primero, ¡aunque eso signifique ser el tonto número uno!".

¡Realmente los líderes siempre intentan ser el número uno!

Estás muy ciego. No puedes ver lo que todo el mundo ve. ¿Qué clase de idiotez es esta que sigues deseando una y otra vez las mismas experiencias que has tenido mil veces y sigues sin encontrar la felicidad? ¿Cuándo despertarás?

Quien está dormido en el sexo está realmente dormido, y quien ha despertado del sexo está realmente despierto. Y el viaje de la meditación comienza sólo cuando despiertas del sexo, porque la meditación significa que la felicidad está dentro de uno mismo. Admite la derrota en el otro. Ya has buscado bastante en el otro; ahora arrepiéntete y vuelve a casa.

ABANDONA EL SEXO, LA IRA, LA CODICIA Y EL APEGO, MEDITA SOBRE TI MISMO.

Shankara está diciendo deliberadamente que puedes meditar en ti mismo sólo cuando renuncias a estos cuatro.

Si se renuncia al sexo, si se acaba la esperanza de obtener felicidad del otro, si se puede comprender que la felicidad no está en el otro, entonces se ha producido la revolución, porque tan pronto como te des cuenta de que la felicidad no está en el otro, no tendrás apego por el otro.

Estamos apegados a aquellas cosas de las que esperamos obtener la felicidad. Las cuidamos, las guardamos, las protegemos y las custodiamos para no perderlas, para que otros no nos las quiten. Sentimos apego por las cosas que nos dan la esperanza de ser felices. Seguimos esperando que mañana obtendremos la felicidad, así que guardamos estas cosas para mañana. No aprendemos nada de la experiencia que tuvimos en el pasado y seguimos esperando el mañana.

La cuestión de la codicia no se plantea si no hay apego. Codicia significa el deseo de obtener más placer de las cosas que te han dado algún placer. Si tienes diez rupias y quieres mil, eso es codicia. Si tienes una casa y quieres diez, eso es codicia.

En realidad, la codicia significa el deseo de multiplicar lo que te ha dado placer. Apego significa apoderarse de la cosa que te dio placer y codicia significa el deseo de multiplicar esa cosa.

Pero, ¿por qué ibas a intentar multiplicar las cosas que no te daban felicidad? No hay razón para ello. ¿Qué significa la ira? Cuando alguien pone obstáculos en el camino de tus deseos que crees que te traerán placer, te enfadas. Cuando intentas ganar dinero y alguien te pone obstáculos, surge la ira. Cuando intentas casarte con una mujer en particular y alguien pone obstáculos en el camino, entonces nace la ira. Estabas a punto de ganar las elecciones cuando otra persona también se presentó a las elecciones con su bandera, entonces nacerá la ira. Ira significa cuando alguien pone obstáculos en el camino de tu deseo.

Así pues, la ira, la codicia y el apego son las sombras del deseo.

La gente viene a mí y me dice que quiere renunciar a la ira. Yo les digo que esa es una pregunta equivocada. Alguien quiere saber cómo renunciar a la codicia y alguien pregunta cómo renunciar al apego, pero casi nadie pregunta cómo liberarse del deseo. Esto significa que ni siquiera conocéis el problema básico de la vida. ¿Cómo puedes encontrar la solución? ¿Cómo puedes curarte si ni siquiera has diagnosticado la enfermedad?

Mucha gente quiere deshacerse de la ira porque es muy molesta. A causa de ella la gente se pelea y nace la enemistad innecesariamente. Está muy claro que la ira crea muchos problemas y disgustos, pero esto es como tratar de deshacerse de tu sombra mientras caminas bajo el sol. Para eso tendré que decirte: "No te pongas al sol", y tu respuesta es: "Es imposible. Caminaré bajo el sol pero no debe haber ninguna sombra. Viviré en este mundo de deseo pero no debe haber ira".

Muchas veces el deseo no se cumple debido a esta ira. Cuando uno dice una palabra equivocada con ira todo el plan se altera. Así que quieres deshacerte de la ira. Pero esto también lo quieres para que tus deseos sexuales puedan ser satisfechos más convenientemente. Pero la ira no es más que la sombra del sexo.

Por eso Shankara ha mencionado primero el sexo. El segundo es la ira, porque quien tiene lujuria también tiene ira. Cuando tienes deseo, nacerá la competencia, nacerá la enemistad. Quieres tener dinero. El mundo entero quiere tener dinero. El día que surgió el deseo de ganar dinero, te convertiste en enemigo de todas aquellas personas que también tenían el deseo de ganar dinero. La semilla de la enemistad se siembra desde ese momento. La ira sigue al deseo inmediatamente. Puede tardar años en expresarse, pero el camino ha comenzado. Cuando pides algo, cuando deseas algo, nace la ira. Esta ira es tan imprevisible.

Estás sentado felizmente cuando pasa un coche y te gustaría tener ese coche. Por supuesto, no has hablado de ello con nadie; puedes decir: "¿Qué pasa? No hay ninguna disputa, ningún conflicto....".

Pero yo te digo que este es el comienzo de la ira en ti contra todos aquellos que serán obstáculos en tu camino. La sombra de la ira se está formando en tu subconsciente. Pronto entrará en el consciente, porque tendrás que luchar para conseguir este coche, tendrás que competir con otros para conseguir este coche y esto creará enemistad. Si has deseado tener algo que pertenece a otra persona, entonces seguramente nacerá la ira.

Pero esta ira no nacerá si, por desear y tener algo, la otra persona no tiene que perder lo que posee. Pero sólo existe tal cosa, y es lo divino. Por mucho que alcances, nunca se arrebata a los demás. Si yo logro lo divino, no habrá ninguna diferencia en tu logro de lo divino. De hecho, si yo lo logro, tú recibirás ayuda para lograrlo; entonces podrás lograrlo antes, porque yo he abierto la puerta.

Si uno lo ha conseguido, el otro también puede conseguirlo. La escalera está ahí preparada, sólo hace falta un poco de esfuerzo.

Ahora la confianza y la seguridad están ahí. Si una persona lo ha logrado, entonces puede mostrarte el camino, y se le llama guru, maestro. A aquel que lo ha logrado se le llama guru. El sera capaz de guiarte.

Lo divino es lo único que no disminuye si uno lo alcanza. Lo divino no es un tema de economía. Si alguien lo alcanza, no disminuye; de hecho, está disponible en mayor cantidad. Si una persona lo alcanza, todos se enriquecen. El logro de uno parece el logro de todos.

Cuando Buda alcanzó, cuando Shankara alcanzó, cuando Cristo alcanzó, ese día lo divino llovió sobre toda la tierra. Sí, no se pudo hacer nada por aquellos que habían mantenido sus cántaros boca abajo; no pudieron conseguir nada. Pero los otros cántaros se llenaron. Cuando Krishna alcanzó miles de cántaros se llenaron, cuando Buda alcanzó miles de cántaros se llenaron, cuando Shankara alcanzó miles de almas bailaron. Este festival de extasis no fue solo de Shankara.

Trata de entender esto. La felicidad es sólo lo que se puede compartir. La felicidad es lo que se comparte, lo que se extiende. La felicidad es lo que no hay que arrebatar a los demás para alcanzarla. De hecho, si tú la alcanzas, otros también lo harán. Eso es lo que llamamos dicha; eso es lo que llamamos gran felicidad.

Lo que tú llamas placer es algo muy superficial. Es como la historia de los Puranas. Una cometa se apoderó de una rata muerta y echó a volar. En cuanto se apoderó de la rata, los demás cometas empezaron a revolotear a su alrededor y a atacarla. La picotearon y empezó a sangrar mucho. El milano se sorprendió de este ataque, pero no abandonó la rata muerta. Pero cuando los otros milanos atacaron, la rata cayó accidentalmente. En cuanto la rata cayó, todos los milanos que revoloteaban a su alrededor la dejaron en paz y empezaron a perseguirla. El milano se sentó en un árbol y se puso a pensar.

Esa cometa debe haber sido más inteligente que tú. Shankara no podía llamarlo "idiota". Pensó de esta manera: "Primero pensé que todos estos milanos eran mis enemigos, pero se fueron en cuanto solté la rata, lo que significa que no había ninguna enemistad personal conmigo. La causa de su ataque fue esta rata. El error fue mío, estaba sosteniendo la rata. Debería haberla tirado antes. Pero fui tan estúpido como para pensar que estaban enfadados conmigo".

Ramakrishna solía contar esta historia a menudo, y solía decir que mantener un deseo es como tener esta rata muerta en la boca.

Sí, alrededor nacerá la ira, nacerá la enemistad. Puedes seguir diciendo que nunca has hecho daño a nadie: "Vivo tranquilamente en mi casa, sólo me preocupa mi familia. No tengo nada que ver con los demás, entonces ¿por qué la gente se convierte en mis enemigos?". Pero indirectamente te preocupas por los demás y los demás se preocupan por ti. Te casaste con la mujer hermosa en la que todo el pueblo estaba interesado. Ahora dices: "Vivo con mi familia". Pero todo el pueblo se ha convertido en tu enemigo porque te casaste con esa hermosa mujer.

En la antigua India existía la costumbre, que se mantuvo hasta la época de Buda, de no casar a la chica más guapa del pueblo o la ciudad, porque su matrimonio con un solo hombre crearía muchos problemas. En lugar de eso, se la convertía en la novia de todo el pueblo - nagar vadhu. Se la convertía en prostituta. Era la única forma de mantener la paz en el pueblo.

Usted debe haber oído el nombre de Amrapali. Era nagar vadhu, la esposa de todos. A la mujer más hermosa del pueblo no se le permitía ser la esposa de un solo hombre porque entonces la gente empezaría a pelearse, así que era mejor que fuera la esposa de todos. Pero las peleas son inevitables en lo que al sexo se refiere. También solía haber peleas a las puertas de Amrapali, porque Amrapali sólo podía estar disponible para un hombre durante una noche, y todos los hombres de cerca y de lejos estaban deseando estar con ella.

Debió de haber colas de gente ante su puerta, debió de haber competiciones entre ricos y pobres y reyes; debió de haber mucho sufrimiento por su culpa.

Pero ésta era la única solución.

Si tienes una rata muerta en la boca, es natural que todos los demás cometas te ataquen. Abandona la rata y de repente descubrirás que el mundo entero se ha vuelto amistoso. Con la desaparición del sexo y el deseo el mundo entero parece amistoso, no hay enemigo. No había enemigo; la lucha se debía a la rata muerta. Pensabas que era por enemistad personal: era por la rata muerta que tenías en la boca.

Aquel día, el milano debía de estar meditando, sentado solo en el árbol. Podía comprender que no había felicidad en tener esa rata; era la fuente de la infelicidad. Era la causa de la enemistad.

La ira no puede desaparecer si no desaparece el deseo. La gente me pregunta: "¿Cómo deshacerse de la ira?". Yo les digo: "Es difícil. Me estás preguntando algo equivocado. Quieres cortar las ramas y salvar la raíz. Esto creará más ramas. Hay que cortar la raíz".

Es por eso que en primer lugar Shankara dice que la lujuria es la raiz. Luego la ira, su sombra. Luego la codicia, su crecimiento, su subproducto. Luego el apego, su última conclusión. Después de renunciar a ellos, medita en ti mismo. Uno puede meditar en sí mismo sólo después de renunciar a ellos, porque entonces la mente no está en los demás.

Cuando el deseo desaparece, la mente no se siente atraída hacia los objetos del deseo. Cuando no hay ira, entonces todos los temas de la ira desaparecen. Cuando no hay avaricia, entonces la ansiedad involucrada en la avaricia también termina. Cuando estás libre de todo esto, entonces comienza el viaje interior. Y este viaje interior es el único peregrinaje; los otros peregrinajes son sólo engaños. Aquel que va hacia dentro ha alcanzado realmente la peregrinación. Los otros que vagan fuera se engañan a sí mismos.

MEDITA SOBRE TI MISMO: "¿QUIÉN SOY YO?" PORQUE LOS IDIOTAS SIN AUTORREALIZACIÓN SUFREN AQUÍ LA ANGUSTIA DEL INFIERNO PROFUNDO.

No pienses que las personas sin autorrealización sufrirán sólo después de ir al infierno. Las personas tratan de engañarse a sí mismas diciendo que serán miserables cuando vayan al infierno, como si fueran felices aquí. ¿Sufrirán sólo cuando vayan al infierno? ¿Qué van a conseguir aquí?

He oído que últimamente, cuando la gente llega al infierno, Satanás les pregunta: "¿De dónde has venido?".

"De la tierra", responden.

Él dice: "Entonces puedes ir al cielo. Ya has sufrido el infierno en la tierra".

Ahora las ultimas noticias son que esas personas que pecan en el infierno estan siendo enviadas a la tierra para ser castigadas.

¡En el infierno se les dice a las personas que si pecan serán enviadas a la tierra!

Shankara está diciendo que estás sufriendo el infierno aquí; ¿qué te hace pensar que irás al infierno en el futuro? Estas son solo formas de engañarte a ti mismo. Piensas que sufrirás en el infierno, pero ¿no estás sufriendo ahora? No has ganado nada más que miseria e infelicidad. Estás lleno de sufrimiento.

Pregúntate: "¿Quién soy?". Pero esto sólo puede preguntarse tras la desaparición de los cuatro. Si entonces preguntas: "¿Quién soy yo?", obtendrás la respuesta. En realidad, entonces no hay necesidad de hacer la pregunta. Simplemente cierra los ojos. No preguntes: "¿Quién soy yo?". - no tienes que pronunciar esas palabras porque ahora no hay nadie más con quien hablar, sólo estás tú. A quién le vas a preguntar: "¿Quién soy yo?". Te enfrentas a ti mismo. Mejor ver y reconocer - ¿qué hay que preguntar? Pero Shankara dice por decir.

Shankara era muy aficionado a una historia. Un discípulo solía preguntar al maestro: "¿Qué debo hacer para conseguir la autorrealización?". El maestro se quedaba sordo cuando oía esto. Solía responder a otras preguntas, solía oírlo todo, pero cuando el discípulo preguntaba: "¿Qué debo hacer para conseguir la autorrealización?", de repente el maestro se quedaba sordo. Se ocupaba de otras cosas y nunca respondía.

Por fin, un día, el discípulo lo agarró y lo sacudió, y le preguntó: "Respondes a todas mis preguntas, pero sólo cuando yo te pregunto esto....".

El maestro dijo: "Yo respondo pero tú no escuchas. Esta es la única manera de alcanzar la autorrealización, callar. Callo para que escuches, para que entiendas".

Este es el único secreto: si uno se aquieta interiormente. Cuando la rata muerta cae, el silencio interior es natural. En ese momento uno toma conciencia de quién es.

SOLO VALE LA PENA CANTAR EL GITA Y EL SAHASTRANAM, LOS MIL NOMBRES DE DIOS; SOLO VALE LA PENA MEDITAR INCESANTEMENTE EN LA FORMA DE VISHNU.

HAY QUE BUSCAR SIEMPRE LA COMPAÑIA DE LA GENTE BUENA, HAY QUE DAR DINERO A LOS POBRES SOLO.... ¡OH IDIOTA! CANTA SIEMPRE LA CANCIÓN DE LO DIVINO.

Hasta que los cuatro desaparezcan y puedas preguntar en tu espacio interior sin palabras "¿Quién soy yo?"... hasta entonces sigue cantando el Gita y los mil nombres de lo divino. Sigue meditando en la forma de Vishnu, estate en compañía de buena gente, da dinero a los pobres -distribuye todo lo que puedas, y escucha todo lo que puedas sobre la verdad. Canta las canciones de lo divino. Sigue haciendo todos estos preparativos hasta la llegada de ese momento.

UNO SE COMPLACE CON LA MUJER POR PLACER, PERO QUÉ PENA QUE AL FINAL SÓLO TENGA UN CUERPO DESGASTADO.

Vas en busca de la felicidad, pero sólo consigues la enfermedad. Vas en busca de la vida y te encuentras con la muerte.

AUNQUE LA MUERTE ES LA ÚNICA CERTEZA EN ESTE MUNDO, LA GENTE NO DEJA DE PECAR.

La muerte es absolutamente cierta. Todo lo demás puede ser incierto, pero la muerte no lo es. Morir es la única certeza. Incluso entonces la gente no deja de pecar. Todo el mundo tiene que morir y, sin embargo, siempre están dispuestos a pecar por una cantidad muy pequeña, como si fueran a vivir aquí para siempre, como si fuera muy inconveniente para ellos vivir aquí para siempre sin esta mísera suma de dinero.

La gente cree que la sala de espera de la estación de tren es su casa. Acomodan su equipaje como si fueran a vivir aquí para siempre. Pero el timbre está a punto de sonar y el tren se acerca, por lo que pronto tendrán que hacer las maletas y subir al tren.

Seguro que has visto en las salas de espera de las estaciones de tren que la gente ni siquiera abre la cama o las maletas, simplemente se sientan a esperar, porque ¿para qué tomarse la molestia de abrirlas cuando tienes que irte dentro de poco? Esta vida también es como una sala de espera. Es sólo una parada nocturna, y todo el mundo tiene que emprender su viaje por la mañana.

Si esto se pudiera ver, entonces sería difícil pecar. ¿Por quién estás pecando? ¿Por qué hay que hacerlo? Al final todo queda aquí. Entonces, ¿por qué pecar? Eres capaz de pecar porque vives como si fueras a estar aquí para siempre. Sólo puedes pecar cuando crees que no vas a morir. Pero pecarás cada vez menos a medida que recuerdes la muerte. Por eso considero el recuerdo de la muerte como una buena acción. El pecado se hace imposible en la vida de una persona que recuerda la muerte.

EL DINERO ES UN DESASTRE - CONTEMPLA SIEMPRE SOBRE ÉL. LA VERDAD ES QUE NO HAY FELICIDAD EN EL DINERO EN ABSOLUTO. SE HA VISTO EN TODAS PARTES QUE EL HOMBRE RICO TIENE MIEDO HASTA DE SUS PROPIOS HIJOS. POR LO TANTO,

¡OH IDIOTA! CANTA SIEMPRE LA CANCION DE LO DIVINO.

PRANAYAM Y PRATYAHAR, DISCRIMINACIÓN INTELIGENTE ENTRE LO TRANSITORIO Y LO INTRANSITORIO, DISCIPLINAR EL SAMADHI CON JAPA - DISCIPLINAR TODO ESTO CON CAUTELA, CON GRAN CAUTELA.

PRANAYAM Y PRATYAHAR. Pranayam significa que no debes creerte pequeño.

Expande tu energía, amplía su dimensión. Eres grande, eres inmenso. Pero crees que eres pequeño - es sólo tu creencia que eres pequeño.

Fíjate bien: ¿dónde empiezas y dónde acabas? No estás limitado sólo al cuerpo, porque si este sol que está a millones de kilómetros termina, entonces tú también terminarás aquí.

Estás conectado con ella. También estás conectado con la Luna y las estrellas, que están a miles de millones de kilómetros.

No puedes vivir sin la atmósfera de la Tierra, respiras en ella. Los que saben dicen que no es correcto decir que estamos respirando en ella; en realidad es más apropiado decir que ella está respirando en nosotros. El aliento que era mío ahora se convertirá en el tuyo dentro de un momento, y antes de que termine de decir esto se convertirá en el de otra persona. El cuerpo que hoy es tuyo estuvo a veces en los árboles, a veces en los animales, a veces en los pájaros. Cuando estés muerto, el agua fluirá hacia el río, el polvo se convertirá en polvo; de nuevo crecerán las plantas, de nuevo crecerán los árboles. Tal vez tus hijos coman los frutos que crecen de tu polvo.

Todo está conectado, todo está unido, aquí no hay nada separado. No somos pequeñas islas. Hay un gran continente, y nosotros somos sus diferentes partes.

Pranayam significa expandirse. El proceso que se conoce como pranayam en yoga es en realidad el método de expansión. Inspira tan profundamente que llenes todos los poros de tus pulmones; luego suelta toda la respiración. A medida que profundices en este proceso, de repente descubrirás que no eres tú quien respira, sino que es la respiración divina en ti. Esto es sólo un método. Así es como ocurre el pranayam. La bioenergía se expande con este método, y parece que somos pequeñas partículas de una vasta conciencia, somos gotas de un vasto océano. Entonces incluso una gota se llena de la gracia de lo divino. El océano en tu pequeña taza también comienza a agitarse.

PRANAYAM Y PRATYAHAR.... Pranayam es expandir tu energía vital, y pratyahar es el regreso a tu hogar - volver, entrar. Pratyahar es volver a tu interior, desde donde has venido. Pratyahar es como el encogimiento de un árbol - si se convirtiera en un árbol joven y luego en una semilla, encogiéndose. Si empiezas a encogerte por dentro, yendo cada vez más adentro, entonces encontrarás la fuente original de donde has venido. Si el Ganges vuelve a Gangotri, a Gomukh, la fuente, entonces eso es pratyahar. Pratyahar significa recuperar tu fuente. Los monjes zen dicen: "Ven a conocer tu rostro original, el rostro que era tuyo antes de nacer". Conocer tu rostro cuando aún no habías nacido es pratyahar.

PRANAYAM Y PRATYAHAR, DISCRIMINACIÓN INTELIGENTE ENTRE LO TRANSITORIO Y LO INTRANSITORIO.

Y seguir sabiendo, pensando y viendo a cada momento lo que tiene sentido y lo que no lo tiene. Esto no debe olvidarse ni por un momento, porque tan pronto como lo olvidas, te aferras a lo inútil y olvidas lo significativo. No se tarda mucho en atrapar a la rata muerta.

Pero lo dejas en cuanto eres consciente.

DISCIPLINAR EL SAMADHI CON JAPA.

Aquí Shankara está diciendo algo muy hermoso. Está diciendo, DISCIPLINANDO EL SAMADHI CON JAPA, disciplinando la iluminación con el canto. Patanjali dice que eventualmente el samadhi debe ser sin japa. Nanak dice, AJAPA JAP, canto sin canto. Buda y Mahavira también dicen que todo debe desaparecer, sólo el vacío debe permanecer.

Pero Shankara dice japa-samadhi, disciplinar el samadhi con japa. Él está diciendo que el vacío debe estar allí, pero la danza del todo no debe perderse. El todo debe estar presente en el vacío. Los pensamientos deben desaparecer pero las emociones no deben desaparecer, porque con la desaparicion de las emociones te volveras seco. Te volverás pacífico pero ninguna canción nacerá de esa paz. Entonces Meera no bailara y Chaitanya no cantara canciones de lo divino. Te volverás silencioso, lo lograrás, pero no serás capaz de expresarlo. Tu canción permanecerá enterrada en ti; nadie podrá oírla. Tu dicha no se desbordará; sus olas no podrán ahogar a otros en ella.

Por eso Shankara dice que uno tiene que volverse irreflexivo pero no sin emoción. Hay que alcanzar el conocimiento, pero sin perder la devoción. Es una coincidencia única, pero sucede. Es un suceso imposible pero sucede. Los pensamientos desaparecen pero las emociones no. El pensamiento y la preocupación desaparecen, pero el corazón baila con alegría.

DISCIPLINAR EL SAMADHI CON JAPA - DISCIPLINAR TODO ESTO CON PRECAUCIÓN. Repite otra vez, DISCIPLINA TODO ESTO CON PRECAUCIÓN.... Y, ¡Oh IDIOTA! CANTA SIEMPRE LA CANCIÓN DE LO DIVINO....

TOTALMENTE RENDIDO A LOS PIES DE LOTO DEL MAESTRO, LIBRE DE LAS ATADURAS DEL MUNDO, HABIENDO DISCIPLINADO LA MENTE JUNTO CON LOS SENTIDOS, PODRÁS VER LO DIVINO DENTRO DE TU CORAZÓN.

Lo divino no está muy lejos. Está en tu corazón. No tienes que ir a ninguna parte en su busca, tienes que volver a tu propia casa. Nunca lo has perdido, sólo lo has olvidado.

Él está siempre presente incluso en ese olvido. Le has olvidado, le das la espalda, y aun así está presente.

En realidad, ¿quién eres tú? Sólo lo divino es. Lo has olvidado y por eso piensas que "yo soy". Cuando te acuerdes de él desaparecerás; sólo permanecerá la divinidad.

PODRÁS VER LO DIVINO DENTRO DE TU CORAZÓN.... ¡Por lo tanto, OH IDIOTA!

CANTAR SIEMPRE LA CANCIÓN DE LO DIVINO.

En realidad, Shankara está enfatizando una integración entre meditación y devoción. Él quiere una armonía entre la meditación y el bhajan. Quiere que se cree un puente imposible entre la meditación y el bhajan.

Ha habido muchos bhaktas, devotos, pero no han experimentado el shunya samadhi.

Siempre están llenos de la imagen de dios; la dualidad siempre permanece. Ha habido muchos gyanis, personas autorrealizadas; la dualidad desaparece en ellos y sólo queda advait, no dualidad. Pero con la desaparición de la dualidad también se seca la sensibilidad del corazón.

Shankara dice, trata de traer ese momento -que puede llegar, que ha llegado a veces- en el que puedas llegar a estar vacío como el gyani y entero como el bhakta.

La síntesis de conocimiento y devoción es el acontecimiento definitivo. Es el acontecimiento. No hay nada más elevado que esto - donde el bhakti y el gyan se unen; donde la devoción se convierte en conocimiento y el conocimiento en devoción; donde el samadhi canta, donde el samadhi florece, donde el samadhi no es un desierto, se convierte en verdor; donde la mente está totalmente acabada y el corazón la llena. Allí está el templo de lo divino.

PODRÁS VER LO DIVINO DENTRO DE TU CORAZÓN.

El devoto no está separado de lo divino. El día en que el bhakta llega a saber esto, entonces sólo es piedad.

Muchos realizaron lo divino; entonces su bhakta interior se acabó, sólo quedó lo divino. Y muchos han tratado de salvar su bhakta; entonces el bhakta permanece y lo divino permanece - una dualidad permanece, una distancia permanece. ¿No es posible que te conviertas en un bhakta y en lo divino al mismo tiempo, que tu kirtan, tu canto divino, continúe automáticamente - que bailes y también mires?

Es posible. Y esa es la hipótesis de Shankara. Tal personalidad unica florecio en Shankara, donde la culminacion del conocimiento y la devocion se encontraron juntas. Si el dicho "Fragancia en oro," ha sido alguna vez actualizado, es en Shankara.

BHAJ GOVINDAM, BHAJ GOVINDAM, BHAJ GOVINDAM MOODHAMATE.

¡OH IDIOTA! CANTA LA CANCIÓN DE LO DIVINO.

Suficiente por hoy.

Un momento es suficiente

La primera pregunta:

Pregunta 1:

AMADO MAESTRO, AYER EXPLICASTE QUE PRANAYAM ES EL MÉTODO QUE EXPANDE LA BIOENERGÍA Y PRATYAHAR ES VOLVER A LA FUENTE ORIGINAL.

PRIMERO ES EXPANSIÓN, LUEGO ES RETORNO A LA FUENTE. ¿POR QUÉ ES ASÍ?

Porque la vida está hecha de contradicciones y no hay otra forma de que la vida exista. El aliento sale y luego entra, ¿te has preguntado alguna vez por qué? Si el aliento tiene que entrar, ¿por qué tiene que salir? Pero si el aliento permanece dentro y no sale, el resultado será la muerte y no la vida. Si el aliento permanece fuera y no entra, incluso entonces será muerte y no vida.

La vida es movimiento, movimiento entre dos opuestos. Es como el fluir de un río entre dos orillas. El aliento sale, entra; entra y luego sale. Cada momento es pranayam y cada momento es pratyahar. Cuando el aliento sale es pranayam; cuando el aliento entra, es pratyahar.

Si tu conciencia se acostumbra a este tipo de ritmo, si este tipo de movimiento continúa en tu conciencia, si así te expandes ilimitadamente hacia fuera, si así alcanzas el vacío dentro de ti -si hay vacío dentro y expansión ilimitada fuera-, si fluyes constantemente entre estas dos orillas, sólo entonces llegarás a ser divino, porque lo divino es así: vacío dentro, entero fuera.

Toda esta existencia es el pranayam de lo divino. La creación es pranayam y la destrucción del mundo es pratyahar. Cuando el aliento sale, tiene lugar la creación; cuando el aliento entra, tiene lugar la destrucción del mundo.

Si puedes entenderlo correctamente entonces verás esto en todas partes en la vida. El nacimiento es pranayam, la muerte es pratyahar. En el nacimiento te expandes, en la muerte te encoges, regresas, y la vida está entre las dos orillas del nacimiento y la muerte. El nacimiento no es vida, la muerte tampoco es vida; lo que está fluyendo entre el nacimiento y la muerte, lo desconocido que está bailando en el compás, que está absorto en el ritmo, eso es la vida.

La mente tiende a ser lógica y la vida es contradictoria. La vida es ilógica. Aquellos que quisieron conocerla a través de la lógica perdieron su camino y nunca lo alcanzaron. La lógica dirá que pranayam y pratyahar son contradictorios, dinos sólo uno; conocimiento y devoción son contradictorios, dinos sólo uno; vacío y totalidad son contradictorios, dinos sólo uno. Pero recuerda que la vida es siempre contradictoria porque la vida es más grande que las contradicciones; la vida es capaz de absorber las contradicciones. La lógica es muy pequeña, es el método de la mente pequeña por lo que sólo puede absorber una y no la contraria. Por lo tanto, lo contrario queda fuera.

Por eso cuando Buda dijo shunya, vacuidad, no significa que el todo no estuviera incluido en ella. La vacuidad de Buda incluia el todo. Pero los seguidores de Buda dijeron que si es vacio entonces no puede ser el todo. Cuando Shankara dijo totalidad, la vacuidad estaba incluida en ella. Pero los seguidores de Shankara dijeron que si es el todo, ¿cómo puede estar vacío?

Así es como el seguidor se pierde el punto, porque el seguidor vive por la lógica y por la mente, y los que saben han conocido las contradicciones juntos. Pero también sienten dificultad en expresar la contradicción porque tienen que explicártela. Si las contradicciones se dicen al mismo tiempo entonces piensas que son cosas incoherentes. Tu mente sigue intentando hacer la vida lógica y calculadora. Pero la vida no es un cálculo. La vida es una inundación que fluye con tal fuerza que rompe todas las fronteras y límites de la aritmética. La vida es una inundación.

La segunda pregunta:

Pregunta 2:

AMADO MAESTRO, AYER HABLASTE DE COMO ESTAR SIN PASION, COMO IR MAS ALLA DE LA PASION. POR FAVOR DINOS LA ALQUIMIA DE ESTAR SIN PASION, SEXO, INCLUSO EN LOS SUEÑOS.

No te preocupes por los sueños. Debes alcanzarlo en tu estado de vigilia. Lo que se consigue en la vigilia, aparece automáticamente en los sueños, porque los sueños son el eco de la vigilia. Hagas lo que hagas cuando estás despierto, sigues escuchando sus ecos una y otra vez en tus sueños. En tus sueños no aparece nada nuevo. Todo lo que haces en la vigilia se repite.

Si durante el día recoges dinero, por la noche lo cuentas. Si estás lleno de pasión durante el día, por la noche sueñas con sexo. Las personas que son devotas lo son incluso cuando duermen. Aquellos que están vacíos y en paz durante el día, permanecen vacíos y en paz incluso por la noche. La noche es la sombra del día, sólo sigue al día. No te preocupes por cambiar la noche. Si la lujuria te perturba en tus sueños durante la noche, entonces significa que algún engaño está ocurriendo durante la vigilia.

Compréndelo. Los sueños pueden darte una indicación; indican claramente lo que tu comprensión no comprende durante el día. Puede que durante el día te comportes como un santo, pero esta santidad es como la grulla que está de pie sobre una pata y finge ser muy santa. Parece tan blanca, tan austera; está de pie como un yogui y parece tan pura. Pero no te dejes engañar por su apariencia: sólo piensa en peces y está esperando tranquilamente para devorarlos. Ha hecho todas estas manipulaciones, estas posturas, por los peces. Así, la grulla puede engañar a los demás, pero no se engaña a sí misma. Sabe por qué se queda quieta conteniendo la respiración.

Pero el hombre es más deshonesto que la grulla. No sólo engaña a los demás, sino también a sí mismo.

Cuando los demás empiezan a creerle, él también empieza a creer en el engaño que está utilizando.

Hay una contradicción entre tu vigilia y tu sueño. No sientes ninguna lujuria durante el día porque la has reprimido muy fuertemente. Simplemente no permites que surja. No es que esté acabada, es que no dejas que se exprese. Sigues reprimiéndola dentro de tu pecho. Por la noche, cuando el que la reprime se va a dormir, la onda reprimida surge y empieza a rugir y eso se convierte en la lujuria de tu sueño. Aquellos que la han reprimido durante el día la verán en sus sueños.

El sueño es el indicador. Es tu amigo. Te está diciendo que es inútil suprimir nada; aparecerá por la noche. "Puedes suprimirnos durante el día, por la noche reapareceremos". Puedes engañar a los demás y engañarte a ti mismo, pero "no podrás librarte de nosotros".

Ahora quieres saber cómo librarte de la lujuria incluso en sueños. Piensas que estás libre de la lujuria durante la vigilia, que sólo la tienes en sueños. Esto es una ilusión, una noción errónea. El sueño mismo es la prueba de que no estás libre de ella durante la vigilia. En el momento en que estés libre de ella durante la vigilia, ni siquiera la verás en tus sueños. El sueño es sólo tu historia sutil.

Preguntas cómo suprimir en el sueño lo que has podido suprimir en la vigilia. Pero entonces no habrá forma de liberarse. Debes comprender que todo lo que se reprime estará siempre presente y se expresará en un momento u otro. Es como un volcán dormido. Las llamas no salen, pero ¿y qué? arderás y te quemarás por dentro. Esta enfermedad se extenderá como un cáncer en tu existencia.

No, intenta comprender tus sueños. Tus sueños te están diciendo que durante el día te has engañado a ti mismo y has reprimido algo. Así que ahora trata de descubrir lo que has suprimido.

Intenta comprender esta profunda regla sobre la mente. La mente es como la raíz de un árbol. Si las raíces están profundamente hundidas en la tierra, entonces el árbol sigue floreciendo; nuevas hojas, flores y frutos siguen brotando. Pero si las raíces se sacan de esa profundidad oscura y se ponen en la luz, entonces el árbol muere.

Esto es exactamente lo que ocurre con la mente. Cualquiera que sea la enfermedad de la mente, sácala a la luz. La luz es la muerte para la enfermedad.

Pero tú haces justo lo contrario. Tus supuestos gurús religiosos te han estado diciendo justo lo contrario.

Dicen que hay que suprimirlo tanto que ni siquiera se vea la raíz. Pero cuanto más profunda es la raíz, más peligrosa es. Entonces tu vida se volverá venenosa. Debes descubrirte y ponerlo ante tus ojos. No huyas ni te escondas. Desentierra tus raíces durante el día y míralas a la luz.

Yo llamo a esto meditación. La meditación no es un método que pueda hacerse una vez y luego olvidarse.

La meditación es un proceso continuo de consciencia. Tienes que ser consciente las veinticuatro horas; mientras estás de pie, mientras estás sentado, sé consciente. Cuando una mujer hermosa pasa por el camino, una persona licenciosa la mirará. Pero si eres un caballero no puedes mirarla abiertamente. Intenta verla indirectamente. Pones la excusa de mirar una tienda que está en su dirección.

Pero si te has reprimido muy profundamente, entonces no miras a ninguna parte, ni a la tienda ni a la mujer; sigues con la cabeza gacha sin mirar a derecha ni a izquierda. Entonces, por la noche, verás a esa hermosa mujer en tu sueño porque realmente querías verla. Y esto también es posible, que hayas adquirido la costumbre de caminar con la cabeza gacha y con los ojos mirando hacia abajo. Por costumbre, tus ojos deben haber mirado hacia abajo automáticamente en cuanto te diste cuenta de la presencia de la hermosa mujer.

Puede que hayas formado tu carácter de tal manera... que hayas decidido las reglas de comportamiento para ti mismo que sigues mecánicamente. Exteriormente puede que no sepas que una mujer ha pasado, pero tu mirada hacia abajo demuestra que una brisa sopló dentro de ti, algo revoloteó dentro de ti, una onda surgió en ti que hizo que tus ojos miraran hacia abajo. Esta mirada hacia abajo fue tu manera de salvarte de esa mujer. Pasaste de largo.

Por este comportamiento el mundo te llamará caballero o santo. Recibirás mucho respeto. Así que tu ego estará satisfecho, se nutrirá. Intentarás ser más religioso. Para eso puedes incluso llegar al extremo de cegarte los ojos. ¿Pero a quién intentas engañar? ¿Puedes engañar a tu yo más íntimo? En la oscuridad de la noche, en tu sueño profundo, cuando tu caballero, tu santo duerme profundamente, entonces todos tus sentimientos y deseos reprimidos saldrán a la superficie, y crearán tus sueños. No pienses que hay algo malo en los sueños. Un sueño es tu amigo; está tratando de decirte que te has engañado a ti mismo y que no ganarás nada con este engaño. El sueño prueba que has reprimido tu lujuria. Así que despierta y reconoce tu instinto.

La verdadera cuestión no es mirar o no mirar a la mujer que pasa; la verdadera cuestión es, ¿eres consciente de la onda que surgió en ti causada por el deseo de mirarla? No importa si miras a una mujer o no la miras, lo que importa es que surja en ti la onda de la pasión. Si la reprimes, soñarás con ella, pero si eres consciente de la pasión que surge en ti al mirarla, no soñarás con ella. Si sigues observando a cada momento la pasión, el deseo que surge en ti, entonces no soñarás con ella.

Ayer leía una canción escrita por un amigo mío, Kumar Barabankvi, que es poeta urdu.

Una línea del poema es: "El destino parece estar cerca, mientras el camino está desierto y solitario". Sí, a medida que uno empieza a acercarse al destino, los caminos de la mente se vuelven desiertos y solitarios. Ni siquiera los sueños están allí. Los mercados e incluso las sombras del mercado desaparecen; ya no habrá amigos ni enemigos e incluso sus sombras vacilantes desaparecerán.

"El destino parece estar cerca, ya que el camino está desierto y solitario". Cuando todos tus caminos interiores parecen solitarios, entonces debes saber que el destino no está muy lejos, está bastante cerca.

Mientras tus caminos interiores estén llenos de sueños significa que estás en el mercado. El mundo puede estar llamándote santo y tú puedes estar pensando que eres un santo, pero el hombre mundano que hay en ti no está muerto, sólo está oculto; y la persona mundana oculta es más peligrosa porque es como una enfermedad oculta. Si es manifiesta puede ser tratada, pero si permanece oculta no puede ser tratada. ¿Y qué puede hacer un médico si el enfermo sigue negando que está enfermo?

Este no es el problema de la gente corriente, es el problema de los llamados grandes mahatmas.

Durante los últimos días de su vida, incluso Mahatma Gandhi solía tener sueños sexuales. Era un hombre muy honesto, aunque iba por mal camino. Porque si, a pesar de un esfuerzo de toda la vida, la lujuria surge en tu sueño, entonces significa que el esfuerzo se estaba haciendo en la dirección equivocada. Había trabajado muy duro, no le faltaba esfuerzo, y era muy honesto al respecto. Pero solo con honestidad e integridad no puedes llegar a tu destino. No puedes llegar al destino sólo con integridad y no puedes llegar al destino sólo recorriendo los caminos correctos. Sólo se llega al destino cuando se unen la integridad, el esfuerzo y los caminos correctos.

Si intentas extraer petróleo de la arena con toda honestidad, no lo conseguirás. Tu honestidad no es suficiente para este propósito porque no hay petróleo en la arena. Puedes seguir intentándolo con plena fe, con toda tu integridad, pero no tendrá ninguna consecuencia. En cambio, otra persona con menos integridad puede tener éxito si intenta extraer aceite de las semillas oleaginosas. Pero una persona sin fe y sin integridad puede tener las semillas oleaginosas, pero no obtendrá el aceite porque no está haciendo ningún esfuerzo para extraerlo. Por eso, una revolución en la vida sólo tiene lugar cuando la integridad y el camino correcto se unen.

Hasta el final de su vida Gandhi solía estar perturbado por los sueños. Pero debo decir que era una persona honesta, no era como los llamados sadhus y santos que se perturban por los sueños pero nunca hablan de ellos con nadie. Pero Gandhi hablaba de ello abiertamente. Sus seguidores no querían que lo hiciera, porque hería su ego saber que su gurú tenía esos sueños. Sus seguidores lo consideraban un "Mahatma". Por eso les preocupaba mucho el qué dirán si se enteran de sus sueños. Por eso le pedían que no hablara de ello abiertamente.

Durante sus últimos días, Gandhi empezó a acostarse desnudo con una joven. Ante esto, algunos seguidores huyeron. De los que huyeron en aquel momento, ¡ahora algunos de ellos pretenden ser los herederos del gandhismo! Sí, son esos mismos que habían huido, los que se habían opuesto a Gandhi, diciendo: "Nunca he oído, nunca he visto tal cosa".

Pero ninguno de ellos podía entender la agonía de Gandhi. Su agonía era que había desperdiciado toda su vida en el vano esfuerzo de ser célibe. Durante sus últimos días conoció las escrituras del Tantra que dicen que si quieres liberarte de la pasión tienes que despertar, tienes que ser consciente.

Si tienes que despertar, entonces tienes que estar en esa situación, no sirve de nada huir de la situación. Por eso, para crear esa situación, se acostó durante un año con una joven desnuda, para que en esa situación, si surgía en él la pasión, la viera, la reconociera. Toda su vida la había reprimido, así que ahora tenía que hacer un gran esfuerzo para descubrirla. Acostarse con una joven desnuda era el esfuerzo por despertar la pasión que antes había reprimido.

El escapismo no es la solución de la vida. La vida se resuelve afrontándola, enfrentándose a ella. Tienes que enfrentarte a todos los problemas de la vida. No preguntes qué debes hacer para liberarte de la lujuria en sueños. Debes saber que la pasión que aparece en tu sueño se debe a tu supresión cuando estás despierto. No la reprimas cuando estés despierto. Debes descubrirla y verla durante tu vigilia.

No te será fácil hacerlo porque herirá tu ego. Dirás: "¡Soy célibe! ¡Soy un sannyasin! ¿Cómo puede haber pasión dentro de mí?". Pero está ahí; tanto si la ves como si no la ves, no hay diferencia. Tu falso orgullo no tiene sentido, tendrás que renunciar a tu falso apego. Debes comprender que puedes liberarte de la pasión sólo observándola.

Intente experimentar con esto durante unos meses. No reprimas nada. Cualquier cosa que entre por los ojos, déjala entrar, toda ella. No lo condenes ni siquiera un poco, porque la condena causa supresión. Supongamos que tienes un pensamiento sexual y dices que es malo, que es pecado, inmediatamente comenzará la supresión. Incluso si no dices que es malo, que es un pecado, pero lo ves de muy mala gana, sientes que sería mejor que no lo hubieras visto, incluso entonces comenzará la supresión.

Dices a la existencia: "Dios mío, ¿qué me estás mostrando?". Inmediatamente ha comenzado la supresión.

Cada vez que emites un juicio sobre si es bueno o malo, o te quejas o te arrepientes, o tienes un sentimiento de culpa o intentas evaluar, comienza la supresión.

Así que debes ver cada pensamiento como si no tuvieras nada que ver con él. Deberías verlo igual que ves las flores en el árbol, o ves las nubes flotando en el cielo, o miras a la gente que pasa por la carretera. No tienes nada que ver con ellos. Simplemente observa sin ningún prejuicio o parcialidad, entonces todos los instintos aparecen en su forma real. Los has reprimido en muchas vidas, así que cuando aparecen en toda su forma, por un momento puedes sentir que te has vuelto loco. "¿Qué le está pasando a mi moral, a mi religión, a mi carácter? Todo se va al garete, mi reputación que he construido con tan arduo esfuerzo se hará añicos". Pero no te asustes por esto, mantén la calma. Esto requiere valor, y este tipo de valor es en realidad austeridad. No necesitas valor para estar al sol o desnudo en la nieve. Esas cosas se consiguen con un poco de práctica. El mayor coraje es ser capaz de verte a ti mismo tal y como eres en tu interior. Y esto crea la transformación, crea la revolución interior.

Simplemente observa, y cuando empieces a observar los sueños empezarán a desaparecer, porque cualquier cosa que veas durante tu vigilia no se mostrará en tu sueño. Entonces no hay necesidad de mostrarte lo que ya has visto. Tus noches se volverán sin sueños. Y si tu noche se vuelve sin sueños, entonces alcanzarás el samadhi.

Patanjali ha dicho que hay muy poca diferencia entre sushupti, sueño sin sueños, y samadhi - muy poca diferencia. Ambos ocurren cuando todos los sueños han desaparecido - la diferencia es que sushupti es inconsciente y samadhi es despierto.

¿Has notado alguna vez que por la mañana, cuando te despiertas, puedes recordar que has soñado, que has soñado toda la noche? Eso significa que hay una conciencia en ti que ve los sueños, que los reconoce y que los recuerda. Si todos los sueños desaparecen, entonces esta conciencia que estaba absorta en ver sueños verá ahora samadhi, porque ahora ya no hay sueños, el camino está sin viajeros, el camino está solitario y desierto. Ahora se puede ver el camino solitario. Por la mañana, cuando te levantes, dirás que has visto sushupti y no sueños. Y ver sushupti es samadhi. El camino era solitario, no había multitud. No había gente, así que el camino podía verse. El cielo podía verse cuando no había nubes. El cielo se cubre de nubes a causa de los sueños; sushupti se cubre y sushupti es samadhi.

Cada noche llegas a donde llegó Buda. Cada noche alcanzas donde Shankara vive. Pero hay una gran multitud entre tu y samadhi. Hay una gran feria entre tú y samadhi. Y eres tú quien ha recogido esta multitud y este circo. Sigues recogiendo esta basura tratando la vida de forma equivocada. Trata con ella cada minuto. Observa bien todo lo que se te ponga por delante. No dudes ni un momento en verlo correctamente. Entonces no tendrá razón para aparecer en tus sueños.

Lo ves en sueños sólo porque no lo viste bien durante el día, así que insiste en volver una y otra vez.

¿Se ha dado cuenta alguna vez de que si experimenta algo a fondo luego no lo recuerda?

Si miras bien a alguien, a cualquier cosa, entonces te liberarás de él; tu mente ya no pensará en él o en ella. Si vives intensamente, profundamente, entonces ningún amor o afecto podrá atarte. Pero las experiencias incompletas siempre te perseguirán porque la mente quiere realizarlas. Las experiencias incompletas de la vida siempre se acumulan en ti. Ahora, por favor, no repitas este comportamiento y no me preguntes cómo detenerlo en tus sueños. Debes saber por tus sueños que lo suprimiste cuando estabas despierto; ahora no lo detengas ni siquiera cuando estés despierto.

No estoy diciendo que vayas a satisfacer cualquier pasión que surja en ti. No estoy diciendo eso, porque muchas veces has tratado de satisfacerla pero no se ha cumplido. Lo has estado haciendo nacimiento tras nacimiento. La ira no ha desaparecido por enfadarse. La lujuria no ha desaparecido por entregarse al sexo.

La codicia no ha desaparecido por ser codicioso. Este es el conflicto. Si te entregas a él, se hace más fuerte porque se convierte en un hábito. Te enfadaste hoy, te enfadaste ayer, te enfadaste anteayer... y así la cadena de la ira se hace más fuerte. Entonces te conviertes en una persona enfadada por costumbre. Entonces, cualquier pequeña excusa disparará tu ira.

Si lo haces, si te entregas a ello, se convierte en un hábito, en una práctica. Si lo reprimes, entonces te hace heridas por dentro. Pero hay un camino entre los dos: no caer en ello, no suprimirlo; sólo observar, sólo ver. Este es el hilo del testimonio. No seas un hacedor, sólo sé un testigo, sólo sé un observador. Si estás enfadado, estás descargando tu ira sobre la otra persona o la estás reprimiendo en tu interior. Ambas cosas están mal. Si surge el deseo sexual, o se lo impones a la otra persona o lo reprimes en tu interior. Ambas cosas están mal. No se lo impongas a la otra persona, ya que al imponérselo también la arrastras al fango y a la suciedad de la pasión. La otra persona ya tiene bastantes problemas y tú se los has añadido.

No, no obligues a nadie, porque si obligas al otro, también te obligará a ti. Si haces de alguien el objeto de tu pasión, entonces él también te utilizará de la misma manera. Por eso la pasión es una esclavitud. Tú atas al otro y el otro te ata a ti. Tú disfrutas del otro y el otro empieza a disfrutar de ti. Tú sujetas a alguien y él te sujeta a ti. Así que no fuerces tu pasión, ira o cualquier cosa sobre nadie, y tampoco la reprimas. Si has sido amable con la otra persona, sé amable contigo mismo y no la reprimas.

Y entre estos dos hay un viaje muy sutil. Simplemente míralo bien, obsérvalo bien, que no haga daño a nadie. Y a medida que sigas viendo te sentirás despierto y te volverás consciente.

La gente que se inclina hacia un templo o una mezquita debería saber que la vida misma es una plegaria si permaneces consciente, atento. No hay otra oración, no hay otra meditación, no hay otra adoración.

La vida misma se convierte en adoración si uno está lleno de conciencia.

La tercera pregunta:

Pregunta 3:

AMADO MAESTRO, DIJISTE QUE EL DESEO SIEMPRE CREA MISERIA. ¿ENTONCES LOS DESEOS DE BUENAS

ACCIONES, DE RELIGIÓN, DE DIOS TAMBIÉN CREAN MISERIA?

El deseo en sí mismo te lleva a la miseria; no importa lo que desees. El objeto del deseo puede ser cualquier cosa -puedes querer dinero o puedes querer religión- el deseo es deseo.

El deseo significa que no estás satisfecho, que no estás contento donde estás y como estás.

Piensas que si consigues más dinero estarás satisfecho, si consigues más religión estarás satisfecho. El deseo significa que estás insatisfecho y descontento. El deseo es angustia que nace de la insatisfacción. No importa qué tipo de insatisfacción sea, no hay satisfacción. Lo que se desea da lo mismo. Algunas personas construyen una buena casa en esta tierra y otras construyen una buena casa en el cielo.

Un día, mientras iba por una carretera, vino una mujer y me dio un folleto en el que aparecía la foto de un bonito edificio con un jardín lleno de flores y un riachuelo. En él estaba escrito: "¿Está buscando un bonito bungalow?".

Por curiosidad le di la vuelta y descubrí que el bungalow no era de esta tierra, era alguna propaganda de los misioneros cristianos. Ese hermoso bungalow con el jardín y el arroyo está en el cielo. En ese folleto estaba escrito que si quieres un edificio así en el cielo, nadie puede llevarte allí, excepto Jesús.

Aunque desees el cielo, serás tú quien lo desee. Es la extensión de tu mente - estará en tu lenguaje y en tus colores. Un día deberías sentarte y hacer una lista de las cosas que quieres en el cielo. Te sorprenderá leer la lista: contendrá todas las cosas terrenales. Querrás tener un Rolls Royce, querrás tener a la más bella de las actrices, querrás el Taj Mahal. Sí, haz esta lista y léetela. No tengas miedo. Puedes romperla después. No se la enseñes a nadie. Seguramente te revelará las cosas que quieres poseer.

Si Dios está dispuesto a darte el cielo y si te dice que pidas cualquier cosa, ¿qué pedirás? Tus deseos te revelarán que tu cielo no es más que la prolongación de tu mundo de aquí. Puede ser un poco refinado. Incluso en el cielo pedirás esas mismas cosas mundanas, pero allí serán permanentes; aquí son temporales. Las diferencias serán meramente de detalles.

Una actriz envejece aquí, pero en el cielo siempre permanecerá joven, porque en el cielo las mujeres nunca superan los dieciséis años de edad. Urvasi tenía dieciséis años hace millones de años, e incluso ahora tiene dieciséis años; siempre seguirá teniendo dieciséis años. Esto no da ninguna información sobre Urvasi; esto revela el deseo del hombre. Él desea que una mujer no sea mayor de dieciséis años. En el cielo fluyen arroyos de vino; no se vende en botellas, fluye en arroyos. Aquí puede haber prohibición, ¿y qué? Puedes nadar en el vino como un pez, puedes beber todo lo que quieras, porque allí no hay prohibición. Si hay reglas y regulaciones en el cielo y si tienes que tomar una licencia para el alcohol entonces no es libertad. No, ni siquiera hay un policía en el cruce.

El Cielo no es más que la red de tus sueños. Tu deseo de Dios es por pura miseria, dolor, perturbación de la mente - la misma razón por la que la gente quiere dinero, la misma razón por la que la gente quiere fama y posición. Entonces Dios es tu último logro. Y tus llamados sadhus y sannyasins también dicen que Dios significa la última posición.

Te sorprenderá comprender el lenguaje de los sadhus y los sannyasins. Dicen: "¿Para qué sirve el dinero? Definitivamente te lo van a arrebatar tarde o temprano, así que mejor estar en busca de esa moneda que nunca te arrebatarán". Pero si analizas su lenguaje, te sorprenderás: el que busca la moneda que le será arrebatada es un pecador, un materialista, un libertino. Irá al infierno porque busca el dinero temporal. Y los que buscan el dinero que no es de este mundo son santos, virtuosos.

¿Cuál es la diferencia entre estos dos? La única diferencia que parece existir es que el que busca lo transitorio no es muy listo, y el que busca lo intransitorio es más listo, más deshonesto y astuto. Cuando los niños pequeños recogen guijarros, les dices que no sean tan tontos; que deberían recoger piedras preciosas y diamantes. Tu consejo muestra que el niño es todavía muy inocente y tú te has vuelto mundanamente sabio y muy calculador.

Veo que, en comparación con vuestros llamados sadhus y sannyasins, las personas que consideráis mundanas son más sencillas e inocentes. Vuestros sadhus y sannyasins son más astutos y deshonestos porque buscan la riqueza ilimitada y eterna. Pero el deseo es el mismo, no hay diferencia.

Lo que yo digo es muy distinto, lo que dice Shankara es muy distinto, lo que dice Buda es muy distinto. No están diciendo que debas desear la verdad, que debas desear lo divino; están diciendo que cuando todos los deseos desaparecen entonces se alcanza lo divino. Esto es totalmente diferente: cuando todos los deseos desaparecen, se alcanza lo divino.

Por lo tanto, no puedes desear el logro de lo divino, porque ese mismo deseo se convertirá en el obstáculo. Cuando todos los deseos desaparecen sin ninguna condición -cuando no hay deseo en la mente, cuando no hay pasión- entonces sólo queda lo divino. No se puede desear lo divino. Cuando se abandona el deseo, entonces se alcanza la piedad, pero no se puede desear lo divino. El deseo mismo de Dios es erróneo. Si esperas obtener algo a cambio entonces no obtendrás nada, entonces no has comprendido lo divino en absoluto.

La piedad es el resultado de la desaparición del deseo. Pero para alcanzarla, si renuncias deliberadamente a todos los deseos, entonces no podrás alcanzarla. No puedes reclamarle nada, no puedes convertirte en el reclamante. Esto no es un negocio; es una plegaria de lo divino. Intenta comprender esto.

Cuando no queda ningún deseo en ti, dices: "Estoy satisfecho como estoy, no quiero nada más, no quiero estar en ningún otro sitio. Me basta con estar aquí, soy afortunado". Y cantas y bailas porque eres muy feliz tal como eres. No hay deseo; te has convertido en un emperador, ya no eres un mendigo. Entonces este emperador se encuentra con el emperador supremo. Para conocer al emperador tienes que convertirte en el emperador. Sólo un igual puede conocer al igual. Si deseas incluso a Dios, eso te llevará a la miseria.

Por eso encontraréis muchos faquires en vuestros templos y mezquitas que son infelices y desgraciados.

Eres infeliz porque no conseguiste dinero, no conseguiste fama, no conseguiste posición.

Son infelices porque aún no han alcanzado a Dios. Pero la infelicidad continúa.

El deseo significa miseria, porque el deseo no se satisface. La naturaleza del deseo es la insatisfacción.

Buda ha dicho que el deseo no puede satisfacerse; no es que no seas capaz de satisfacerlo, es que su naturaleza es la insatisfacción. Puedes hacer cualquier cosa, pero nunca se cumple. No puede cumplirse.

Cumplirse no es su destino. En el momento en que una persona comprende que el deseo no puede cumplirse, deja de desear también lo divino. Abandona todo deseo, lo deja caer, y en ese momento de dejarlo caer descubre que el que buscaba está dentro de él. No podía verlo porque el deseo le había vuelto ciego.

Por eso Shankara dice que lo divino está dentro de ti. El día que vuelvas a casa después de haber renunciado a todas las correrías, a todos los deseos, cuando te sientes en tu propia casa de forma relajada con gratitud en tu corazón, oirás una nueva música dentro de ti. La música siempre ha estado ahí, pero no podías oírla debido al ruido del deseo. Era un sonido muy sutil - continuaba dia y noche, pero tu no estabas en casa y lo divino estaba en tu casa. Nunca volvías a casa, nunca encontrabas el momento. Tenías una cadena de deseos que seguir, uno tras otro.

Simplemente no tienes tiempo para volver a tu casa y ver a quien vive allí.

No tienes que ir a ninguna parte en busca de lo divino, tienes que volver a tu propio hogar, y eso es pratyahar.

La cuarta pregunta:

Pregunta 4:

AMADO MAESTRO, ESTE PRATYAHAR PARECE UN EXPERIMENTO IMPOSIBLE. ¿ES POSIBLE QUE EL GANGES VUELVA A GANGOTRI Y ES POSIBLE QUE EL ÁRBOL VUELVA A SER UNA PLANTA Y UNA SEMILLA? Y TANTO SHANKARA COMO TU NOS PIDEN QUE LO HAGAMOS.

El regreso del Ganges a su fuente, a Gangotri, y que el árbol se convierta en semilla te parece imposible, pero es lo que está ocurriendo cada día. El árbol vuelve a convertirse en semilla cada día. Fíjate en las semillas que cuelgan de ese árbol gulmohar: todo el árbol se ha convertido en semilla. Y cada día el Ganges vuelve a Gangotri a través de las nubes oscuras; llueve en el Himalaya y el Ganges vuelve a Gangotri. Esto sucede todos los días.

Te preguntas qué hay que hacer. En realidad, esto sucede inconscientemente; sólo tienes que ver que esto sucede en la vigilia. Muchas veces vuelves a casa pero no eres consciente. Te has acostumbrado tanto a alojarte en casas de huéspedes que incluso cuando vuelves a tu propia casa piensas que es una casa de huéspedes.

Un amigo mío tiene que viajar día y noche por su trabajo. Sólo pasa cuatro o cinco días seguidos en casa y no puede dormir porque se ha acostumbrado a dormir con el ruido del tren. Lleva veinte años viajando. Me dijo que tenía muchos problemas porque no podía dormir en casa. Así que le sugerí que sería mejor que alquilara una casa cerca de una vía férrea.

Esto le atrajo. Dijo que había ido a muchos médicos, pero que nadie podía darle el consejo adecuado. Así que alquiló una casa cerca de una vía de tren y está muy contento porque ahora puede dormir en casa. Pasa un tren cada diez o quince minutos. Está muy contento. Para ti es difícil entender su situación, porque cuando viajas en tren por primera vez no puedes dormir.

La costumbre... ¡todos somos esclavos de la costumbre!

Has vivido tanto fuera de tu casa que cuando vuelves a casa no es tu casa, simplemente no la reconoces. El hogar también te parece una pensión, un lugar donde pasas la noche y vuelves a emprender el viaje por la mañana. Cada día el Ganges vuelve a Gangotri, y tú dices que es difícil. Ya estás en tu fuente original y dices que es difícil.

¿Cómo puedes alejarte de tu fuente original? ¿Adónde irás? Debes haberte ido en tus pensamientos; no puedes irte en la realidad. Es como si te vas a dormir a Poona y ves Calcuta en un sueño; cuando te despiertas por la mañana, ¿tienes que coger el tren para volver a Poona?

En tu sueño estabas en Calcuta, pero eso no significa que tengas que coger el tren por la mañana. Cuando te despiertes por la mañana te encontrarás en Poona.

Alejarse de uno mismo es sólo un pensamiento, una idea. Si me preguntas, y si puedes entenderlo, entonces me gustaría decir que el Ganges nunca se ha alejado de Gangotri. La semilla nunca se convirtió en árbol; sólo vio el sueño de convertirse en árbol. Fue un sueño que el Ganges saliera de Gangotri y se dirigiera hacia el mar, porque uno no puede alejarse de su propia naturaleza.

Dices que es muy difícil volver a la propia naturaleza. Yo te digo que no sólo es difícil sino imposible alejarse de tu naturaleza. Nadie se ha ido nunca. En este mismo momento eres el buda, en este mismo momento eres la jinna, en este mismo momento eres lo divino.

Pero tus pensamientos... piensas de otra manera. Dices que esto no me atrae: yo, que dirijo una tienda de sartenes, ¿cómo puedo ser un buda? ¿Pero cómo puede la tienda de bollos convertirse en un obstáculo para ser un buda? ¿Se convierte uno en buda por el mero hecho de sentarse bajo un árbol bodhi? Yo digo que sentado en tu tienda de sartenes eres un buda. Porque tengas una tienda de sartenes o cualquier otra cosa... puedes hacer cualquier cosa, pero no puedes dejar de ser buda.

Un pez puede salir del mar, pero ¿cómo se puede salir de lo divino? ... Porque el mar tiene un límite - tiene una orilla, una playa - pero lo divino no tiene límite, no tiene orilla; es ilimitado. Así que es sólo tu idea de que estás llevando una tienda de sartenes. Sí, hazlo por todos los medios, pero esto no debe hacerte pensar que ya no eres un buda. Si te vuelves tan consciente, entonces el Ganges vuelve a Gangotri. Esta conciencia, esta consciencia....

Se interpondrán muchos obstáculos. En primer lugar, el mundo te detendrá: la tienda te detendrá, el dinero te detendrá, la posición te detendrá. Si de alguna manera te liberas de ellos, entonces el templo y la mezquita te detendrán, los Vedas y los Puranas te detendrán, el Gita y el Corán te detendrán. Sólo podrás volver a casa después de haberte liberado de ellos.

Se interpondrán muchos obstáculos, pero tienes que liberarte un poco de ellos. Yo llamo a esto conciencia. Shankara ha llamado a esto cuidado, gran cuidado. Si estás despierto entonces nadie puede detenerte. Una tienda es muy débil. El templo y la mezquita tampoco podrán detenerte; libros y libros de contabilidad, nada podrá detenerte; los Vedas y el Corán no podrán detenerte.

"Muchos obstáculos se interpusieron en el camino del amado. Incluso el templo y la mezquita se convirtieron en obstáculos, pero gracias a Dios pudimos avanzar con un poco de cuidado."

La quinta pregunta:

Pregunta 5:

AMADO MAESTRO, TUS TECNICAS DE MEDITACION INCLUYEN YOGA Y BHAKTI. ¿SON AMBAS NECESARIAS PARA PRATYAHAR?

La vida es de dos tipos. Una se basa en lo necesario y la otra en la abundancia, en la opulencia. Fíjate en el pavo real bailando: ¿es necesario el colorido del arco iris en sus plumas? Si le cortas las plumas, ¿habrá alguna dificultad en la vida del pavo real? A pesar de ello, el pavo real podrá vivir, porque la fuerza vital no está relacionada con las plumas, ni tampoco lo está la obtención de alimento. No habrá dificultad en la reproducción tampoco; estas plumas coloridas no son una necesidad. Son el símbolo del exceso, de la abundancia, de la opulencia.

Estos pájaros están cantando. Si les coses el pico, no cambiará nada. Estos pájaros podrán seguir viviendo. No podrán cantar; los cantos no eran necesarios, nacieron de la abundancia.

Bailas, ¿por qué? ¿Por qué no vas a lo tuyo y vuelves a casa? Cantas, amas: si no cantas y no amas ¿qué diferencia habrá? Hacer tu negocio es suficiente para sobrevivir. ¿Morirás si no amas? Los que no aman también viven, los que no cantan también viven -quizá viven mejor porque esa energía ahorrada la gastan en ganar dinero. Pero el esplendor de su vida se perderá.

Vivir por necesidad es el camino del avaro. Aquí no te estoy enseñando a vivir por necesidad, te estoy enseñando a ir más allá de la necesidad, a vivir la vida en abundancia.

También sé que lo divino puede ser alcanzado por el conocimiento gyana, solo y no hay necesidad de bhakti, devoción. Lo divino también puede ser alcanzado sólo por el bhakti, no hay necesidad de conocimiento. Pero entonces el logro de lo divino será como un negocio. Sólo haces lo que es necesario. Si puedes hacer algo gastando dos paisa, entonces dudas en gastar incluso tres paisa. Sigues siendo avaro incluso en el camino de lo divino. Pero quiero enseñarte a ser un poco despreocupado, ¡feliz y afortunado!

También sé que la gente ha alcanzado el conocimiento y no hay necesidad de bhakti, no hay necesidad de que todo el mundo baile como Meera. Pero incluso entonces diré que si puedes bailar entonces una nueva forma de lo divino aparecerá ante ti que no es de matemáticas, que es de poesía. Sí, lo divino puede ser alcanzado por el conocimiento, por la sequedad, por las matemáticas, pero si alcanzas lo divino por necesidad, entonces incluso esta relación está calculada. Si incluso en esta relación no has saltado, no te has derretido y no has fluido, no has disfrutado de la dicha última, entonces significa que esto también era un negocio.

La gente lo ha alcanzado sólo por el bhakti; el conocimiento no es necesario. Pero yo digo, ¿por qué intentar sólo lo necesario cuando puedes tener en abundancia? Cuando puedes tener en exceso, cuando la vida puede convertirse en el máximo lujo, ¿por qué ser avaro y calculador? Si quieres bailar, no puedes ser calculador. Una persona calculadora no puede ser un buen bailarín.

¿Cuándo te librarás de tu tacañería? ¿Cuándo serás capaz de fluir sin vacilaciones?

Según yo, la última fortuna está en la abundancia. Mira el pavo real: ¡la existencia ha puesto tantos colores en sus plumas, ha trabajado tanto en ellas!

Si un científico creara un pavo real, una cosa es segura: no le haría plumas, porque, según él, son absolutamente innecesarias. Tendrá un tubo para comer, un estómago, genitales para reproducirse, pero no tendrá plumas. No habrá poesía, ni canto, ni danza. Los colores de la vida se pierden por culpa de esta gente estúpida, porque en todas partes aconsejan hacer sólo lo que es absolutamente necesario.

Fíjate en la existencia. Lo divino no está de acuerdo con tener sólo lo absolutamente necesario. No se detiene en lo necesario, sigue fluyendo hacia lo innecesario. Los pájaros cantan, no es necesario; los árboles florecen, no es necesario; la fragancia fluye de las flores, no es necesario. Los ríos fluyen rápidamente hacia el mar, y el mar sigue rugiendo y sus olas siguen rompiendo contra la orilla. No es necesario. Piensa en lo que es necesario. Si Dios hubiera sido un economista, habría hecho sólo las cosas necesarias en este mundo. Entonces este mundo no habría servido para vivir; sólo habría servido para suicidarse. No habría habido placer en vivir en un mundo que sólo tuviera cosas necesarias.

Alcanzarás mediante el conocimiento, alcanzarás mediante el bhakti, pero es completamente diferente alcanzar tanto mediante el conocimiento como mediante el bhakti. Es un disfrute diferente. Pero todo depende de ti, la elección es tuya. Si te gusta vivir en patios pequeños y te da miedo el cielo abierto, entonces puedes vivir en habitaciones pequeñas y sucias.

Pero yo os digo que el cielo abierto, el vasto cielo también está disponible con este mismo esfuerzo. ¿Te crees tan pequeño? ¿Por qué hablas de lo necesario? Deja que tu conocimiento aumente hasta el punto en que se convierta en bhakti, y que tu bhakti sea tan profundo que llegue al punto en que se convierta en conocimiento. Más bien, toca ambos extremos para que nada quede sin tocar. Intenta sacar el máximo provecho de lo que tienes en este mundo.

La sexta pregunta:

Pregunta 6:

AMADO MAESTRO, TE ESTOY ESCUCHANDO A DIARIO; TAMBIÉN TE ESTOY COMPRENDIENDO. LAS LAGRIMAS BROTAN DE MIS OJOS, EL CORAZON PALPITA COMO UN TERREMOTO, Y PARECE COMO SI EL DIA DE LA AUTORREALIZACION HUBIERA LLEGADO. PERO NO LLEGA. AL DIA SIGUIENTE DE NUEVO SE REPITE ESTA EXPERIENCIA. NO SE CUAL ES EL SIGNIFICADO DE ESTE JUEGO DEL SOL Y LA SOMBRA.

No hay sol ni sombra. Es sólo una ilusión de tu mente. Nunca estamos contentos con lo que tenemos porque la mente sigue pidiendo más. ¿Ha habido algún momento en tu vida en el que no hayas querido más de lo que tenías?

Estoy distribuyendo la autorrealización, y tú la recibes cada día. Llueve sobre ti. Tus ojos dicen lo correcto porque de ellos salen lágrimas. Pueden reconocer porque son más sensibles que tu mente. Y tu corazón también está dando la indicación correcta porque empieza a palpitar. Pero tu cabeza es muy fuerte; sigue pensando que sí, que algo está sucediendo pero que aún no está completo, la autorrealización aún no ha sucedido. ¿Pero qué es la autorrealización? ¿Cuándo sucederá? Cuando estés de acuerdo en que sí, ahora ha sucedido, ¿cómo lo sabrás? ¿Qué criterio tienes para ello?

La mente te engaña. Los pensamientos siempre te engañarán. Así que escucha tus lágrimas y escucha a tu corazón. La mente dirá: "Sí, ha sucedido, pero aún no completamente". ¿Pero qué es completo?

¿Qué es pleno? Incluso si estás ante lo divino dirás: "Sí, lo he alcanzado pero no plenamente". Puedes hacer algunas adiciones incluso en Dios: la nariz debería haber sido un poco más larga, las orejas deberían haber tocado los hombros como las de Buda y Mahavira. Las orejas son pequeñas, deberían haber sido más largas. ¿Crees que si te encuentras con lo divino podrás aceptar que lo tienes en su totalidad?

La mente nunca dice que lo tiene todo. La mente tiene el hábito de decir: "Sí, lo tengo, pero aún queda mucho por tener". No escuches a la mente. Confía en tus lágrimas; son más inocentes, más simples y más naturales, más internas, más sinceras, más primarias. Confía en el palpitar de tu corazón porque es aquí donde la danza comienza por primera vez. Y la mente es del hombre, de la civilización, de la sociedad. Es prestada, es de las escrituras. La mente te la han dado otros. Pero nadie te ha dado lágrimas; tú las trajiste contigo. El corazón es tuyo, las sensaciones en él son tuyas, la sensibilidad es tuya; nadie te lo ha dado, aunque otros te lo han arrebatado y han creado muchos obstáculos en su camino.

Y si puedes escuchar a tu corazón y a tus ojos, si puedes escuchar a tu vida interior, entonces no estarás preocupado por el mañana y no estarás preocupado por la autorrealización. Este momento de dicha te hará muy afortunado. Estarás lleno de gratitud y una profunda oración surgirá en tu corazón. Entonces estarás agradecido a lo divino por darte más de lo que mereces. Te lo ha dado cuando no lo esperabas. Entonces no pensarás que es un juego del sol y la sombra. Hoy es suficiente por hoy. Mañana, cuando te vuelva a dar, se lo agradecerás de nuevo.

Y no compares el hoy con el mañana, porque toda esta comparación es de la mente. Cada momento de la vida es único. Mañana otra vez será de mañana; otra vez se duchará. Pero no compares porque no puede haber dos momentos iguales, al mismo tiempo. Todas estas comparaciones son de la mente. Siempre hay un momento a la vez.

En la existencia no hay posibilidad de medida o comparación, y si sigues avanzando así -agradecido, agradecido, lleno de profunda gratitud.... La autorrealización no es algo que vayas a conseguir de repente; simplemente sigue avanzando, aumentando, profundizando. La autorrealización no es un objeto, sino un proceso. La autorrealización no es algo que puedas alcanzar simplemente agarrando. La autorrealización es tu transformación. Es tu desarrollo.

Y la autorrealización no tiene fin. Por eso el alma se llama ilimitada: sigue aumentando, sigue creciendo. Nunca llegas a un punto en el que puedas decir que ya es suficiente. Es ilimitada. Cuanto más ves lo divino, más vasto se vuelve. Se abren nuevas puertas, florecen nuevas flores; hay miles de lotos de conciencia, y hay miles de pétalos en cada loto, y cada pétalo tiene miles de colores. Seguirás viendo, seguirás profundizando en ello y seguirás aumentando.

No mantengas una cuenta del pasado, porque si tu mente está llena de esta cuenta entonces te perderás lo que estás recibiendo ahora. No te preocupes por el mañana, porque Él te ha dado hoy y te dará también mañana. Si te ha dado hoy, ¿por qué no te va a dar mañana? No te preocupes por el mañana. Deja que el pasado sea pasado. No pienses en el mañana, hoy es suficiente.

Si esta confianza penetra profundamente en ti de que hoy es suficiente, este momento es suficiente, entonces este mismo momento se convertirá en uno de bhajan.

Pregunta 7:

¡OH IDIOTA! CANTA LA CANCIÓN DE LO DIVINO, CANTA LA CANCIÓN DE LO DIVINO.